从月薪300到财务自由

From 300 Yuan a Month to Financial Freedom

我是如何用10年时间实现财富升级的？

大巴 著

南方日报出版社
NANFANG DAILY PRESS
中国·广州

图书在版编目（CIP）数据

从月薪300到财务自由 / 大巴著. —广州 ：南方日报出版社，2018.2

ISBN 978-7-5491-1642-3

Ⅰ. ①从… Ⅱ. ①大… ②胡… Ⅲ. ①私人投资 Ⅳ. ①F830.59

中国版本图书馆CIP数据核字（2017）第182812号

CONG YUEXIN SANBAI DAO CAIWU ZIYOU
从月薪300到财务自由

著　　者：大　巴
出版发行：南方日报出版社
地　　址：广州市广州大道中289号
出 版 人：周洪威
出版统筹：周山丹
责任编辑：李佳航
装帧设计：劳华义
责任技编：王　兰
责任校对：王　燕
经　　销：全国新华书店
印　　刷：广东信源彩色印务有限公司
开　　本：787mm×1092mm　1/16
印　　张：16.25
字　　数：200千字
版　　次：2018年2月第1版
印　　次：2018年7月第2次印刷
定　　价：48.00元

投稿热线：（020）87373998-8503　读者热线：（020）87373998-8502

网址：http://www.nanfangdaily.com.cn/press　http://www.southcn.com/ebook

序言

Preface

从理财小白到理财达人，我是这样开始学理财的

随着我的微信公众号——“理财巴士”的用户不断增加，不少人对我的理财思维方式表示很感兴趣，想了解我是如何从理财小白成长为理财达人，又是如何实现财务自由的。那么，我就尝试从理财观念的变化这个角度来分析一下我的理财成长史，也许对大家来说会有更多的参考意义。

一、重新认识“财富”

在2005年正式开始学习理财之前，我对“财富”的定义就是“金钱”，我的人生目标也是“成为亿万富翁”。

20来岁的时候，我运气还不错，在2003年前后，我从湖南老家来到广州，进入了广州一家高速成长的企业。随着企业的快速发展，我的收入也水涨船高，月薪从2003年的300元涨到了2005年的3000元。

但是，没有想到的是，支出水平也跟着水涨船高，而且上涨速度要快过收入。在2003年的时候，我能够存下一半的工资，但是到了2005年，却经常要借钱度日。为什么收入上涨了接近10倍，却比之前更穷了呢？这个疑惑一直在我头脑里盘旋。

幸好我有阅读的好习惯，从《富爸爸穷爸爸》这本书当中，我找到了答案。

原来财富不是用金钱来衡量的，而是用时间来衡量的。财富，是当你完全不工作时，在你现有的生活水平之下你所能生存的天数。同时，在这本书当中，我还了解到了什么是财务自由，什么是资产。我终于明白，原来我内心所追求的并不是财富的绝对数量而是财务自由，而要实现财务自由就必须不断积累能够产生被动收入的“资产”，而远离那些花钱的“负债”。

二、股票是最好的投资工具?

那时候，我经过研究发现，富爸爸的作者罗伯特·清崎主要是靠房地产和股票来积累资产以及实现财务自由的。

房地产对我来说准入门槛非常高，同时资金流动性也差；但是股票就不同了，门槛很低，很多低价股票几百块就能买一手，而且资金的流动性非常好，容易变现。于是我将股票投资作为学习和研究的主要方向，并为此耗费了大量的业余时间。

2005年底正处于中国大牛市的初期，当时因为过于小心谨慎，所以我并没有在牛市当中赚到钱，更多的是以研究为主。同样，也是因为小心谨慎，让我成功躲过了2008年的大熊市。整体来说，也就是打了个平手。但是，我身边的股票高手却在熊市当中几乎全军覆灭。

经过那一轮牛市到熊市的洗礼之后，我发现研究股票是一件费力不讨好的事情：市场好的时候，乞丐都是高手；市场不好的时候，高手都变成了乞丐。后来，我就渐渐退出了股票投资领域。

三、从基金投资到基金定投

其实让我决心退出股票研究的另外一个原因是：投资本金不够。这让我无法构建有效的投资组合。从2008年开始，基金就开始逐渐成为我新的研究对象。

基金的准入门槛比股票更低，只要100元就可以投资基金，而且基金本身就是一个股票投资组合，只要挑选相应的主题基金，就能完成在某个行业的投资布局。所以，刚开始我非常迷恋主题基金。后来受到巴菲特的启发，又关注了指数基金。但总的来说，那时候我是把基金当成股票来看待的，投资方式多数是单笔申购和赎回。

但随着对基金投资的不断深入研究，我发现绝大多数的相关书籍都推荐基金定投，所以我慢慢开始尝试在做单笔的同时也做定投。经过一段上蹿下跳的行情之后，我看到定投账户的收益率竟然还要高于单笔投资的账户收益率。于是，慢慢增加了对定投账户的投入，并且开始研究基金定投的技巧。

四、回归开源节流

同样也是在2008年，我开始逐渐将更多的精力放到“开源”和“节流”上来。除了研究基金确实不需要花费太多时间的原因之外，投资本金不够也是硬伤。

投资收益率再高又怎样呢？在本金不够的情况下，实际拿到手的收益其实是很少的，对于资产的积累来说是杯水车薪的。

那一年我进了一家日资企业做采购主管，除了收入稳定之外，工作时间也很宽松，这给了我更多学习和成长的空间。

在“开源”方面，主要是提升本职工作的业务技能。我主动考取了国际采购师证，还学会了讲广东话，唯一遗憾的是：没有好好利用机会学好日语和英语。此外，我还利用业余时间，掌握了利用“阿里妈妈”结合信用卡赚取外快的技巧，也增加了一些额外收入。

在“节流”方面，主要是研究和实践健康知识。每天早上我都6点起床锻炼和阅读，即使公司饭堂的伙食很好，我也尽量控制自己不吃得太饱。最终我总结出了“合理的饮食、规律的睡觉、适当的运动”这样的健康理念。

五、关注保险

在持续学习理财知识的时候，因为其他内容都学得差不多了，于是我就开始研究平时最不重视的“保险”知识，还跟一位正在做保险的朋友进行了深入的沟通。

也就是因为这一次的沟通，让我了解到，原来保险公司的进入门槛并不高，而且还可以在销售保险的同时向客户传播理财观念。（当然，这只是我当时一厢情愿的想法，实际情况根本不是这样的，这已经是后话了。）

于是，在2012年，我毅然决然地放弃了高薪的外企工作，进入保险行业，成为了一名保险代理人。这段经历让我对保险产品以及保险行业有了更加深入的了解。

六、理财观念形成体系

到了2013年，我参加了理财规划师培训，并且拿到了理财规划师证。在培训的过程当中，我将之前所有的理财观念进行了系统化的梳理，并且总结出了一套行之有效的理财思维体系。它包括了开源、节流、风控、投资这四大模块，也就是所谓的“理财四大金刚”。在同一年的9月份，我创办了“理财巴士”自媒体，成为了很多人眼中的理财达人。同时，这份理财教育事业也助我实现了财务自由。

这就是我从一名理财小白成长为理财达人的成长史。在这当中，几乎没有人指导，都是我自己看书、查资料，慢慢摸索着来，所以也走了不少弯路。现在我仍坚持在“理财巴士”公众号跟大家分享我的所思所想，就是希望大家从一开始就用最正确的观念来理解和学习理财，从而少走弯路。

对于我的理财观念，也有些人产生了不少疑问。为什么我不像其他理财或财经自媒体那样，经常讲一讲当前的市场趋势和热点话题，以及要如何应对这些市场变化呢？甚至觉得有些内容偏离理财，偏向事业发展和生活。但这就是我的理财观念和别人不一样的地方。我总结了一下，主要有以下几个方面。

1. 理财不等于投资

这是一个老生常谈的话题，虽然很多人知道，但是却仍然紧盯着投资话题，内心追求的仍然是收益率的高低。很多自媒体人为了迎合大众的需求、增加点击量，然后偏重去讲投资话题，这是能够理解的。但是，我仍然坚持我的观点，我在理财方面追求的就是财务平衡，并且是用资产配置的方式来实现的。

特别是在市场环境不好的情况下，越多讲投资，越是在挖坑，一不小心就会让用户深陷其中。唯有坚持定投、坚持做资产配置，少去想投资的事情，才能笑到最后。

2. 强调开源

我发现很大一部分对学习理财有强烈需求的用户，往往手头并没有太多的资金。其实在本金不足的情况下，多去思考如何扩宽自己的资金源头往往更有意义。

从这方面来讲，我更倾向于通过被动化的投资和资产配置来管理我的资产，尽量减少在投资方面所花费的时间，这样我就可以把更多的精力放到自己的事业上。在当前这个互联网时代里，机会有很多，如果我们能把更多精力放在自己的工作和事业上面，专注于提升自己的能力，这对积累第一桶金也是很有帮助的。

3. 面对各种财经资讯不会随波逐流

我们每天都要面对层出不穷的财经事件和投资资讯，这些消息对我们的投资会有影响吗？我认为在短期内确实会有影响，但是长期来看，市场终将回归理性，并且是缓慢向上的。也就是说，这些事件造成的短期波动对于长期的资产配置来说，影响是不大的。

当然，一些大的经济事件可能会砸出价值洼地，产生一些投资机会。我经常说，机会是跌出来的，对于稳健投资者来说，遇到市场下跌，不会被吓到，反而更容易抓住最好的投资机会。比方说受到英国脱欧事件的影响，英镑就跌出了价值洼地，可以考虑入手一些。当然，这都只是小玩一下，无伤大雅。这并不是我在预测市场，而是我心里很清楚，市场终将回归理性。

4. 最终目的不同

我做理财的目的是追求生活的幸福感，而幸福感跟金钱数量并没有直接的关联，更多的是一种精神与物质的平衡、能力与欲望的平衡。很多人做理财的目的就是为了赚大钱，让追求金钱的欲望不停地膨胀，最后反而离自己真正想要的生活渐行渐远了。

总之，以我多年的理财经验来看，理财本质上就是一种生活方式，就是一种修行，它需要每日精进。

目录 CONTENTS

第一章

你真的懂理财吗?

第一节 ◎ 你的理财观念正确吗?

1. 正确认识理财和投资之间的关系

很多人都表示要学习理财，但是却没有搞清楚到底什么是理财。大部分人在谈到理财的时候，想到的不是投资，就是赚钱；而实际上，理财的范畴会更广。为了让大家更好地学习理财，我们先来正本清源，从最基本的概念着手，重新认识理财和投资。

◇ 什么是理财?

从字面意思上来理解，就是打“理”自己的“财”产的意思。如果要书面化一点的解释：理财，指的是以实现财产的保值、增值为目的，对财产和债务进行管理。理财是理一生的财富。

很多人之所以会将理财和投资混淆，是因为理财当中也包括投资，很多时候我们也经常把理财称之为“投资理财”，可见理财和投资的联系是非常紧密的。

◇ 什么是投资?

投资，是一个很专业的术语，用书面化的语言来解释就是，指投资者当期投入一定数额的资金而期望在未来获得回报的过程。简单理解就是，金钱转化为资产的过程，也可以通俗地理解为，用钱来赚钱。

投资既包括个人投资，也包括企业投资和金融机构的投资，在这里，我们只讨论个人投资的部分。而在个人投资当中又可以分为个人资产管理和个人专业化投资。资产管理倾向于用一系列不相关的资产来配置投资组合，目的是赚取投资市场的平均收益。而专业化投资却企图战胜投资市场，赚取超额收益，所以专业化投资在操作手法上会更为复杂，同时，也操作得更为频繁。

投资有两大要素，分别为风险和收益。一般来讲，风险和收益是呈正比的。也就是说，收益更高的投资，一般风险就更大；而收益更低的投资，一般风险相对较小。但需要注意的是，风险和收益的关系反过来说就未必成立了。比方说，风险大的投资，收益未必就很高。因为，同样也存在风险很大，但收益很低的投资，这也是我们在投资当中需要避免的。

◇ 理财和投资的关系

理财包括了现金流管理、风险管理和资产管理这三大模块，而资产管理也同属于投资的范畴。也就是说，只有在资产管理这一个模块当中，才与投资产生了交集。

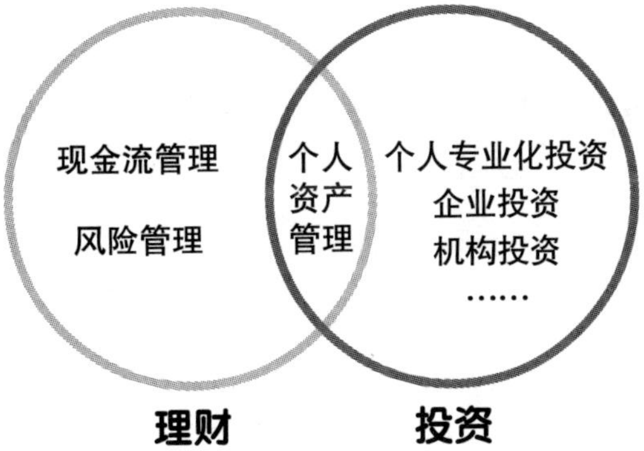

理财与投资

要做资产管理的前提是，首先你得有足够的资金去购买资产。所以，我们要先尝试增加收入，减少开支，然后用节余下来的资金去购买资产。这整个过程，实际上就是现金流管理的过程。

每个人一出生就需要花钱，这表现为现金流出；同时也需要靠赚钱来补充资金，这表现为现金流入。因此，不管你是否有钱，也不管你是否打算投资，都必须对现金的流入和流出进行相应的管理。也就是说，即使不参与投资，每个人也都需要理财。

当然，理财只是做现金流管理是不够的。因为未来有可能发生各种事件，造成现金流产生不确定性。例如：失业造成工资收入中断，也就是现金流入减少；意外和疾病造成额外支出，也就是现金流出增加等等。这些风险都是我们在理财的过程当中需要管理和控制的。

对于现金流管理当中的增加收入和减少开支，我分别总结为“开源”和“节流”；风险管理也被称之为风险控制，简称“风控”；再加上用来做资产保值、增值的“投资”。这样就构成了“理财四大金刚”，其中的四大块分别为：开源、节流、风控、投资。

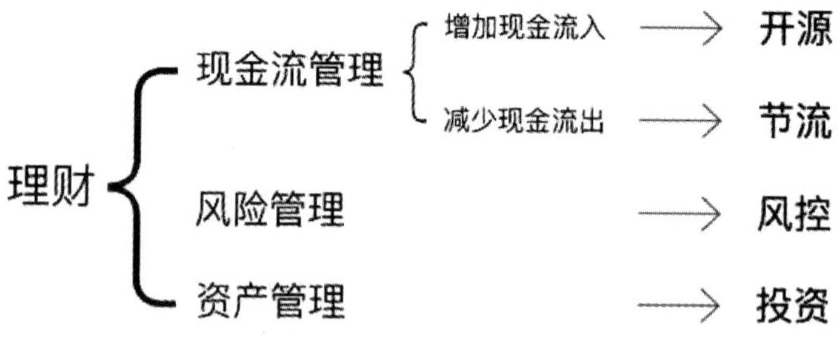

理财四大金刚

2. 错误的观念让你在理财道路上渐行渐远

很多人都觉得，理财就应该少讲道理，多讲实际操作的投资技巧，比如：怎样通过买卖股票或基金赚大钱，让自己的财富快速增长？我认为，这是错误的观念，正是因为有这些错误观念，所以很多人在理财的道路上渐行渐远。

下面，让我们来看看，在现实生活当中还有哪些错误的理财观念：

◇ 别讲原理，请直接告诉我结果

很多人喜欢让我推荐基金，但我认为在不了解背后原理的情况下直接推荐是非常危险的。

就拿基金定投来说吧，我个人偏好用波动幅度大的偏股型基金来做定投。这样的话，当市场下跌的时候，这一类的基金净值会下跌得更厉害，我就能够买到更便宜的基金份额。所以，当我面对市场下跌时，我会加大定投额度，甚至是做单笔追加。

但很多人知道我的推荐以后，根本不去了解定投的原理，直接就开始定投，甚至是单笔买入，然后坐等发财。他们以为我推荐的基金会一直涨得很好，结果当市场下跌时，这只基金跌得更凶，他们就慌了，于是停止了定投，甚至有的人还会赎回已经持有的基金份额，最终造成了实际亏损。然后，他们就来找我抱怨，说我怎么推荐了一只烂基金。

投资项目没有绝对的好与坏，关键要看你是否懂得其背后的原理，以及如何操作它。

◇ 理财原理我都知道了，还是多讲技巧吧

理财或投资背后真正的原理其实就是那么简单的几点，只是不同的人用不同的方式或故事在不断地重复讲解而已。那么，我们为什么还要重复地去看、去听？因为知道未必能够做到，我们需要持续不断地提醒自己。

就像巴菲特说的那句著名的“当别人贪婪的时候我恐慌，当别人恐慌的时候我贪婪”，这句话人人都知道而且再简单不过了，但是又有多少人能够真正做到呢？即便是我这种经历过两轮大的牛熊转换的人，当市场大幅下挫的时候，我的内心仍然会有跌宕起伏。但是我懂得用合理的方式去疏导这种不安，比方说，少去关注市场动态，多看一些理财经典书籍，给自己足够的信心坚持下去。

另外，从之前的例子当中也可以看到，我之所以有信心在大跌时加大投入，关键因素就是因为我了解定投背后的原理。但是往往很多人对此不屑一顾，觉得投资技巧更重要。这就像老话常说的“练武不练功，到老一场空”，各种招式要得再好看，如果没有深厚的内功，也是会被一击即破的。

◇ 理财投资必须要专业化

很多人喜欢学习一些所谓的高深的投资分析技术，越是复杂越是觉得很有收获。就好像前段时间，我有一位朋友花了十几万元去跟某某外汇投资大师学习，还跟我吹嘘说，这位大师每次下单都是必赚的。唉，如果真是每次下单都必赚，还何必那么辛苦去教你？教不好还要背骂名。正确的做法，应该是你拿这十几万元直接让大师帮你操作，赚到钱就分他一半，亏了就算他的，反正他是每单必赚嘛，不可能亏损的。

其实，时间早已证明技术分析派是无法长期战胜投资市场的。更何况，大部分的普通投资者是没有太多时间和精力去深入学习专业化投资知识的，即使有时间学，也未必有这种天赋。像巴菲特这种把投资当成游戏，赚了钱不享受，拿去做慈善的做法，有几个人能够做到？

所以，作为普通投资者，只要遵循最基本的理财投资原理，用最简单的投资策略就能实现资产的保值增值，不用把简单的事情搞复杂。

◇ 只要是通过投资赚了大钱就是理财高手

比方说，某个人在早期贷款买了几套房子，然后恰逢房地产市场持续大涨，让他赚了很多钱，于是他就被推上了投资理财高手的神坛，到处分享他买房发财的经验。其实这种人是暴发户，他之所以赚了钱，是因为市场上涨，而并非因为他有扎实的理财基础。而且，这一次的好运也会给他造成一种错觉，让他认为这种赚快钱的方式是可以复制的，于是他一试再试，但是，很有可能下一次他所认为的投资机会就是一个很大的坑，因为市场是无法预测的。

另外，真正的富有也不是用金钱的数量来衡量的，而是时间。短时间内暴富的人很容易因为得意忘形而大幅增加开支，但实际上，他的赚钱能力并没有得到大幅提升。当机遇不再有，而之前养成的高额开支的习惯又很难改变时，他就会铤而走险，去做一些他能力范围以外的高风险的投资，最终财富又被清零。

总的来说，理财不仅是一种生活方式，更是一种修行。虽然我已经实现了财务自由，但是我仍然会谨慎控制自己的开支，让自己始终保持在财务自由的状态，包括控制饮食、坚持锻炼等等，其实都是我在通过不同的方式来修炼我的自律性。因为理财也是一件需要自律并持续投入的事情。

3. 理财不能头痛医头，脚痛医脚

市面上充斥着各种理财资讯，每天都在大谈特谈房价、股市之类的内容，很多时候会让理财爱好者们困惑不已，不知如何操作。所以，大家不断寻找所谓最好的投资技巧和理财干货。说白了，很多人都想成为武侠小说里的主人公，走进一个神秘的山洞，捡到一本武功秘籍，然后就练成天下无敌。但现实生活并不存在武功秘籍，也不存在理财秘籍。理财的问题不能头痛医头，脚痛医脚。

如果有专家说，明年的房价会继续大涨，该买不起房的还是买不起；如果有专家说，明年的房价会大跌，对于大多数只有一套房的人来说，也不会卖掉自住房改为租房。既然该买的买不起，该卖的不想卖，那么，我们为何还要去听专家的那一套呢？不仅毫无用处，而且还会扰乱自己的心情。

我们大多数人理财的“病根”其实是在于本金不够。知道房价会继续上涨，也还是买不起；告诉你一个高回报的投资资讯，你也未必敢参与，因为高回报往往伴随着高风险。有钱人可以用闲钱投资，敢于承担风险，所以能够赚大钱。本金不够的人怎么可能拿生活费、养老金去博呢？

本金不够的问题能够靠投资来解决吗？显然是不行的，在本金不够的情况下，投资收益率再高，实际到手的收益仍然是少得可怜。很多人拿着一点可怜的本金，也许是自己节省的生活费或是未来的养老金，然后在投资市场里跟专业投资者搏杀，这根本是赚着卖奶粉的钱，操着卖白粉的心。

把投资等同于理财，这是大多数理财人常犯的毛病。投资确实是理财当中最亮眼的明星，但它不能完全取代理财。就好像，姚明是中国男篮队伍的明星，他的存在会增加中国男篮取胜的概率，但不能说，只要姚明一个人上场就行了。这样的话，是无法组建一支完整的篮球队的，也更加不可能获胜。

既然投资不能解决本金的问题，那么还有什么办法？

还记得我将理财分为四大块吗？开源、节流、风控、投资。我将开源放在了首位，而将投资放在了末尾，意在纠正大家的理财观念。大家要在心目当中将投资的欲望压制一下，多花些时间用于开源。开创自己的事业就是最好的开源的方式。

我有位北京的朋友，专攻炒股，很多人跟他学习炒股，每年要交2万元的学费，他一共收了1000名学员。他炒股到底赚了多少钱我不知道，但每年2000万元学费，他肯定是赚到了。你认为他投资赚的钱多，还是教人投资赚的钱多？很明显，教人投资是他的事业，不是随便什么人开个炒股培训班就能招收到1000名愿意支付2万元学费的学员，这是他的能力，别人无法取代。

我把这种能力称之为“事业壁垒”，他用自己的能力建起了一堵高高的围墙，里面的果实只有他才能采摘，别人只能望洋兴叹。

干货从来都是不缺的。大多数情况下，干货也是无效的，因为不去执行的干货就是无效的。那为什么大家都不去执行呢？一定是心态问题。有句话说得好：思想决定行动，行动决定习惯，习惯决定性格，性格决定命运。大家之所以没有行动力，就是因为思想和心态的问题。

最后，大家都来思考一下：你打算用什么来打造自己的核心竞争力，建立自己的事业壁垒，最终赚取人生的第一桶金？只有想清楚这个问题，才能找到你财务困境的病根。

4. 一个足以影响你一生的理财观念

上面我们梳理了一些错误的理财观念，接下来我就要跟大家分享一个非常重要的理财观念，足以影响你一生。我希望大家能够仔细体会其中的深意。

这个足以影响你一生的理财观念就是：不缺钱花！

我相信，当看到这个答案时，肯定有人会说：切，这算什么理财观念，如果我不缺钱花的话，还有必要学习理财吗？

要注意，不管你是多么有钱，缺不缺钱花永远只是你内心当中的一种感受。哪怕你拥有1亿元的身家，你也会发现，当你还在享受头等舱时，你的朋友可能已经拥有私人飞机了，于是你又开始觉得自己缺钱花了。也许你现在会觉得，当你拥有多少钱的时候就肯定不会缺钱花了。但是，那只是因为这个金额离你现在还很遥远，当你真正拥有这么多的财富时，你的圈子也不同了，消费的档次也更高了。人的欲望永远是一个无底洞。

但是，如果我们反过来想，既然“不缺钱花”是一种感受，那我们有没有可能操控这种感受呢？当然有可能！以我的个人经验来说，要拥有“不缺钱花”的心态必须分三步走。

◇ 第一步：从语言上戒除类似于“我没钱”“我买不起”这些口头禅

经常这么说只会增加自己对金钱的渴求。当然，也不能说“我讨厌钱”“钱对我没什么用”这样违心的话。而要经常说“我不缺钱花”“赚到第一桶金对我来说只是时间问题”等等。这就好像，演说家在上台演讲之前都会对着镜子说：“我是最棒的，我的演讲一定会很成功！”

人是一种很奇怪的生物，自己经常说的话会反过来影响自己的行为，有点类似于心理学当中的“自证预言”。也就是指人们会不自觉地按照已知的预言来行事，最终令预言发生。我早在打工的时候就经常跟身边的同事说：我从不缺钱花，成为亿万富翁对我来说只是时间问题。说得多了，连我自己都相信了，现在来看，这个预言也正在一步一步地实现当中。

◇ 第二步：从行动上让自己处于不缺钱花的状态

首先，不要让自己成为月光族，坚持每月除去开支以后都要有盈余。2005年的时候我成为了月光族，为了让自己摆脱这个标签，我在发工资的时候先强行扣出10%，然后再用其余的90%来支付各种生活开支。刚开始我会觉得紧巴巴的，各种不舒服，但时间久了也就习惯了。后来，随着收入的不断增加，我每月的盈余就增加到了月收入的30%以上。

这里要注意，每月盈余比例的增加并不意味着我的生活开支比原来更少了，而是我尽量保证生活开支的增长速度不要超过工资收入的增长速度。想要提升生活品质吗？没问题，去提升自己的赚钱能力吧，但永远不要透支自己的未来！

当然，还有一些未来需要花的大钱也会让我们处于焦虑状态，让我们觉得缺钱花。比方说，可能到来的重大疾病风险、退休所需要的养老金等等。对于这些，我们还要尽早规划好自己的财务防线，让自己对未来也充满信心。

◇ 第三步：从心态上让自己真的不缺钱花

这一步是最困难的，因为我们现在生活在一个物质丰富的环境当中，每个人都有攀比心。别人有的，为什么我没有？这种想法会让自己再一次落入“缺钱花”的境地。这个问题几乎是无解的，因为我自己也不敢说自己完全没有攀比心。对于内心的修炼，我也一直在路上。这也是为什么，我要经常写理财心态建设方面的文章，看似我是写给别人看的，但实际上更多是写给自己看的，我要不断地提醒自己。

说了这么多，那为什么我们要拥有这种“不缺钱花”的理财观念？它究竟能够给我们带来什么好处呢？我给大家列举几个。

（1）让我们的眼光放得更长远，能够把握住事业机遇。如果你很缺钱花，你就会想赚快钱，可能制订的都是一些短期的赚钱计划，比方说，多加班或是找一份兼职之类的，这种方式来钱快，但是赚到的都是小钱。但如果你不缺钱花，你就会不慌不忙地制订更为长远的计划，把握住未来的事业机遇赚大钱。

（2）不会因为金钱问题而被限制住个人发展。很多人在年轻的时候，就过早背负上包括房贷、车贷等各种债务，不仅是月光族，更有甚者成为月欠族。此时，他只有小心翼翼地保住现有的工作，有新的事业机遇也不敢尝试。当我不缺钱花时，我会更加放开手脚去做事业。即使是在打工时期，我也从来不怕被老板炒鱿鱼，倒是经常有老板被我炒鱿鱼。当然，这里并不是说我会趾高气扬，其实我仍然会努力工作，但是，我努力的动力就不再是为了一份工资，而是为我自己的事业打基础。这种心态和动力是完全不同的，一个是被动努力，一个是主动努力。

（3）提高自身的价码。有一种说法是：你的财富水平是你最亲近的10位朋友的财富水平的平均值。也就是说，要多结识富人，和他们成为朋友，向他们学习，你的财富自然也会增加。但是这里要记住一点：没有哪个富人喜欢跟整天哭穷的人打交道！觉得自己缺钱花的人，很容易在富人面前自惭形秽，对富人各种阿谀奉承，最后反而得不到对方的尊重。而拥有不缺钱花的心态，往往能够提高你在对方心目当中的价码，让你更容易结识富人。

当然，“不缺钱花”其实也是一种富人心态，它能够让你摆脱金钱的束缚，站在更高的层面来看待财富，掌握财富背后真正的秘密。

5．理财真正能够给我们带来的好处

从2008年开始，我逐渐将理财教育作为事业来经营，从一对一教身边的人理财，到举办小型的线下理财培训班，现在又以自媒体的形式开展理财教育活动。在此期间，我收到了各种各样有关理财的疑问，例如：我有5万块钱，应该如何理财？我目前是月光族，要如何理财？等等。

我跟他们解释一通以后突然发现，他们更多的是希望能够通过理财帮助他们赚到更多的钱。这其实是跟理财的本质相违背的，我当年之所以要学习理财，就是发现了赚钱越多却越不够花的困惑，而理财正是为了解决这一困惑而诞生的。

那么理财具体能够给我们带来什么好处呢？

◇ 理财让我们更了解自己的财务状况

“理财”之所以被称为理财，本质上就是打理或管理家庭财产的意思。

有谁能够准确地知道自己有多少资产、多少负债？又有谁能够准确地知道自己一年能赚多少钱，花了多少钱，存下了多少钱？对于一个从来不记账的人来说，肯定是搞不清楚状况的。所以，理财的第一步就是记账，只有通过记账才能准确地了解自己的家庭财务状况。

◇ 理财让我们的支出更有规律

在详细了解自己的财务状况以后，我们就可以通过分析账目来找到财务问题的症结，然后有针对性地改善它。例如，如果我们发现应酬性的支出占比过高了，那么平时就要尽量减少外出应酬，多在家里自己煮东西吃。如果我们发现娱乐性支出多，而学习性支出少，那么就可以有针对性地减少娱乐性支出，而增加学习性支出。

通过这种有目的性的持续改善，我们的日常开支会变得越来越有规律。钱都是花在当花的地方，没有被浪费，然后就能够将节省下来的钱拿去投资，用钱生钱。一个人的生活越来越规律，身体才会越来越健康；同理，一个人的开支越来越规律，财务才会越来越健康。

◇ 理财让我们更有安全感

一个人有手有脚可以找到工作赚钱，但是他仍然会担心。担心什么？他担心自己会因为失业而中断收入；他担心自己或家人生病，自己无法负担高额的医药费；他担心自己存不够日益增长的孩子的教育金；他还担心自己年老体衰不能赚钱的时候，没有存下足够的养老金。

而通过理财，我们能够在收入丰厚的时候，为这些未来可能发生的各种风险做好充足的准备。即使风险真的到来，我们也能够维持目前的生活水平。同时，在我们退休的时候，也能够过上体面的、有尊严的老年生活。

◇ 理财让我们更有目标感

很多人为了提升自己的生活品质，于是拼命工作，努力赚钱，挣到工资以后又全部花掉，然后继续努力工作。收入越高，开支也越大，除了疲劳感增加以外，幸福感并没有增加。这让很多打工族对工作心生厌倦，找不到生活的意义。

而理财为我们提供了一个更高的目标：财务自由！

所谓自由，就是我们既可以选择工作，也可以选择不工作；既可以选择做这件工作，也可以选择做那件工作。我们可以选择不为金钱而工作，去做自己真正感兴趣的工作，让钱自然而然地流入我们的口袋。

所谓财务自由，就是通过钱去赚钱，所产生的收入足以抵销我们的日常开支。钱赚钱就是我们常说的“被动收入”，比方说，我们有一套房屋出租，每月收到的租金收入；又或者是，我们所持有的基金份额所产生的分红收入等。这些收入即使躺在床上也能收到。

而与被动收入相对应的就是主动收入，是我们必须主动付出自己的劳动力和智慧才能获得的收入，也是绝大多数人的主要收入来源。

当然，我们学习理财的目的并不是完全取消主动收入，只靠被动收入来生存。而是要让自己处于财务自由的状态，然后自由地选择自己感兴趣的事业，通过这些事业来赚取主动收入。这样，不仅我们的收入会更加丰厚，而且生活也会更有意义，最终实现更加完美的人生。

第二节 ◎ 怎样开始学理财

1．大巴教你怎样开始学理财

经常有人问：“我对理财一窍不通，要怎么开始？”我简单总结了一下，主要有以下几个步骤：

◇ 第一步：建立正确的理财观念

有些人是通过股票接触到理财，就认为理财可以赚大钱；有些人是通过银行认识到理财，认为理财就是购买银行的理财产品。但我们需要更全面地去看待理财，一开始就建立正确的理财观念是很重要的。

◇ 第二步：培养良好的消费习惯

巧妇也难为无米之炊，没有财产何来理财之说？现代人的物质生活已经根本不愁吃穿，但消费欲望却越来越大，控制自己的消费欲望，培养良好的消费习惯已成为现代人理财的重要任务。

同时，学会记账也是节俭的第一步，只有知道自己每个月钱都花在哪些地方，才能清楚哪些钱该花，哪些钱可以节省。

◇ 第三步：掌握必要的金融产品知识

很多人还习惯于将钱存在银行，甚至还有存活期的，觉得银行风险最小。其实，银行的利息收入完全不能抵销通货膨胀，某种意义上来说，最安全的地方往往是最危险的，银行是最容易让你的钱在不知不觉的情况下慢慢贬值的地方。

学习金融可以从最基本的金融产品开始，例如货币基金等。

◇ 第四步：制订一份长期的理财规划

制订长期的理财规划是整个理财的核心。投资相当于行军打仗、开疆拓土，而理财规划就相当于治理国家，国家内部都没有治理好，就匆匆忙忙去开疆拓土，最终一有风浪就可能全军覆没。

理财规划涉及面挺广的，包括财会、投资、社保、保险等多方面的知识，如果暂时自己能力不够，可以请专业的理财规划师帮你量身定做一份全面的家庭理财规划报告。

当然，在制订理财规划报告之前，也要先搞清楚，自己的理财目标是什么，包括短期目标、中期目标和长期目标。

◇ 第五步：不断学习理财知识和积累理财经验

理财是一个循序渐进的过程，不是短时间能够完全掌握的，而且金融市场风云变幻，新的产品层出不穷，必须不断学习新的理财知识。另外，学习理财也不能只是纸上谈兵，看一些金融专业书籍，考一堆证书就行的，一定要用于实战。

当然，理财投资的基本原则是不熟不做，在没有搞懂的情况下，不要投入太多资金，可以用少量的钱尝试，练习实战操作，找出自己的短板，然后再去研究资料或是向别人请教。

另外，要将“学”与“教”结合起来，才会事半功倍。除了自己埋头学习，还要多与身边的人分享和交流，懂得“教”别人。当然，教的方式是多样化的，不仅仅局限于面对面的交流，将心得体会写成文章分享到朋友圈也是很好的方式。在教别人的过程当中，你无意中就加深了自己的理解，从而提升了自己的学习效率。因为自己不理解的东西，你根本无法教给别人。说白了，最好的学习方法就是教别人！当你教别人理财知识时，并不是真正为了教会别人，对方不接受的话，你根本无法教会，因为你永远也无法叫醒一个装睡的人。你之所以要教别人，是为了自己更好地学。一旦你拥有了这种心态，别人愿不愿意听，又有什么所谓呢？在教的过程当中，其实你的目的已经达到了。

理财的终极目标是达到财务自由，享受幸福人生，所以你必须将理财融入自己的生活，成为一种习惯。

2．找到激发你学好理财的关键因素

我在跟理财爱好者交流的时候，经常会发现，有不少人会觉得学习理财是一个极其痛苦的过程。要么是看了很多理财文章和学了很多理财技巧以后，仍然找不到理财的感觉；要么是一直在“坚持”理财，但并未真正体会到理财的乐趣。（注意：我这里提到的坚持是加了双引号的，很多时候在做一些没有乐趣的事情时，坚持往往就是痛苦的代名词。）

面对这种情况，我一直在思考这些问题的症结到底在哪里？有没有办法让大家更快更好地学会理财，并且能够真正体会到理财过程当中的快乐。后来发生了一件事情，似乎让我找到了一些解决问题的灵感。当然，仅仅只是灵感，因为学习的事情，主动性仍然是在学生，老师更多的只是起到启发作用。同一位老师，所教出来的学生之间仍然会有很大的差距。

为了应对人工智能的大趋势，打造个人魅力，我决心要提升自己在演讲和写作方面的能力。但其实我从小就不喜欢写作文，每次语文考试都是80来分，基本上就是作文拖了后腿。我写作文的方法就是想到什么就写什么，不注重写作技巧以及语句是否优美之类的，反正文章通顺没有错别字就好了。这一朴实无华的写作手法我一直保持到了现在。

如果放在过去，我是绝对想象不到，现在的我竟然会做自媒体，靠写作混饭吃。每一篇文章都是我在抓心挠肝、搜肠刮肚之后才拼凑出来的，但为了传播理财思维，我必须硬着头皮写。每当我看到其他自媒体人写出来的优美文字，我都觉得无地自容，总有一种想放弃写作的冲动。大家有没有觉得，我写作的痛苦跟大家理财的痛苦似乎有几分神似？痛苦并纠结着，但又必须去做。

为了提升自己的写作水平，我花了大量的时间和精力去学习写作，过程当中我也看了很多教程和资料。一开始，我认为学习写作就应该去学一些写作技巧，比方说，文章的结构应该如何布局，中间要运用什么样的修辞手法和技巧之类的。这个过程很像大家在学习理财的时候倾向于去学习各种投资技巧一样。当然，过程当中也是充满着各种痛苦和纠结。

直到最近我读到一本书叫《心灵写作》，才让我找到了提升写作能力的真正秘密。这本书当中并没有讲太多关于写作技巧方面的内容，我从中领会到提升写作能力唯一的秘密就是：写！不断地写！心里想到什么就马上写出来，哪怕你写不出来，也要把“我没有灵感，我写不出来！”这句话给写下来。要在写作的过程当中体会写作的乐趣，高兴的时候要写，心烦的时候也要写。哪怕完全不想写，也要把“我不想写”这句话写满一页纸。

当我知道了这个秘密时，似乎写作就向我打开了一扇大门，门后是一条光明的大道，直通畅销书作者的宝座……好了，现在让我们回到学好理财这个话题上来。

通过我学习写作的例子，我突然意识到，人在学习的时候，学技巧并不是最重要的。而是某个关键的因素让你突然开了窍，找到了学习的乐趣，然后技巧什么的对你来说根本就不算事。因为你会自动自发地去钻研，而不是被老师的课程思路带着东奔西跑。兴趣是学习的春药，让你学得激情四射。

同样，学习理财也是如此。那些投资技巧并不是最重要的，要找到能够激发一个人学习理财的兴趣点，那个让你有种突然被点亮的感觉的东西。

回想我在2005年刚开始学习理财的时候，我也跟大多数理财小白一样，把理财当成投资，拼命地去研究股票和基金的投资技巧。但与此同时，我仍然在反复阅读《富爸爸穷爸爸》这本理财经典，即使一开始我并不能很好地理解作者想要表达的深刻含义。

直到有一天，我突然开窍了，真正理解了“财务自由”的意义。财务自由并不是一味地增加被动收入，还要注意控制开支，只有当“被动收入≥日常开支”这一等式成立的时候，才真正实现了财务自由。

另外，即使是增加被动收入，也不是拼命提升收益率，因为当本金不够的时候，收益率再高也无法产生足够的被动收入。这个时候，开源的重要性就凸显出来了。于是，我转而将时间和精力更多地用在开源和节流这两个方面，而不是一味地通过研究投资技巧去提升投资收益率。要知道，提升投资收益率是有天花板的，对收益率要求越高，就越接近专业化投资领域，普通人是难以战胜专业投资者的。

当我真正领悟到财务自由的真谛时，我的理财生涯就被点亮了。同时，我也发现，真正领悟到理财真谛的人并不多，大家都在追求投资收益率的怪圈当中打转。正因为这一点，引发了我将理财教育作为自己事业来经营的想法。因为越少人领悟到理财的真谛，理财教育市场这块蛋糕就越大。

当然，在学习理财的过程当中，也许每个人被点亮的那个东西都不一样，这需要大家慢慢去摸索。在此我也给大家两点小建议，可能会让你更快找到点亮你学习兴趣的那个东西。

第一，要反复阅读理财经典书籍，经典的内容永远不会过时，值得反复揣摩。也许，你一直想找的秘诀就在其中。

第二，要多去实践，不管是记账也好，还是研究和参与一些投资项目也罢，一定要行动起来。理财是实操性很强的技能，光看是不会有提升的，只有通过不断的实践才能总结出适合自己的理财思维和投资策略。

3. 怎样才算找到了理财的感觉?

很多人在谈到理财的时候，想到的多半是投资、钱生钱，而实际上，理财的范围很广，包括了现金流管理、风险管理、投资管理等等，可以说，理财是理一生的财富。即使是从“理财”这两个字的字面上来理解，也应该是打理财富的意思，当然，还有另外一种解释是，理财是理性地安排个人或者家庭的财富。

而我作为一名理财思维的身体力行者，经过长期的学习和实践，我越发觉得理财是一种生活方式。就好像要做到身体健康，就不是简单地吃什么补品就能解决的，必须要养成良好的生活习惯，包括规律的作息时间和健康的饮食习惯，然后再配合适当的运动。

我一直思考一个问题：怎样才算是真正找到了理财的感觉？或者说，要达到怎样的标准，才算是真正走上了理财的正途？

◇ 清楚自己的家庭财务状况

你知道自己一年下来能赚多少钱，又花了多少钱，钱都花到哪里去了吗？你知道自己家庭到底有多少资产吗？如果你有负债，那你打算什么时候还清，又用什么方式去还呢？我想能够把这些问题都回答清楚的人肯定是不多的。因为几乎很少人坚持记账，并且懂得分析账目，然后找出当中的问题去改善它。

简单来说，记账就是理财的第一步，只有先搞清楚自己的家庭财务状况，才能做到心中有数，遇事不慌。如果你还没有开始记账，即使你通过投资赚到再多的钱，也不能算是理财达人。

◇ 对生活有安全感，对未来充满信心

真正懂得理财的人会考虑到未来可能发生的各种问题，并且会利用各种金融工具来应对，提前做好准备。俗话说，不打无准备之仗，做好准备以后，就算真的遇到问题，家庭也能够维持目前的生活水平。比方说，利用保险将疾病和意外风险可能带来的经济损失转嫁给保险公司；又或者是，提早规划好自己的养老金和孩子的教育金。

◇ 有目标感，生活有奔头

很多人工作就是为了赚更多的钱，收入越高，开支也就越大，在外人看来，他很成功，但实际上，他已经厌倦了自己的工作，找不到生活的意义。开始理财以后或许能够改变这种恶性循环，理财的终极目标就是实现财务自由，到那时候，我们可以选择过自己真正想要的生活，做自己真正喜欢的事业。即使暂时没有实现财务自由，我们的生活也会更有奔头，不会仅仅为了增加金钱的数量而奔忙。

◇ 慢慢找到自己喜欢的生活方式

现代人的物质生活变得越来越丰富，大多数人却迷失在别人的意见当中。别人都在用苹果手机，为什么我只能用安卓手机?别人都买了房，为什么我只能租房住?别人都买车代步，为什么我还要挤地铁公交?为了获得别人眼中的好生活，加班更多了，焦虑也更多了。真正懂得理财的人，非常清楚自己内心真实的需求，不为别人而活，只想活出自己的精彩。

◇ 自动自发的理性消费

世间的物质太丰富，若都想拥有的话，你就必须牺牲掉自己的生活，只有在找到自己喜欢的生活方式的基础上，才能真正做到理性消费，把钱花在刀刃上。理性消费并不是不消费，并不是吝啬，而是把钱花在真正能够让自己幸福的地方。同时，整个过程是发自内心的对理性消费的认同，而非勉强自己忍住不消费。

大家对照这五点来看看，你真正找到理财的感觉了吗?

第二章

“理财四大金刚”为你的财富保驾护航

对于理财的原理，我喜欢用一种形象的“蓄水池理论”来比喻，这个理论最初是由理财规划师专业委员会秘书长刘彦斌提出来的。

他是这么说的：“理财就好比在家中的后院挖了一个蓄水池，蓄水池上面装有进水管，水不断往池里流，同时下面还装有出水管，水不断往池外流。当进水管流进的水比出水管流出的水要多时，蓄水池的水就慢慢涨起来了，当涨到一定的程度，就可以在蓄水池里养鱼。当然，为了防止蓄水池垮塌，就要在水池四周筑上一道堤坝。”

这里的蓄水池就相当于家庭的储蓄或资金池，进水管相当于收入，出水管相当于支出，池中的水就是钱，养鱼就相当于投资，堤坝就是风险控制。理财的基本原理其实就是增加收入，减少开支，让家庭储蓄越积越多，然后可以拿出一部分闲钱合理投资，同时又要控制好无处不在的风险。我自己用简单的八个字总结了“理财四大金刚”，分别就是：开源、节流、投资、风控。

第一节 ◎ 开源之方

1. 盯紧事业就是最好的开源

开源，顾名思义，就是开拓水管，开发水源的意思。绝大多数的理财书籍在提到“开源”这个词的时候，都会把用投资的方式来增加被动收入归结为开源。而我却不这么认为，我觉得在原有工作的基础上追求升职加薪（拓宽水管），再利用业余时间做兼职、副业以及基于自己的兴趣爱好搞微创业（开发水源），这些才是真正的开源。

很难想象，那些收入不高的打工一族，能够将被动收入称之为开源。因为他们的投资本金真的很少，投资经验也不足，想不亏本的话，只能做一些相对保守的投资，所以，能够产生的被动收入也是极少的。

打个比方吧，这就像是一个偌大的游泳池，你却只开了一个水龙头在那里滴水，什么时候能够装满游泳池呢？恐怕游泳池漏的水还要更多。有的人靠投资赚了点钱，就开始挥霍，最后不仅连本带利亏进去，还养成了奢侈的生活习惯。

所以，奉劝那些手头本金不多的年轻人，如果投资不是你的事业的话，就把眼睛盯紧自己的事业，别总是想着靠投机取巧一夜暴富。

有不少人跟我说，他们也想像我这样，把理财投资当成自己的事业，问我要看什么书好，要考什么证才能找到相关的工作。其实，有想法、有追求是好的，但也要先做好自己手头的工作。

早在十年前，我就想将理财投资当成自己的事业了，因为我从小就对研究数学问题很感兴趣，做自己感兴趣的事情，还能顺便赚钱，那当然是极好的。

但是，我那时候知道自己实力还不够，我既不是读金融专业的，又没有丰富的投资经验，想要进入这个行业几乎是不可能的。所以，我要做的就是干好手头的工作，然后利用业余时间做投资理财方面的研究。

不得不说，我真是赶上好时代了，我称之为一个相对公平的事业发展环境，因为真正有能力又肯吃苦耐劳的人，在这个时代根本不愁没有事业发展机遇。即使我现在没有做理财自媒体，我相信自己在任何一家公司打工，混得都不会差，养活自己和家人肯定是没问题的。

说这句话，并不是我在夸海口，要知道，在我做理财自媒体之前，我历经六大行业，做过十几种职业，每一份工作我都坚持做到极致，即使是做杂工，我也是最好的杂工，所以，这点底气和自信我还是有的。

很多人说要创业，是因为他们觉得打工太苦太累，想要逃避。但是却没想到，创业其实更苦更累，连工都打不好的人，更加不可能创好业。

也有很多人说要把投资当成事业，是因为他们觉得投资是靠钱赚钱，坐在家里对着电脑都能发财，很轻松。但是却没想到，其实投资的风险非常大，同时金融行业也是竞争最为激烈的行业之一。

记得前段时间我跟一位朋友聊天，朋友想跟我诉苦，说自己现在的事业有多么的不顺，生活有多么的无奈。才刚起了个头就打住不说了，他看着我笑，然后说："我们不聊这些没劲的话题，我知道，你也是苦过来的，任何不成功的理由其实都是借口，放心，我会继续努力的。"

听到这句话，我眼眶竟然有些湿润，曾几何时，我也是这样不断地自我安慰，我从不向身边的人，哪怕是父母亲去诉苦抱怨。因为我知道，路是自己走出来的，多说无益，不如多干点实事。现在的我也仍然没有走到事业的终点，我还一直在路上，并且要奋斗不息。

2. 打工族应该如何开源?

我这里所说的打工族，特指收入一般，资产也不多的蓝领或白领一族。这个人群的特点是：相对来说比较年轻，有稳定的收入来源，但收入又不算多，比上不足比下有余。大多数都没有自己的房产，也没有太多资产（注：需要供款的房产本质上还属于银行，所以不能叫"有房"），压力却一点都不轻，有的可能正面临结婚难的问题，有的可能刚刚结婚；当然，还有的刚有小孩，压力就更大了，总之一句话，总感觉手头不宽裕，紧巴巴的。

对于打工族来说，脱离本职工作去找兼职是很不靠谱的。特别是所谓的网赚，要么骗子多，要么就是出卖劳动力，让你不停地反复操作电脑，根本无法积累有用的工作经验。对于兼职或者副业，我们不应该特意为了赚钱去做，而应该尽量做一些自己感兴趣的事情，同时顺便赚点零花钱。

而过早创业，也并不现实。让没有经验、没有人脉、没有资金的三无人员来创业，谈何容易？

我的做法是，刚开始一定要干好本职工作，先做到"干一行爱一行"，然后再考虑"爱一行干一行"。这个怎么理解？

刚出来社会时，啥经验都没有，有工作就好好干，不要太挑剔，并且要投入全部的热情去干，工资事小，积累工作经验事大，一定不要混时间，年轻人最多的是时间，但最宝贵的也是时间，这就是"干一行爱一行"。

拿我自己来举例，我至少有两份工作都是从最底层的杂工、临时工做起，然后花两三年时间潜心经营，一直做到公司的核心岗位。现在回想起来，那段日子是最苦的，但却给我积累了宝贵的工作经验，像电脑操作、打字速度、沟通能力等等都是那段时间强行练出来的，甚至在做临时工那会，因为经常搬东西、做苦力，我还将瘦弱的身体练得更强壮。

有了一定的工作经验和人脉关系，就可以根据兴趣爱好来选择适合自己的发展方向。为什么要强调是基于兴趣爱好来选择发展方向而不是收入的高低呢？因为只有基于兴趣，才能保持持久的工作热情，也最容易将工作发展成为自己的事业，这也就是我所说的"爱一行干一行"。

我也是2011年才开始正式进入金融业，在此之前已经积累了近十年的工作经验和社会阅历，此时，我才真正开始做自己喜欢的事业——理财，之前理财一直只是我的业余爱好。虽然，我在金融业（准确讲是保险业）干得并不顺利，但我已习惯了事业从零开始的跌宕起伏，我一直坚持着，等待着一个机遇。

有时从工作到事业只是一步之遥，缺少的只是一个机遇，而在互联网时代，机遇遍地都是，就看你有没有做好充分的准备。为了做好这个准备，我用了8年时间，积累了8年的理财实战经验，又在保险业磨炼了两年，直到2013年9月11日才创办了理财巴士自媒体。

以下是给打工族的一些开源方面的建议：

（1）刚出来工作时不要太在意工资的多少，关键看公司的发展前景以及你在公司能否学到新东西。所以，我不建议有理想的年轻人去大型企业，在一些有发展前途的小公司，学到的经验绝对是物超所值。当然，一些有活力的大型互联网企业除外。

（2）用脑去做事。即使是机械的录入工作，都可以来点创意，比方说，尝试写一段代码让电脑自动录入？要不断尝试用更省时省力的办法提升工作效率，不要总说不可能，只要你去想，办法总比问题多。

（3）始终以老板的角度去思考和做事。老板自己是不会以工资的多少来定位自己做事的多少的，而打工者往往会说，老板发多少钱给我，我就做多少事情，绝不会多做让老板占到便宜。甚至，有些人还会故意磨洋工，以实现少做事、多拿钱的目的。而我的想法是，即使是做杂工，我也要做最好的杂工。所以，不管在什么岗位任职，我做事都任劳任怨。虽然在当时有人觉得我很傻，但是很多人都愿意和我成为朋友，因为我毕竟是一个很好的帮手，要知道没人会拒绝一个喜欢帮助别人的勤快人。工资，不是由老板加给我的，而是我自己加给自己的，我学到的本领也是属于我自己的。

（4）如饥似渴地阅读和学习，投资在自己身上绝对是回报最大的。

（5）成为一个通才，而不是专才，特别是在互联网时代。不要再说你是搞技术的，销售和管理跟你没有关系，为什么不多学一点呢？知识是可以跨界的，懂得客户心理、懂得管理的技术员才能上升到技术总监的位置。

上面说的好像跟开源没有关系？你做好以上几点，还怕老板不给你涨工资吗？不涨工资的结果就是：要么你被老板的竞争对手给挖走了，要么就是你炒了老板，自己创业了！

3．四步实现微创业

我们之前讲了如何“拓宽水管”，也就是做好本职工作升职加薪。但是长远来看，这一定靠谱吗？

我经常把追求升职加薪比作是在爬事业的金字塔。刚开始爬的时候，没什么感觉，当爬到中层管理时就渐入佳境，你看中间的人喜笑颜开的样子。但一旦爬到高层时，就开始战战兢兢了。难怪有人会说，当你攀爬事业金字塔时，爬到一半，发现往上看全是屁股，领导的马屁要懂得拍，拍得不好，还有可能拿热脸贴了冷屁股；往下看时，全是笑脸，下属的阿谀奉承让人很享受；往左右看时，全是眼睛和耳朵，代表你身边耳目众多，都想将你取而代之踩着你的肩膀往上爬。人生痛苦的事情是在事业的金字塔上爬不上去，更痛苦的事情则是爬到塔顶却发现爬错了一座金字塔。为什么这么说?

因为我们传统观念认为的大公司、大企业当下正面临着挑战。时代的发展和进步，特别是互联网时代的到来，给传统事业带来了巨大的冲击。像富士康引进机器人，取代简单重复的手工活，大量操作工人面临失业。而马云创办的淘宝、天猫，引领网购风潮，线下大量的商铺要么转型，要么关门歇业。

在互联网大浪到来之时，似乎让人感到绝望，但事情总是有两面性的，我们讲危机，有危难就会有机遇。互联网时代给大企业、大组织当头一棒的同时，也给了个人、小团队崛起的机遇。

郭德纲，非著名相声演员，文化程度不高，却随着几段视频，在网上迅速走红，票价由原来10块钱没人听，到现在炒到3000块钱还买不到票。央视觉得他三俗，不让他上春晚，但三千万粉丝（俗称“钢丝”）不干了，都想让他上春晚说相声，于是，他被硬生生抬上春晚的舞台。

就在很多大佬总是说互联网时代，单打独斗已经不行了的时候，一位高中生用自己的实际行动狠狠地扇了他们一耳光。这就是由一位叫作季逸超的高中生开发的猛犸4浏览器，获得了Macworld 2011特等奖，后来他还得到天使投资人100万元的投资，成立了自己的工作室。

刚才讲到的两位似乎都是很牛的人物，那我们普通人如何在互联网时代崛起？这就引出了我们今天要聊的话题：微创业，也就是“开发水源”。

微创业就是，用微小的成本进行创业，或者在细微的领域进行创业。

说到“创业”两个字，很多人会认为，既然要创业，当然就是要马上离开现有的工作岗位，全力投入自己的事业当中。然而，这也正是微创业与普通创业不同的地方，就是不必马上离开现有的工作岗位，而是用最小的成本，发展自己的兴趣，再加上一点创意来开创事业，只有当积累了一定的客户群以后再考虑离职。那要用怎样的方法来实现微创业呢？其实，罗胖用八个字把微创业总结得非常好：转身、立定、呻吟、躺下。但我觉得罗胖（《罗辑思维》的创始人罗振宇）讲解得还不够具体，我现在就结合实际案例讲得更具体一点。

◇ 转身

转身就是从实转虚，从传统的产品经济转到现在的体验经济。那什么是产品经济？我以前在五金加工厂上过班，很多管理层的梦想，就是积累管理经验，积累资金，然后自己开一家五金加工厂，这就是产品经济。做产品经济比的是规模和速度，像这种作坊式的加工厂，怎么比得过大型加工企业？那什么是体验经济呢？像理发、化妆、美食、摄影、说相声、开发游戏等等，这些给用户一种美好感觉的事业，都属于体验经济。

那么要怎样从实转虚？其实就是找一些老大们干不了，也不愿意干的活，不跟老大拼实力，找他们的软肋，单点突破。举一个经典的例子：英特尔有两个对手，其中一个是AMD。AMD跟英特尔打了这么多年，为什么一直衰败？因为它完全按照英特尔的游戏规则在玩，英特尔的游戏规则是比谁的计算能力更强，比谁的核更多，带来的结果就是比谁的温度更高，所以AMD始终被温度问题困扰，就这么被玩残了。但另外一家公司，恰恰从产品体验和商业模式上颠覆了英特尔，这就是ARM。从产品体验上来说，它跟英特尔反着走，比的不是计算能力，而是便宜、低功耗，只要把这两点做到极致，英特尔就会非常痛苦。目前在移动设备市场，ARM处理器的市场份额超过90%。

所以，放弃做大事业的梦想吧，开发一些小而美的事业。像我以前在外资企业工作，经常要用PPT做报告，而我有一位同事做出来的PPT非常精美，其实他就可以专门研究如何做出漂亮的PPT，然后做一个视频教程放到网上，吸引用户。接下来，就可以开PPT的小型培训班，养活自己肯定没问题。

◇ 立定

立定就是站在一个固定的原点上成长。我的理解是，找到一项自己的兴趣，把这项兴趣做精做绝，在这项兴趣的圈子里成为精英，你肯定能赚到钱。不要只追求利益，为了利益去创业，往往做得很艰难。有人会说了，我的兴趣就是躺在沙发上看肥皂剧，这其实是爱好，不是兴趣。兴趣是指即使你投入大量时间和精力，做一些不赚钱的事情你也兴致盎然，才是兴趣。兴趣能让你长知识，躺着看肥皂剧却只能长肉。

那兴趣怎样培养？这一点罗胖没有讲得很清楚。我给出一些具体解决方法：首先，要培养一点童真，成年人最大的毛病就是看见什么，都说这个我知道，然后发表评论，证明自己在这方面有多专业，实际上这是一种拒绝学习的态度。我们需要放下自己的身段，用好奇的眼光去看待事物。那么，如何放下身段？就是去做一些你童年喜欢做的事情。有一次，我去公园看见很多小朋友在给石膏模型上颜色，我小时候就很喜欢画画，看着挺有意思，于是我也买了一个，认认真真地在现场填色。当时现场都是家长带小朋友玩，而我是一个大人单独玩。刚开始，很多家长都用异样的眼光看着我，但我一直很专注地在填色，没有搭理他们，当我填得差不多的时候，一抬头，才发现身边围了一圈人。因为我没有完全按照照片的要求去填色，而是发挥自己的想象力，创造出不同的填色风格，结果吸引了一批小朋友和家长的关注。其实，现在很多家长的思维方式也影响了自己的孩子，让孩子过早失去了想象力和童真。当然，我并不是说，从此以后我就要去学画画了，我只是用这种方式打开僵化的头脑，真正能够作为事业发展的兴趣自然而然就产生了。

另外，要多与不同行业的人沟通交流，开拓自己的眼界。如果你只是在自己本行业发展，那么，你可能会被这个行业一些约定俗成的规则框住，你就永远无法在这个行业找到自己的兴趣点，应该要更多地参加其他行业的各种聚会，开拓眼界。

还有就是要养成阅读的好习惯，特别是对于内向不擅交际的朋友，阅读能够帮助你开拓视野，发掘工作之外的美妙世界。

好了，如果你已经找到自己的兴趣，也开始发展了，这时候还要加一点东西，那就是创意，你必须要做出一点与别人不同的东西。比方说，你喜欢摄影，但这么多人都在做摄影，你如何能够脱颖而出，就需要一点点的创意。

有人会说，创意是艺术家干的活，普通人如何发掘创意？在一篇名为《别跟着巨头的节奏跳，必须逆着来》的文章中，我似乎找到了答案。这篇文章是奇虎360董事长周鸿祎发表的，他说要让自己做小白用户，去感受这个世界。小白用户的特点是什么？容易抱怨，没有耐心。

比如，一次我在银行排队办业务，拿了一个号码纸，一看：前面还有35位，请耐心等待。我就很烦躁，跑到银行旁边一家咖啡馆喝东西，但喝东西的同时，心里又会不安，不知道会不会错过号码。这时，我就想，有没有人开发一款叫作排队器的手机软件，每个人都装一个那多好。快到自己办业务时就留言，现在是多少号正在办业务，那么其余的人就可以放心在外面聊天、喝咖啡。

再比方说吧，我以前看见电视的遥控器就很烦，这么多按钮，有些按钮你永远搞不懂它有什么用。我就在想，有没有人开发简单的更容易操作的遥控器。后来小米的高清电视，就配了一款只有11个按钮的电视遥控器，我的想法也就实现了。我自己正是通过这一系列的抱怨和不满，去发掘生活中可以改进的地方或是市场的空白。

而我自己做理财自媒体，就是发现了理财栏目的市场空白。当时市面上的理财类节目，要么就像《财经郎眼》这种，讲宏观经济形势，普通老百姓听完之后心里发慌，却不知道如何解决；要么就是一些股评节目，为庄家摇旗呐喊，没有一档平民化的理财节目。刚好，我又是学理财的，于是“理财巴士”就应运而生了。所以我们要在生活当中，多发掘一些不便利、不舒服的地方，说不定，那就是你事业的开始。

◇ 呻吟

呻吟是区别于呐喊的，就是说，你不必学大公司那样，恨不得全世界都知道自己的产品，这需要投入大量的广告费。呻吟的意思是，只要告诉身边人，通过人际关系传播，形成影响力和爆发力。其实，这就是要解决我们新的疑虑，客户从哪里来。当我们挖掘出自己的兴趣，找到了市场缺口，事业也开始启动了，接下来的问题就是，会有人愿意为我的事业买单吗？我的客户从哪里来？就拿我的理财栏目来说，我也有同样的困惑：像罗胖、高晓松等都是大咖，本身就有关注他们的用户群体，而像我这种苦逼屌丝要从零用户开始积累，我到底需要积累多少用户？又需要花多长时间呢？

关于这一点，我后来从书中找到了答案。在凯文·凯利的《技术元素》这本书当中，有一篇文章名为《一千铁杆粉丝》，他告诉我们并不需要太多用户。你只需要将1000名一般粉丝转变成1000名铁杆粉丝，假设每个铁杆粉丝，每年在你身上消费100元，你的1000名铁杆粉丝就为你创造了10万元收入，减去一些适度的开支，对于大多数人来说，足够生活。1000铁杆粉丝似乎也挺多的，每天积累一个，也要三年时间，但其实在互联网时代，并不要这么久。

拿我自己来举例，"理财巴士"自媒体于2013年9月12日创立，第一周只增加了15名用户，第二周增加了48名用户，第三周，又增加了218名用户，仅用了115天就完成了1万名用户的积累。用户数量呈几何倍增，并不是我们想象的一天一个。这就是互联网的力量，只要你做的事业能够给用户足够好的体验，就会像病毒一样传播，根本不用担心你的用户在哪里。所以，微创业的关键是你的事业要切中用户的需求，为用户创造价值。

◇ 躺下

这就引出微创业的第四点——躺下。躺下的意思就是不要高高在上，要拉低姿态，接地气，多了解你的用户到底需要什么，并保持与用户的实时互动。

微信之父张小龙提出的“一千一百十”的原则非常棒。就是每个月在微博、QQ空间等渠道，关于你的事业的话题，要跟人互动1000次；看100篇重要的分析文章，还要跟你的用户做10次深度访谈。如果分解到每一天，按每月工作20天计算，也就是工作日里，每天跟人互动50次，看专业文章5篇，再每两天与用户做一次深度访谈。工作量并不大，但只要坚持下去，用不了多久，你就能够成为这个事业圈子里的精英。

好了，总结一下，微创业的操作步骤：首先，在体验经济中发掘一项自己的兴趣，将这项兴趣转变成自己的事业；然后在这项事业上加点创意，最好能够弥补市场的空白，或是开发出全新的体验模式；推广方面先从影响身边人做起，不断提升自己在事业圈中的影响力，成为圈内精英；再就是要了解用户需求，给用户提供更好的体验，最后剩下的就只是坚持了。

可能很多人还没有意识到危机的来临，就像是20世纪80年代末期开始的职工下岗，也没有人相信“铁饭碗”会被打破，只有少部分人鼓起勇气走出企业，去摆摊、做小生意，在别人的嘲笑声中，成为了万元户。而大部分人都是被迫下岗，匆匆面对改革开放的大潮。互联网大潮下，你是在怀疑，还是已经开始行动了？

4. 玩转自由职业

“自由职业者”，这个词来源于英文的“Self-employed”，自己雇用自己。香港人的翻译更靠谱，叫“自雇人士”。这表明自由职业者并不是找不到工作，而是因为追求自由，自己雇用自己，自己帮自己打工。同时我认为，随着互联网的兴起，人与人的沟通越来越便捷，自由职业将会成为未来职场的主流。这样的好处很明显：对于公司来说可以节省办公场地、管理费用等等开支；对于个人来说，工作时间更自由，也就是我们常说的U盘化生存。

任何事情有利就必然有弊，那么自由职业的“弊”是什么呢？一家网站调查目前国内自由职业者的生存现状时发现，目前国内自由职业者主要有五大烦恼：

（1）收入不稳定，养不活自己和家人。

（2）没有保障，例如：没有五险一金。

（3）没有认同感和成就感，家人亲友不理解，认为自由职业等同于无业。

（4）社交圈狭窄，容易变得很宅。

（5）不够自律，工作经常变成纯玩。

我自己有过两段自由职业的经历：一段是2006年，大约维持了八九个月的时间；另一段是2011年到2015年。几年的自由职业者生涯，让我还是有一些底气来谈谈我对自由职业的看法的。下面，我针对目前国内自由职业者的五大烦恼，来分析一下：

（1）收入不稳定一般有三种情况：一种是能力确实不够，打工的时候，能力不够还可以混，而自由职业都是实打实地干，没有能力就没有市场；第二种情况是懒，其实就是五大烦恼中的第五点——不够自律，这个我待会再讲；第三种情况是传播力度不够，说白了就是，虽然你很牛，但却没人知道。

（2）所谓的保障或是五险一金的问题，说白了也还是收入的问题，如果你收入足够多，给自己买一份就行了。另外，其实上班族也不保证每家公司都给员工上五险一金。

（3）如果你还在追求身边人的认同，这说明你的思维还没有完全放开。现在我们正处在一个割裂的时代，绝大多数人的思维方式还很传统，根本看不懂互联网的玩法，自由职业者受到非议再正常不过了。这就好像在中国改革开放初期，做小买卖会被大多数人看不起，但是中国的第一批富人几乎都是靠小买卖起家的。

（4）社交圈狭窄，其实跟自由职业没有太大关系。即使是普通打工族，在互联网时代，也都变得越来越宅，一家人围着桌子吃饭，但很可能都低头看手机，这是互联网时代的产物，不能算到自由职业的头上。

（5）不够自律才是自由职业者真正要解决的核心问题。人性本懒，很多人追求自由职业是因为可以睡到自然醒，还可以在舒适的家庭环境当中工作，但这一切又是工作效率低下的根源。我在2006年那段自由职业经历当中，主要是靠帮人修电脑或是帮企业安装局域网谋生，忙完一笔企业的大单后，在接下来几个月里干活都变得拖拖拉拉的，这也是我当时失败的原因。

那要如何破解这些烦恼，将自由职业真正玩转起来呢？我自己总结了四点，跟大家分享一下。

◇ 正确认识自由职业

做任何事情，观念永远是第一位的。拿理财来说，如果你只知道一些小的理财技巧，而没有形成良好的理财观念，是无法真正做好理财的。而对于自由职业来说，不是离职自己单干这么简单，它不仅仅是一种职业状态，更是一种能力的体现。

真正的自由职业者，多数是先有职业，后有自由。他们在成为自由职业者之前，一般会在某个职位或者某个领域干得非常优秀，能够独当一面。然后，当遇到合适的机会，就成为自由职业者。简单来说，自由职业者都是行业精英，如果有一天他突然想结束自由职业生涯，想要再找到一份好的工作，是非常容易的事情。而那些一无所有，一无所长的待业人员、失业人员是不能被称作自由职业者的。

要成为自由职业者并不是一件容易的事情，必须具有一定的知识、技能、社会生存能力，还要有坚强的意志。缺乏生存的技能，就没有资格做一个自由职业者，可以说，成为自由职业者的绝不是无能者和平庸者。

◇ 换一种思维方式，换一种生活方式

作为自由职业者，特别是互联网时代的自由职业者，我们必须打破传

统的思维方式，要懂得运用互联网思维。拿认同感和成就感来说吧，我们的眼光不能只盯着身边的亲戚和朋友，希望得到他们的认同和夸奖，这样太局限自己了。放眼整个互联网的话，我们能够形成自己的圈子和社群，拥有更多志同道合的朋友，同时也会有更多的人认同我们。

只要记住一点就好了：获得平庸的人的赞美只会让你更加平庸，每个成功者都有一段不被别人认可的经历，即使是今天如日中天的马云也不例外。

另外，自由职业不仅是一种全新的工作模式，也是一种全新的生活方式。过去朝九晚五，生活还算有一定规律，一旦“自由”了，很可能上午睡到11点，晚上又熬夜，饮食也变得没有规律，这样是非常糟糕的。

作为自由职业者，要尽量让生活规律起来。早上虽然不用太早起床，但也要准点起来，这样有充足的时间给自己准备一份营养早餐，让自己精力充沛地投入一天的工作。下午还可以安排一些户外运动，例如慢跑。晚上要做好第二天的工作安排，睡前还可以看一会书等等。计划可以根据自己的喜好设定，但一定要有计划，不能想到什么就做什么，毫无章法可言。

◇ 做好资金方面的准备

如果你是第一次成为自由职业者，那么建议你在正式离职之前，最好准备半年到一年的家庭开支。这样可以保证你在这半年到一年的时间里，即使一分钱没赚，家庭生活品质不会下降，实在不行，也有缓冲期让你再找一份工作。

另外，要知道一点，自由职业者的开支比普通打工者要高很多，很多隐性成本在自由职业者身上都显现出来了。比方说，如果你在一家公司打工月薪5000元，你认为公司聘请你的成本就是5000元吗？当然不可能，实际成本应该在1万元以上，例如：公司给你提供的办公场所、水电、员工餐、员工体检、五险一金等等，只要是公司免费提供给员工的，都是成本。如果是自由职业者的话，类似这些成本就要由自己来扛了，比方说，如果你是自由撰稿人，在家写作时开着空调或是暖气，这些成本都是自己来承担的。

◇ 前期会比较难熬，要有心理准备

刚刚成为自由职业者时，至少有半年时间会不适应。没人给你发工资了，下个月的收入还不知道从何而来，又要担心做了事情收不回来钱怎么办。还有，在家办公时，要面对家人的打扰又该如何处理呢？原来以为的自由似乎变了味，反而感觉更加不自由了。

另外，大部分自由职业者喜欢亲自动手，他们不愿意雇用帮手，所以往往事业越成功，意味着他的工作时间越来越长，与家人共聚的时间就越来越短了，这也是很多自由职业者始料未及的。

当然，办法总比困难多，不要被这些小事阻挡你成为自由职业者的决心。当你熬过艰难的早期阶段以后，你会发现自己越发喜欢这种工作和生活方式，因为自由职业，就是做自己喜欢的事业，然后以自己喜欢的方式去做！

◇ 附：一位自由职业者的一天

06:00　起床，打开电脑

06:10　洗漱，喝一大杯清水，然后活动筋骨

06:30　回复会员提问，处理邮件

07:20　早餐时间

07:50　阅读微信公众号文章

08:20　一边快走一边收听语音类节目

09:00　开始工作

（设置闹钟，每工作1小时就起身休息，活动筋骨10分钟）

12:00　吃午饭

13:00　睡午觉40分钟

（包括睡前阅读10分钟的朋友圈文章）

13:40　起床，洗一个冷水脸，然后活动筋骨

14:00　开始工作

（除了每工作1小时休息10分钟之外，还会增加快走半小时的环节）

18:00　晚餐时间

19:00　陪家人或者阅读、看视频之类的

（如果当天没有走够8000步，就用这个时间段补上）

22:00　洗澡

22:20　睡前阅读

23:00　入睡

以上就是我在第二次自由职业生涯时，一天的工作生活时间表。朋友的评价是：典型的老年人生活！当然，时间表写出来是给我自己参考的，在实际操作上还是会有变化的，比方说，有时候工作得兴起，两三个小时就过去了，中间的10分钟休息就自然跳过，工作状态来了，根本停不下来。另外，有时候去见朋友或是参加一些活动之类的，时间安排就会随之调整。不过，整体来看，时间是非常有规律的，像起床、吃饭、睡觉的时间几乎是雷打不动的。也许你会觉得很夸张，但这却是我自己总结出来的，最适合我自己的，也是我感到最舒服的方式。

回想2006年的时候，我经历过一段自由职业生活，历时9个月，那是一段混乱不堪的生活经历：整天靠打网游和看电影度日，偶尔接一些维修电脑的业务，赚点生活费。那时候我的生活成本极低：跟人合租在城中村，餐餐吃着盒饭或是自己下面条，所以基本上能够保持收支平衡。

这种生活刚开始觉得很爽，想玩就玩，想吃就吃，想睡就睡。后来，新鲜感就慢慢消失了，感觉有点无聊，还有就是整天腰酸背痛的。最后，不管是身体上，还是精神上都濒临崩溃，这哪是在享受生活，简直就是在受罪。

我自己总结出来一个规律：人总是得吃苦受罪的，关键你是主动迎上去，还是被动承受。比方说，运动很辛苦，但坚持运动，平时身体就会很舒服，这就属于主动迎接吃苦；如果不运动，平时懒懒散散的，就会经常

腰酸背痛，要么就是抵抗力变差，小病不断，这就属于被动承受。这也是为什么我会制定这么规律的时间表，因为它会让我每天精神饱满，工作效率倍增，并且是工作生活两不误。

要问我后不后悔那9个月被浪费的时光，我其实一点都不后悔，那就是一种人生的经历，又或者说是一种生活历练，爽一把后让自己领悟到，所谓的“爽”其实没那么爽。趁着年轻疯一把，疯过以后才能真正地收心。

不少人对自由职业者每天在干什么很感兴趣，所以我想让大家知道，其实自由职业并没有想象当中的那么好；但自由职业是在过自己想要的生活，而不是别人认为很好的生活。

5．微创业VS自由职业

我们之前聊了微创业与自由职业。有人或许会有疑问了，它们之间有什么区别吗?

所谓自由职业，是指摆脱了公司的管理，变成自己管自己，以个体劳动为主的一种职业。比方说，自由撰稿人、独立的演员和歌手都算作是自由职业。自由职业是中国改革开放以来慢慢发展形成的。

而所谓微创业，就是用微小的成本甚至是零成本进行创业，或者是在一个细微的领域当中进行创业，它的主要特点是：投资微小，见效快。微创业这个词汇最早出现在微博兴起的年代，有一些人借助微博来创业，就被称为微创业。

实际上，自由职业和微创业这两个概念很难完全地区分开来，都是成本小，不用看老板脸色，时间安排比较自由。

如果硬要区分的话，我认为，自由职业仍然是在打工，只是自己帮自己打工，所以它创造的价值会相对来说比较小。而微创业虽然微小，但毕竟已经是在创业了，所以它创造的价值会相对来说比较大。另外，自由职业一般是一个人单干，而微创业可能会组建一个小团队。

早在2006年，我就开启了第一轮的自由职业模式，当我准备好半年的生活开支以后，就主动离职去创业了。为什么我有创业的冲动呢？这当然是受到《富爸爸穷爸爸》这本书的影响。在这本书当中，作者提出了“四象限理论”。下面，我们来简单回顾一下，什么是四象限理论。

在书中提到，全世界合理合法的挣钱方式可以分为四个象限，分别是E、S、B、I四大象限：E象限就是工薪族，靠出租自己的劳动力来换取生活费；S象限就是自由职业者，仍然是以劳动力来换取生活费，但已经是自己给自己打工；B象限是企业主，也就是公司老板；I象限是投资人，投资人自己不参与公司经营，而是用钱去赚钱。

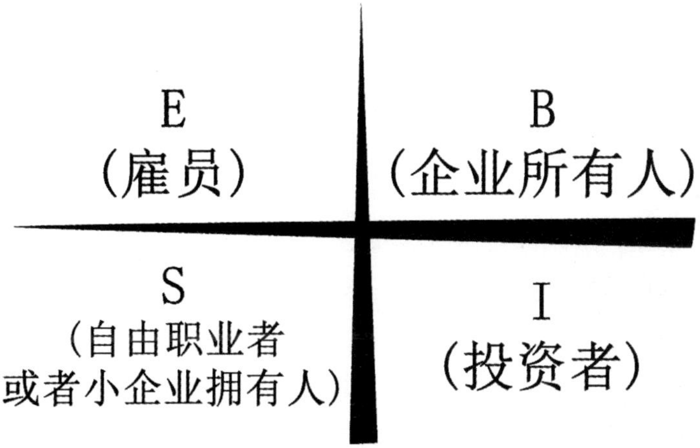

进入I象限，成为职业投资人，实现财务自由，是每个人的梦想。但如果你一直待在E象限，就可能永远无法进入I象限了，所以必须先通过S象限或者B象限，也就是先要成为自由职业者或者老板。受到这个理论的影响，为了实现财务自由的梦想，我头脑一发热，就冲出去创业了。

说是创业，但其实当时我并没有多少本金，所以本质上应该只能算是自由职业或是微创业。因为之前我在企业打工做系统维护员的时候，积累了一定的电脑软硬件知识，所以当时我选择切入的细分领域是中小企业以及个人的电脑软硬件上门维修服务。

当时，我没有租门面，就在自己的住所当中办公，推广的方式也比较简单粗暴，就是印几百张名片，然后找附近的居民区和工业区去沿街派发。当时我给自己的任务是每天要派发100张名片。当然，我并不是简单地派发，而是每派一张名片，就必须争取跟人家搭上话，看看有没有开展业务的可能性。

很快推广就产生了效果，有业务找上门了。之后，因为我上门的速度很快，电脑技术也不错，再加上我的收费比较合理，所以，光是靠口口相传，我的业务量就已经非常可观了。

那后来为什么我没有做下去呢？一方面是因为出现了竞争者，工业区内的电脑维修部发现我在抢业务，于是也开始降低上门服务费。我这种毕竟是草台班子，客户更倾向于相信电脑维修部的实力。

另外一方面，我骨子里是比较喜欢宅在家里搞研究的人，但是上门维护电脑需要每天都在外面跑，我的内心会有一些抵触的情绪。再加上，我是第一次做自由职业，上面没有人管我，时间完全由自己掌控，后来就演变成完全失控，有时候我甚至会睡到上午11点才起床。

我意识到这样下去也不是办法，当时虽然我的业务量仍然能够维持生计，但我觉得自己已经开始变得没有追求，甚至是有点颓废了，所以我选择放弃这份自由职业，继续一边打工一边提升自我。

可以说，这一次的自由职业生涯，我是失败了，但是我获得了非常宝贵的经验教训，我总结了以下几点：

（1）自由职业或是微创业，最好是从自己的兴趣点出发，在有兴趣的前提下，遇到困难不容易放弃。而当时我之所以选择以电脑上门维修服务作为切入点，是因为我觉得它比较容易赚到钱。

（2）由打工者向自由职业者的身份转变以后，一定要管理好自己的时间。自由并不是想象的那么美好，缺乏自我管理的自由就是堕落。

（3）创业真的不简单，真正的创业并不像书本当中创业成功者描绘的那样简单。当我们要面对各种竞争压力，还要直面自己人性当中的弱点时，自然而然就产生了焦虑的情绪。所以说，成功创业者毕竟是少数，创业失败的概率是很大的，在没有做好充分的准备之前，还是要多积累自己的实力。

6．互联网时代下的个人事业发展

理财包括四个环节：开源、节流、风控、投资。在这四个环节当中，开源是排在第一位，自然也是最重要的。对于打工一族来说，开源就意味着追求升职加薪或是做兼职；对于自由个体来说，开源就是自由职业或是个人创业等等。总之，开源是早期财富积累的主要来源，没有积累足够的本金，投资无从谈起。

但是，开源实际上比投资更具有个性化、更具有不确定性，前人成功的经验往往只能借鉴而不能模仿，甚至很多老经验等你用的时候，很可能已经过时了。互联网时代的一切都在飞速发展，如果你还捧着老黄历过日子，迟早是要被时代所淘汰的。那么在这种情况下，我们要如何开源?

◇ 互联网时代的特点

首先，我来谈谈自己对互联网时代的一些理解和看法。也希望能够抛砖引玉，引发大家的思考。

互联网时代的特点：

（1）时代发展速度极快。技术发展快，产品更迭换代更快。

（2）信息传递非常迅速。过去只有传统媒体才有话语权，现在普通人也能撼动大树，一条微博就能影响深远，再加上各种意见领袖、网络大V层出不穷，自媒体时代来临了。

（3）粉丝经济时代，用户体验为王。

基于互联网时代的特点，也引发了一些重大变革，具体表现如下：

（1）很多行业面临大洗牌，而且这种洗牌是从根基上的大手术。例如：干掉中国移动通话和短信业务的并不是另一家更大的移动通讯公司的相关业务，而是腾讯的微信业务；干掉沃尔玛这种超大型连锁超市的不是另一家更大的连锁超市，而是像淘宝、京东、1号店这类的网上商城。

（2）个人的职业选择更多，很多职位以前闻所未闻。例如：职业砍价师、摄影逗笑师、游戏代练等等，原来看起来不务正业的东西，现在却很可能是高薪职业。当然，坏处也是有的，就是现在几乎没有绝对稳定的职业，原因可以参考第（1）点，很多行业都可能会消失。

（3）在产品质量难分高下的今天，用户体验变得越来越重要。例如：去吃过海底捞火锅的人，敢说它的食物是最美味的吗？其实未必，最重要的是海底捞的服务好得变态，大家消费图的就是一个爽字。

那在这种剧烈变化的时代里，我们必须跟着不断变化，具体要如何变化呢？

我认为要分成两步走：先打造最强的自我，然后再积极发展个人事业。对于刚出校门的年轻人或是工作经验不足的事业新人来说，利用手头的工作来提升自己非常重要。那具体要怎么做呢？

其实，在打造最强自我时，具体怎么做不重要，时代变化太快，也没有人能够指导你怎么做，但有一点是肯定的：你必须改变过去陈旧的观念，彻底颠覆自己的想法。

改变可以分成三个步骤，我称之为“互联网时代个人成长三步曲”。

◇ 互联网时代个人成长三部曲

第一阶段：将工作变成提升自我的手段，而不是赚钱的工具

记住，工作是老板花钱让你提升自我的机会，这种好机会一定不能浪费，赚钱只是附带的赠品。如果你始终把工作当成一件烦闷的事情，说明你还没有找到感觉，这样很浪费时间。要是真觉得做不下去，不如换一份更有意义、更有挑战的工作，宁愿工资少一点，也必须要能够提升自我，不能为钱而混时间。

同理，也不要特意去做兼职，至少不要单纯为了钱去做兼职。例如：如果你有设计才能，可以利用业余时间在网上接一些设计订单，提升自己设计的实操能力，顺便赚点外快。但如果你只是找一些重复操作或是帮人跑腿的体力活就没必要了。

第二阶段：用玩的心态去工作，找到打网游的感觉

工作是用来提升自我的机会，这样想的话，比单纯为了赚钱而工作在心态上要好很多，但仍然会觉得工作是一件苦逼的事情。

有没有曾经疯狂地迷恋过网络游戏？其实，工作就像是玩网络游戏一样，前期打怪升级很重要，级别够高，在游戏当中赚金币打装备都很容易。在这个疯狂的年代，做什么都能赚钱，那为什么不找一份自己喜欢的工作呢？同时，也要对新鲜事物始终抱有好奇心，因为你永远不知道，哪件新事物会成为你未来事业的契机。

第三个阶段：以梦想为蓝图，实现人生终极目标

过去我们的梦想，真的是想想就好了，然后继续过着无聊的生活。在互联网时代，每个人都可以选择为梦想而活，你只管活得精彩，自然有人帮你买单。有人游戏玩得好，光是制作游戏攻略视频就月入几万元；有人歌唱得不赖，在YY语音上表演，年薪过百万元，这样看来，还有什么梦想是不能够实现的？

◇ 互联网时代个人成长六大能力

既然在互联网时代，我们需要不断提升个人能力，那么要培养什么能力才好呢？我总结了在互联网时代个人成长必须具备的六大能力。

快速学习能力

有多少人走出校门以后就几乎不学习了，其实学习这件事应该是终身制的，活到老学到老。另外，学习也不一定要重新回到学校，平时多阅读、多听一些演讲视频，甚至是多思考都是学习的方式，也称之为碎片化学习。

当然，在互联网时代更强调的是快速学习能力。比方说，快速阅读就是快速学习的一种方式。至于说，具体要学什么内容、看什么书，这个要根据自己的兴趣爱好来。我喜欢理财就多学习理财知识；你喜欢品红酒，就可以多学习红酒知识。

那要如何提升自己的快速学习能力呢？网上有句名言，人都是逼出来的！我们要经常把自己置于陌生领域、陌生行业当中锻炼，这样更容易激发自己的斗志。

另外，学东西的时候，不要为了学习而学习，要学以致用。比方说，我在做理财视频之前，对视频的录制和编辑完全不懂，但只要我想学，网上有超多的学习资源，手把手教的视频教程都有，非常方便。这也是互联网时代带来的好处，一定要充分利用。

资源整合能力

这里所说的资源，包括两方面。一类是整合自身的资源，比方说我在做理财巴士自媒体之前，有十几年的工作经历，在这当中就积累了很多经验和技能，像现场演讲、快速打字、图片编辑、软件应用等等。后来做自媒体的时候，我只是将这些能力进行了整合。

又比方说，给一个你完全不熟悉的主题，让你花一天的时间，利用互联网查询资料，然后写一篇3000字左右的分析报告，有没有问题？这也是资源整合的能力。

另一类是外部资源的整合，像人脉和资金就属于外部资源。马云自己不懂互联网，但丝毫不影响他成为互联网的领军人物，因为他整合了一支很强的精英团队，这就是人脉资源的整合。至于说资金的整合，过去必须要懂得写商业计划书，还要寻找投资人，而在互联网时代，运用众筹，普通人也能募集到事业启动资金。

语言表达能力

这项能力也可以扩展为演讲能力、沟通能力和人际交往能力等等。

有人可能要问了，大家都上网了，人与人之间的面对面交流越来越少，那么语言表达能力和人际交往能力还有那么重要吗？对于这个问题，我是这么看的：过去，一群朋友要聚在一起往往是基于关系，哪怕没有什么共同爱好，但就因为是同事、是邻居，所以必须聚在一起。当有了互联网以后，大家发现，在网上可以找到志趣相投的人交流，简直是太棒了，于是原来聚在一起的人虽然还是聚在一起，但大家各玩各的手机。在互联网上形成了一个个基于兴趣的社群以后，社群又必然走向线下，新的一群人又聚在了一起。当然，这一群人已经不是原来的那一群人了，这是一群志趣相投的人。

过去，我们所谓的沟通能力和人际交往能力很可能还包括：如何拍领导马屁、搞办公室政治等等。而在互联网时代，更强调的是能够把话说清楚，让大家都明白，也可以称为“解析翻译能力”。这里所说的翻译不是语言翻译，而是你对事物的解读能力。同样一件事情，别人讲半天都讲不清楚是怎么一回事，但你三言两语就能让人明白，这就是非常重要的沟通能力。

我之前问过一些用户，为什么持续关注理财巴士。很多人回答是，因为我在讲理财的时候，喜欢举生活当中的例子，语言通俗易懂，这就是一种解析翻译能力。

那要如何提升语言表达能力呢？这个没啥捷径可走，也别闷在家里了，平时多参加一些网络社群的线下活动，走出去与别人互动，反正参加的都是自己感兴趣的社群，相信话题肯定不少，只要勇于发言就好了，能力提升只是时间问题。

保持健康的能力

这个时代物质越来越丰富，医疗科技越来越发达，但“富贵病”也就越来越多了，像肥胖症、心血管疾病等等。刚才也说了，在互联网时代，很多事情我们可以交给别人去做，未来甚至还可以交给机器人去做，但这样的话，我们的运动量就更少了，而食物却越来越丰富，进的多出的少，哪能不肥胖、不生病呢？这在发达国家尤为明显，比如在美国，200公斤以上的胖子比比皆是。

而且，健康这件事还无法依靠别人，只能靠自己。合理饮食也好，适当运动也罢，都是需要自己去坚持的。

控制情绪的能力

不能控制自己情绪的人，容易发火，健康状况也往往堪忧；能够很好地控制自己情绪的人，更容易获得幸福感。控制情绪的能力也有另外一个名词，叫情绪商数，简称为情商。情商高的人，更能够认清自己，主宰自己的生活，而不会因为别人的影响，变得情绪波动。同时，情商高的人也有更强的人际交往能力，可以说，控制情绪的能力和人际交往能力是息息相关的。

那么，如何才能提升控制情绪的能力呢？我认为可以阅读一些情绪管理的书或是灵修方面的书，例如张德芬的《遇见未知的自己》和《遇见心想事成的自己》等。

理财的能力

我们可以将一些自己不擅长的、烦人的事情丢给别人或是机器人去做，但是，要实现这个愿景的前提是，你必须拥有充足的财富。很多人可能赚钱能力很强，但最终却留不住财富，老年十分凄惨，这是因为他们不具有打理自己财富的能力。

也许有人会问，在理财方面，我为什么不能偷懒，丢给一些专业人士去打理呢？丢给专业人士打理，这自然是没有问题的，但如果你完全不懂理财，你就无法识别哪些是真正适合你的专业人士，哪些是骗子。另外，理财能力不仅仅关系到财富多少的问题，它更是一种生活习惯。比方说，你认为杰克逊和泰森没有聘请专业的理财师帮助他们吗？但即使身边有专业人士也无法阻止他们疯狂的消费，最终走向破产。所以，理财能力不是钱多钱少的问题，也不是投资收益率高低的问题，而是一种掌控财富，而不被财富控制的能力，很多人就是因为财富过多而疯狂。

那要如何提升理财的能力呢？理财不仅仅是一种知识，你知道就行了，或是你拥有理财师证，理财就一定很厉害之类的。理财是一种生活实践，实操性很强。就像学游泳一样，光是看书，手怎么动，脚怎么动，跳到水里还是会呛水的。另外，理财贯穿人的一生，是一种生活方式，它需要一种氛围，就好像如果你身边都是一些喜欢攀比的人，那么你花钱肯定是大手大脚的。

我的建议是，找到一位好的理财导师，加入一个理财社群，在一种良好的氛围当中学习理财。此外，要注重理论与实践相结合。理财知识不能一味求新求多，学到一样，就学精学透，然后运用到实际生活当中。比方说，记账的习惯所有人都知道很好，但是我相信，就算是资深的理财师，也很少会有坚持记账的习惯。而我在记账这方面已经坚持了很多年，我随时随地都知道，我拥有多少财富，每个月的钱都花在哪些地方，这就是一种对财富掌控的能力。

这六大互联网时代必备的生存能力，你拥有了几项?

第二节 ◎ 节流之法

1．省钱的八大妙招

节流，顾名思义就是节制出水管的流出。在理财上来看，就是控制欲望、节制开支。再说简单点就是省钱，只有收入大于支出，才会有多余的钱剩下来，用于投资以及风险控制。在理财四大金刚中，节流的重要性仅次于开源，但却往往不受人们重视。

中国从改革开放以来，经济环境一直向好，即使遇上全球金融危机，中国也是一枝独秀。在良好的经济环境下，人们的物质非常丰富，又不愁找不到工作，自然而然就只想着怎样赚更多的钱，怎样花更多的钱，这也就造就了不少月光族。其实月光族的收入并不一定很低，只是不懂得节制消费，造成入不敷出，生活很痛苦。节流省钱是很重要的话题，却又是一些细枝末节的事情，我就把自己省钱的各种小妙招总结出来以供大家参考，也算是抛砖引玉。

首先，我先聊聊自己的省钱原则：

（1）以不痛苦为底线，循序渐进。

就好像减肥一样，如果刚开始减肥就什么都不吃，等饿到受不了时，反而吃得更多，正确的减肥方法是要慢慢控制自己的进食量。省钱也是如此，如果为了省钱，想吃的也不吃了，想买的衣服也不买了，最终会因为受不了而放弃。此外，理财也是为了追求更美好的生活，如果为了省钱，让生活很困苦，也就有违理财的初衷了。

（2）节俭但不要吝啬。

节俭和吝啬有什么不同呢？一个节俭的人是有生活原则的人，他会在生活中对花钱有所节制；一个吝啬的人则在生活中行为极端，以牺牲正常的消费作为代价来减少必要的支出。一个节俭的人心思细密，有理财的天分，会精打细算，能领会到对长期生活最有益处的花钱方式；一个吝啬的人往往只想到只要是少花钱就好，哪怕是劣等货或者是不利于身体健康的食品也照常享用。一个节俭的人省钱是为了换取生活最终的快乐；而一个吝啬的人省钱的目的就是为了攒钱。

下面我要献上自己在理财生涯中总结出来的省钱八大妙招。首先声明一下，以下省钱妙招并不适合所有人，我只是将我自己的省钱方法全盘托出，哪些适合你，哪些不适合你，自己斟酌。生活是自己的，别人的省钱方法只能作为参考，我希望大家能通过我的例子，找出自己的最佳省钱方式。

◇ 省钱妙招一：养成记账的好习惯

俗话说，知己知彼才能百战不殆。记账的好处就是随时掌握个人或家庭的收支情况，你只有知道钱都花在哪里，才能有针对性地去节省。

记得我有位朋友，总是觉得自己钱不够花，于是尝试在吃饭和穿衣上面开始节省，好像也省不了多少。后来，我建议他记账，而且记得很明细。几个月下来，他就知道，原来他家里人都有阅读的习惯，他喜欢买书，他老婆喜欢订杂志，他儿子就买卡通书和光盘，再加上全家人看电影、听演唱会等等，可以说在精神生活方面的消费占比是最大的，而吃穿方面的花钱并不多。于是，他开始有目的性地省钱，减少买书转而多跑图书馆，他去图书馆的时候，顺便又帮老婆借几本杂志，帮儿子借卡通书和光盘。再加上少去电影院看电影，一些文艺片就从网上下载来看，等等。最后一合计，全家节省了将近20%的开支，由此可见记账对于省钱是非常重要的。

记账的方式有很多种，比较传统的方式可以用笔记本，又或者是在电脑上用Excel表。但这些方法最大的坏处就是不方便统计，每到月底还要花很多时间去计算和汇总。目前最流行最方便的记账方式，当然是记账软件了。而对于手机记账软件，除了可以自动汇总之外，还能够收集你的手机短信，自动记账。比方说，你去饭馆吃饭，刷信用卡消费100元，这时，你就会收到银行提醒短信，通知你消费了100元，手机记账软件检测到这条短信后，就会自动帮你记账。你只要补充，是在饭馆消费的，一条账目的记录就轻松完成了。手机记账软件的其他功能，请各位自己发掘，这里就不多讲了。

◇ 省钱妙招二：建立正确的消费观

说到消费观，就不得不提到经济学中，有一个定律叫作边际效用递减法则。这个法则的意思是说，同样的事情人们做得越多，它带给人们的满足感就越少。比方说，你吃第一块蛋糕时，感觉很美味；吃第二块时，感觉也还不错；吃第三块时就饱了，感觉一般；如果再让你吃第四块、第五块，你就只会恶心。

所以，在生活消费当中，喜欢吃的东西也不要吃到撑，留一点余味，下次有机会再品尝。吃得太多，只能长脂肪，然后又要花钱去健身房减肥。买衣服，也不要求多，要求精。我看到有些女孩，衣服鞋子很多，但没有几件是精品，钱花了不少，却又不经穿，穿了一两次就压箱底了。然后积压的服装越来越多，这时就需要更大的衣柜，然后就需要更大的房子，很多人的消费欲望就是这样不断膨胀的。

还有很多家长，自己舍不得花钱，但在儿女花钱这方面却大手大脚。比如在服装方面，那真是千奇百怪，花样百出。实际上，小孩子发育成长得快，婴儿服装穿不了几个月，儿童服装也只能穿一两年，基本上就穿不了了。我建议，完全可以向那些小孩已经长大的亲戚朋友，索要一些旧衣服，实际上还是非常新的，这样能节省不少钱。

◇ 省钱妙招三：拥有健康的身体

这似乎已经脱离了理财的话题，但实际上，医疗费用已经成为很多人重要的生活开支。前段时间，有位朋友就在跟我抱怨说，去医院看感冒，结果医生怀疑是肺炎，照了X光，幸好不是肺炎，但是加上打针吃药花了300多元。如果要真是肺炎，医生要求住院治疗的话，没有几千块根本是出不了院的。这还只是小病小痛，如果真的很不幸，得了重大疾病，不仅要将多年积攒下来的钱全部搭进去，很可能还要背上沉重的债务包袱。所以说，只有拥有健康的身体，理财生涯才能顺风顺水。我自己有四点健康原则，跟大家分享一下：

（1）保持愉悦的心情。

心情不好，就会成天愁眉苦脸的。怎么破？我的药方是多阅读，阅读的范围不要仅限于自己的专业知识，杂七杂八的书都看一点。只有知识丰富了，视野开阔了，就不会把生活中鸡毛蒜皮的小事放在心上，心情自然开朗。

（2）规律的生活和饮食习惯。

我自己就一直保持着接近老年人的生活方式，按时睡觉起床，吃饭也很准时。好处也非常明显，我每天的精神状态非常好，不会有昏昏沉沉的感觉。

（3）适当的运动。

除了健身之外，在工作累的时候，我们也要经常起身活动一下筋骨，不要长时间保持一个固定的姿势或做同一类工作。另外，对于办公室白领来说，平时能走路的时候就不坐车，能站着就不坐着。

（4）吃天然的健康食品。

我这里讲的健康食品不是那些做成药丸的各种保健品，而是纯天然的食品，例如燕麦、蜂蜜、绿茶、红枣、核桃等等，越少加工越好。例如，核桃我就买带壳的，不买琥珀桃仁；红枣就买整颗的干枣，而不是买什么红枣膏之类的保健品。

◇ 省钱妙招四：享受错生活的乐趣

什么是错生活？就是不从众，错开高峰期，往往得到的是实惠、舒适和效益。就拿国庆长假来说吧，赶在这个时间段去旅游，因为人太多，吃得也差，又住不好，花钱还多。如果避开旅游旺季，利用年假去旅游，就轻松多了，玩得更开心，花钱更少。另外，生小孩也不需要特意赶在什么龙年、猪年这些生育高峰的年份，最终带来的只能是入托扎堆、入学扎堆等难题。

当然，对于自由职业者来说，会更容易享受到错生活所带来的便利，这也是为什么我一直主张微创业的原因。

◇ 省钱妙招五：多用优惠折扣

现在各类团购盛行，不管是看电影、下馆子，还是唱K，都有让利非常大的团购。至于说靠不靠谱，只有试过才知道。至少我试过的电影票团购、餐饮团购都很靠谱，虽然可能不像标明的折扣那么实惠，但绝对比正价消费要划算得多。如果临时到餐厅就餐，来不及订团购优惠，就可以打开事先安装好的手机优惠券软件，看看所在的餐厅有没有合适的优惠券。又或者是询问一下这家餐厅，刷什么信用卡能够打折，不同银行的信用卡支持不同的商家。有时只是小小的一个习惯，也能省下不少钱。

我生活在广州，对于同样生活在这座城市的人们来说，羊城通是必不可少的搭乘公共交通工具的储值卡，除了免去找零钱的麻烦之外，还能享受折扣。前15次刷卡，坐地铁享受9.5折优惠，15次过后，坐公交和地铁一律6折，优惠力度非常大。以前我住的小区，每到月头，总看见一些大叔大妈，排队在公交车前刷羊城通，而且只刷卡不上车，我那时就觉得挺奇怪的。后来才知道，他们叫“空刷一族”。每月先在1元的公交车上，把15次刷满，以后刷卡就享受6折优惠了。

其实生活中有很多可以实现优惠折扣的方式，只要我们平时用心观察，总能找到更为优惠的价格。

◇ 省钱妙招六：善用公共资源

很多老年人，在夏天都懂得去商场蹭空调，节省家庭电费，这是典型的利用公共资源的例子，但夸张了也不文雅。不过，有一些利用公共资源的方法还是值得推荐的。

拿我自己来举例，我就经常去广州的新图书馆享受免费资源，除了免费阅读、免费无线网络，还有免费饮水，连杂志也是免费的。这里是节假日的好去处，既节省开支，又增长知识。

◇ 省钱妙招七：返利无处不在

网购有返利，相信很多人都是知道的，现在很多返利网的宣传力度都非常大，比如阿里妈妈网www.alimama.com，京东联盟media.jd.com，返利网www.fanli.com等等。

◇ 省钱妙招八：二手生活也精彩

很多人都瞧不上二手货，认为是旧东西，如果用心挖掘，其实也能在旧货市场淘到不少宝贝。就拿我的电脑椅来说吧，以前我都是在家具城买新的，一两百块钱一把，用不了一两年就坏了。现在用的这一把，是在二手办公家具市场淘来的，才60元钱，买来时包装都没有拆过，听老板说是积压货当旧货卖。最关键的是，这把椅子用料很足，质量过硬，砸都砸不坏。另外，建议将平时用不到的东西，卖到旧货市场，能回收一点资金的同时，也让旧货能够继续发挥余热，支持一下环保。当然，也可以通过互联网来转卖自己手头的闲置物品，例如闲鱼App。

说了这么多，只是希望大家能够将省钱作为自己的生活习惯一直保持下去，这样就有更多的闲钱用于投资理财，早日实现财务自由。

2．节省当中必须注意的误区

◇ 你的时间价值是多少？

随着网上购物越来越普及，很多人在网购的时候，喜欢花费大量的时间进行对比和筛选，以求找到性价比最高的商品。能够买到既便宜又好用的商品，除了能够省钱之外，内心也会产生小小的成就感。

比方说，我有位朋友打算在网上买一双运动鞋，他要综合对比品牌、质量、款式和价格，还要考虑哪些店铺有打折促销活动，然后在各家店铺不停地切换。总之，肯定是不止货比三家的，估计七家八家都有。

在这里，我就不得不提醒大家要关注我们的时间成本了。

我们每个人的时间价值是不同的，为了方便对比，我们可以用自己的收入除以工作时间，从而得出自己每个小时的时间价值。同时，你也可以统计一下，当你网购一件商品的时候，你需要花费多少时间去搜索和对比。

如果你花了1个小时用于筛选，节省了20元钱；但是同时你又发现，其实这1个小时，你可以赚到30元钱，这其实就是不划算的。换一个角度看，如果你将这1个小时用于学习和提升自我，可能创造的价值要远远超过30元钱。

另外，花费大量时间就一定能买到高性价比的商品吗？这里也要打一个问号。有时候，网购的所谓高性价比商品很可能是山寨货。如果要退货，又要花费大量的时间去沟通和邮寄，甚至还有可能会退货失败，这样就更加得不偿失了。

拿我自己来说，过去我的收入比较低，时间价值也比较少，所以喜欢通过网购来筛选高性价比的商品。但随着我收入的不断增加，时间价值也在不断地提升，我越发不喜欢花太多时间在挑选商品上面，而倾向于追求品质。

说得直白一点，我现在更喜欢购买品牌商品。当然，我购买品牌商品并不是为了炫耀或是对某些品牌有特殊的偏好。购买品牌商品有个很大的好处是可以减少我的决策时间。一个品牌，它之所以能够被称之为品牌，就已经代表了它的品质是有保障的，并且越是那些历史悠久的老品牌，它的质量越是可靠。为了节省时间，我大可不必对比多个品牌，只要在熟悉的品牌当中，挑选合适的款式就可以了。

当然，追求品牌的目的仍然是为了节省时间价值。如果你的时间价值不高，就不要特意去追求那些外国大品牌，其实国内的一二线品牌的质量也并不比国外品牌差。

另外，还有一个节省的误区是，人们往往更喜欢关注节省的比例，而忽略了实际节省的金额。

比方说，你要买一部手机，去到销售网点，销售人员报价是1500元。同时他还说，另外一个销售网点正在搞活动，只要1450元，但是你去到那里需要步行30分钟。按照比例来说，你只节省了1/30，只是一个零头，估计你不会为了这点钱特意跑到另外一个网点去。

而另外一种情况，你要买的是一部计算器，第一家销售网点要卖100元，而另一家销售网点只要50元，但同样也要步行30分钟。按照比例来说，你节省了50%，非常可观，这个时候，估计你跑去另一家销售网点购买计算器的可能性就非常大了。

其实，回过头来看，我们都是花30分钟时间去节省50元钱。但就是因为节省比例的不同，引发了我们不同的态度。这个时候，如果仍然是用时间价值去衡量，就不会陷入这种误区了。

◇ 你到底是需要还是想要？

一年一度的淘宝"双十一"购物节，盛况之大简直可以称得上是全国人民的狂欢节。我虽然并不赞同大家因为打折或凑单而去消费，但同时也不反对大家挑选既便宜又有用的东西。只是想提醒一下，其实像"双十一"这种购物节会存在很多陷阱。

比方说，你平时可能不太关注价格，就会想当然地认为"双十一"的商品肯定是便宜的。结果很多商家是先抬高原价，然后再打折，搞了半天也没有买到真正的便宜货。还有就是囤积，比方说某物品平常你可能只买一个，但是因为"双十一"便宜你就买了三五个，为了凑单而消费，这样就很容易造成不必要的囤积。

我甚至看过有些人家里有个专门的杂物间，把买的东西都放在里面，然后一直积压直到过期。他也根本没有时间去整理杂物间，总是觉得反正我会用到，实际上等到发霉都不一定会用到。

囤积会造成很多问题。比方说，我身边一些有了孩子的朋友，常常在给孩子买衣服的时候一大批一大批地买。但是孩子身体长得很快，大部分衣服从衣柜拿出来的时候还是崭新的，甚至连标签牌都还没有摘掉，却已经因为尺寸太小没法穿了。

同时，如果家里东西太多，就容易形成视觉疲劳。在你搞卫生的时候，东西少整理起来就很快；而如果面对的是一大堆乱七八糟的东西，想必你也提不起兴趣去收拾了。

我自己就在不断减少持有，尽量不囤积，要用一件就买一件。虽然好像在感觉上价格会贵一点，但是如果我没有浪费的话，实际上还是更便宜。要是我买三件就丢一件，其实亏得更多。

另外，“双十一”的氛围还会诱发你的欲望。本来你列了一个购物清单，但是在打开“双十一”购物页面的时候，看到的都是琳琅满目的商品，正好发现其他的商品在打折，然后你就会觉得它们其实也不错。但在当时，这些商品也许并不是你的真正需求，可你还是加入了购物车。

实际上，在节流方面，我们必须要抓源头，看清楚你想要的到底是不是你真正需要的。在这里我提出了一个理论，叫作把钱花在刀刃上。我们要把自己的精力、钱都集中在关键的位置上，也就是刀刃上。

你满足自己的欲望是没有问题的，但这到底是你的欲望、你的真实需求，还是为了撑面子，这个要想清楚。之前我有个同事买了个大沙发，我就问她为什么买这么大的，因为我知道她很少在客厅看电视，都是坐在电脑前看电影。后来我搞清楚了，只是因为她的隔壁邻居在她面前秀了一下新买的沙发，她就去买了一个更大的沙发。实际上，沙发对她来说就是一种摆设，或者说根本就不需要换沙发，原来的小沙发完全是可以继续使用的。过后其实她自己也有些后悔，毕竟这又是一笔不小的开支。

相反，我认识的另外一个90后女孩，她习惯把自己看中的商品先加入购物车，但不马上下单买，只是每隔一段时间会再去看一看那件商品。如果每次去看都还是很想要，那就买下来；如果看了几次就没那么喜欢了，那就不买。我觉得她已经有了一定的理财观念，很好地避免了冲动消费。

所以，我想强调的节流，不是从钱这一头来掐住自己，而是要从源头出发。你必须要搞清楚你真正需要的是什么，挖掘自己的真实需求，然后满足它。

最后，我也想提醒大家一句：少做伸手党，遇到问题要自己多思考，多去网上搜索资料，其实很多问题的解决方案自己在网上都能找到。答案往往不是最重要的，掌握寻找答案的方法才是真正掌握互联网时代的生存之道。

3. 健康也是一种节流

大家可能会觉得，健康和节流怎么会扯上关系呢？但对于这一点，我的感触很深。过去我的身体状况不是太好，属于“大病没有，小病不断”的那种，抵抗力很差，每个月都会产生一定的医药费开支。当时，我的健康问题主要集中在三个方面。

第一是有一点慢性咽炎。有时候我说话太多，咽喉就会发炎，从而又会引起发烧；有时候天气突然转凉，我就会感冒鼻塞，然后又引发严重的咽炎甚至是支气管炎。就是这样，咽炎和感冒发烧反反复复地困扰着我。

第二是胃痛。这个毛病是从我初中开始就有的，那时候我经常省下早餐和午餐的钱用来玩游戏机，就落下了胃痛的毛病。后来虽然经过治疗已经好转，但是我的胃仍然非常地娇气，平时不能吃太多凉的或者不容易消化的食物，否则就会很容易引发胃痛。

第三是牙痛。这跟我从小喜欢吃甜食脱不了干系，所以我的牙齿长得不整齐，还有蛀牙，吃太冷的食物或是身体上火都能引发牙痛。俗话说，牙痛不是病，痛起来真要命。只有真正体会过牙痛的人，才知道这句话真不是虚的。牙痛起来，连饭都不想吃，有时候甚至连半边脸都会肿起来。

我的这三个毛病，不管哪一个发作，都会令我痛苦不堪，整个人的精神状态非常不好。需要花钱看病吃药还是其次，最重要的是令我全天毫无工作状态，这样会影响我的事业发展，也就是间接影响了我的“开源”。

现在，我已经基本上解决了这三个健康问题。其实仔细分析起来，这三个毛病本质上都是慢性病，靠打针吃药只能治标，不能治本。真正要断根，必须靠“养”，养好身体，让身体的免疫机能慢慢地治好这些慢性病。

比方说，为了治好慢性咽炎，我一个湖南人几乎把辣椒都给戒掉了。平时说话的时候，尽量不用太大的嗓门，如果需要长时间说话，我就尽量在中间插入一定的休息时间。同时，我还经常小口喝水，滋润自己的喉咙。

又比方说，为了治好胃病，我要尽量不吃伤胃的食品，像以前我就很喜欢吃炸鸡，现在已经完全戒掉了。同时，我还要多喝粥和吃一些容易消化的食物，这些食物是比较养胃的。另外，即使是在炎热的夏天，我也不会直接喝冰水，而是只喝正常温度的清水。

最后我为了治好牙痛，接受了牙医的建议：饭后三分钟以内立即刷牙。这样算起来，我一天要刷四到五次牙，虽然会有点麻烦，但我的牙齿从此再也没有痛过，已经有几年时间了。

现在回过头来看，所谓“养”病其实就是建立良好的生活习惯，用好的生活习惯去代替过去那些坏的生活习惯。这样，身体状况自然就会慢慢好转，那些烦人的小病小痛也就会远离自己了。拥有了健康的身体，不仅能够节省医疗开支，更能够让自己精力充沛地去打拼事业。

我曾经看过一条12字健康箴言，也就是“管住嘴、迈开腿、多喝水、勤洗睡”。意思是，如果你想要拥有健康的体魄，就必须养成良好的饮食习惯，常运动，多喝水，还要注意清洁，保持良好的作息时间等等。这里的每一项看起来都很简单，但都需要我们长期的坚持。如果我们暂时还做不到比别人更成功，那就先做到比别人更健康吧。只有这样，当事业机遇降临的时候，我们才有足够的身体本钱去把握住机遇，实现人生的腾飞。

4. 如何马上提升生活品质？

罗振宇曾经在《时间的朋友》演讲当中提到一个很有趣的话题，他说：“有一个著名的问答是这么讲的，说在这个时代，哪些事情做了马上就可以提高生活品质？答案很简单：扔东西。”

这话听起来是不是很耳熟？反正我第一时间联想到的就是《断舍离》和《不持有的生活》这两本书。它们的核心思想都是将人对物质的占有欲控制到最小限度，以求获得精神上的充实和心灵上的自由。如果被物质所控制，头脑里只有购买、占有、消费等观念，就不可能得到内心的真正充实。

我觉得这里有个很关键的因素常常被人忽视，那就是“不占有”。对物质尽量只是使用和体验它，但是并不一定要拥有它。因为一旦它属于你，你就要找地方存放它，平时还要打理它。在传统年代，如果我们不拥有物质就很难去使用它，至少是很不方便使用，总是找人借也不太好吧。但是，在如今的互联网时代，我们却可以大大方方地去“借”。

比方说，对于汽车而言，我就可以使用滴滴、优步之类的网约车，而不必拥有属于自己的汽车。这样的好处很明显：我去参加聚会时就不必到处找停车位，平时也不用保养汽车，更不用面对汽车被刮花或是被盗等麻烦的事情。即使是自驾游用车，我也可以考虑租车，根据需要挑选自己喜欢的车型，开一两个月就换。

又比方说，前段时间过圣诞节，我给儿子买了一台无人机，刚开始全家都觉得很新奇，但是只玩了一两次新鲜感就过去了，现在基本上就堆在书房的角落，成了食之无味弃之可惜的鸡肋。说真的，我后悔了：为什么我们不在无人机体验店玩，而是要自己买一台呢？一不小心就掉进了占有欲的坑里。没办法，谁让我是一个电子设备控呢？

其实像这样的例子还有很多，比方说，之前我就差一点花一两万元买了当时最先进的全套VR设备。我非常喜欢这种高科技产品，对我来说也花得起这个钱。到底买不买，这个问题让我纠结了好久。幸好，在离我家不远的商场新开了一家VR体验馆，结果我只花了几百元就享受了各种VR

体验。节省了大量的金钱不说，也节约了我调试设备的时间，我想玩的时候就随时过去玩，既能够玩到当前最流行的游戏，也不用担心软件更新迭代的问题。

如果我们把这个问题扩展开来，其实房产也可以不拥有，我自己本身就是例子。我可以随时搬进我喜欢的小区当中，如果住得不舒服，或者是邻居很奇葩，我也可以随时搬走。很多人之所以不喜欢搬家，其中有一个很重要的原因是：家里东西太多，搬家是一个大工程。而对我来说，每搬一次家就有理由扔掉很多长期不用的东西，扔得多、买得少，渐渐地，我所拥有的物质就越来越少了。

当然，对于房产的问题，很多人未必能够接受这个观念，因为大多数人都在追求安稳，拥有自己的房产会让人觉得特别踏实。

对于这个问题，也并没有绝对的对错之分，每个人的追求都不同，自由和安稳本身就存在着一些冲突的地方。我只是想说，这个时代给了大家更多的选择，每个人都可以过自己想要的生活。对我而言，我会觉得人生在世最重要的是体验，人生的经历足够丰富和精彩才是关键，而物质往往都是生不带来，死不带去的，体验过就好了，何必拥有呢？

能够真正理解到这一点，或许才能体会到“财务自由”真正的意义所在。

如果没有找到生活的意义，而只是沉迷在物质的世界当中，拥有再多的金钱也无法体会到自由的感觉，因为被物质包围本身就是一种不自由。

但如果你真正做到了，只体验不拥有，你会发现其实并不需要很多的钱，你就能够体验到更加自由、更加精彩的人生。

第三节 ◎ 风控之理

1．生活中的风险控制

“理财四大金刚”中的“风控”，指的是风险控制的意思。俗话说，风险无处不在，你不知道哪一天就会和它不期而遇。我记得有一句话是这么说的：明天和意外，你并不知道哪个会先来。

首先，我想跟大家分享的是生活当中的风险控制。

在生活当中，很多看似不起眼的小事，如果不注意，都可能带来灭顶之灾。比方说，平时在路上行走，总是能够看到有不少人边走边看手机，又或者是塞着耳机听音乐，完全忽视了身边可能出现的危险。

我们都知道，风险往往来源于不确定因素。横过马路的时候，我们明明是等绿灯再走，但仍然会遇到闯红灯的汽车，而且闯红灯的汽车普遍都开得特别快，这个时候，如果你过马路的时候在看手机或者听音乐，就很容易出事故。

在平时生活当中，我是一个非常谨慎小心的人。走在路上都是眼观六路，耳听八方，过马路的时候也都是反复确认，不敢掉以轻心。

之前我看过一则新闻报道，说的是有一家人去划橡皮艇，临行前突然发现没有准备用于补漏的橡皮塞，大家当时都觉得无所谓。但是，当他们划到湖心的时候，橡皮艇真的漏气了，这个时候因为没有橡皮塞，无法堵住漏气的孔，一家人最后只能在挣扎当中沉没。其实这种事情完全可以事先避免，可以说，是他们自己忽视了风控的必要性。

过去，我不会游泳，所以我外出旅游都会刻意和深水域保持距离。如果我落水的话，不能保证马上有人来救我。后来我特意去学会了游泳，我之所以这么做，就是希望能够回避落水的风险，将自己的生命牢牢地把握在自己手中。

其实，这一类例子还有很多。比方说，很多人乘车不喜欢绑安全带，觉得不舒服。但实际上一旦发生车祸，有没有绑安全带就是天渊之别，安全带真的是可以救人一命的。

在开车这件事上，我的做法就更极端了：我是坚决不会买车和开车的。其实我是有驾照的，以前也开过车，但我是一个平时比较喜欢思考的人，开车很容易走神，所以也很容易出意外。以前开车的时候，虽然没有出过大的事故，但小的磕磕碰碰还是有的，很多时候都是因为我开车走神了。所以，现在我自己不开车，既然不开，当然也就不会买车。

平时我坐车的时候，也喜欢坐老司机开的车，比较放心。如果路途比较远，我会尽量选择乘坐高铁或者飞机，而避免乘坐长途汽车。如果实在没得选择，一定要坐长途车，我会尽量选择大型车辆，比方说大巴车，而不喜欢坐小车。因为一旦发生交通事故，大型车辆的承受能力会远高于小轿车。

除了意外风险之外，在生活当中还有疾病风险。我之所以平时很注重健康的饮食习惯和规律的作息时间，就是希望自己的身体免疫力能够更强一些，这样就能抵御突如其来的疾病，比方说因为天气突然转冷而感冒。

总之，风险虽然无处不在，但我们可以防患于未然，不要等到风险发生才后悔不已。

2．保险：转嫁风险的好方法

控制风险有三种方式：风险回避、风险自留、风险转移。生活当中风险无处不在，我们可以通过小心谨慎来回避一定的风险，但是即使再小心仍然可能遭遇各种风险，这个时候，我们就必须用合理的方式来转嫁风险所带来的经济损失。

说到这里，肯定有人猜出来了，我要讲的就是保险。风险转移就是利用保险将风险可能带来的损失，转移给保险公司。

不知道大家有没有买保险的习惯。可能在国内，很多人都比较反感被人推销保险，但在国外，保险是非常重要的金融工具，重要性甚至超过投资项目。我想大家都不愿意往自己身上假设那些不好的事，但其实保险就像门上的锁，小偷不一定会来，但门却一定要锁。

其实，我们可以换一个角度来看待保险。如果你有一位朋友，跟你关系很铁，当你得大病的时候，保证会出钱给你治病；当你遭遇风险的时候，他又保证会照顾你的家人。有这样一位朋友在身边很不错吧？当然，这位朋友也有个特殊爱好，就是每周都会让你请吃饭，吃饭的标准要看你的经济实力来，钱不多的话，五十、一百也可以；钱多的话，两三百甚至上千块也没问题。如果我们把保险当成一位朋友来看待，它似乎就没那么讨厌了，反而会觉得它是一位生活当中不可或缺的朋友。

保险，顾名思义就是保障风险。在遭遇风险的时候，保险公司能够给我们提供经济补偿和保障，这就是保险真正的价值所在。

◇ 还本型保险VS消费型保险

一般来说，保险分为两种。一种是消费型保险，就是花钱直接买保障。如果发生相应的风险，保险公司就赔钱给你；如果保险到期了，没有风险，钱就消费掉了，没有返还。像我们经常见到的航空意外险和一些保险卡，就是典型的消费型保险。一般消费型保险的保险期限不超过一年，比如航空意外险，保障时间是乘客走上飞机到走下飞机这短短几个小时。

与消费型保险对应的就是还本型保险。还本型保险不是用钱直接购买保障，而是保险公司拿我们所交的保费，扣除一定的保障成本以后，拿去投资产生收益，然后用一部分的收益来抵扣我们的保障成本，另一部分收益就用来分红或者是增加保单的现金价值。所以消费的只是收益中的一部分，本金最终是会归还给你的。像我们经常听到的保险名词：寿险、重疾险、万能险、分红险等等都是还本型保险。一般还本型保险的保险期限很长，有五年、十年、二十年，甚至终身保障。

当然，不同还本型保险的收益来源是不同的。比如分红险的红利是来源于保险公司的分配，所以红利并不固定，如果保险公司没有盈余，那么投保人也就没有红利可分，更加稳健偏于保障；而万能险的收益是来源于个人账户的投资收益，甚至可能会投资一部分的股票基金等等，保障比重相对较小，但是它的收益会更高，同时又非常灵活，可以随时调整保额。

很多人可能就会觉得，还本型的保险比消费型保险更好。但实际上，这违背了保险的真正价值。如果想赚钱的话，应该是选择其他更好的投资方式，而不是通过保险。

如果你要买一份保险，你应该关注的问题是：我买这份保险花了多少钱，能买到多少保额，而不是这份保险能不能保本，能不能帮我赚到收益。再怎么算，分红险的整体收益率很多时候还不如一些保守的理财产品，所以，如果把保险当成一种理财产品来看的话，就很不值了。

我们应该回归保险的真谛。什么是保险的真谛？我举个例子来说明吧。

我有位90后的朋友，我问他有没有买保险，他说有买。然后，我又问他保额是多少，于是他翻看一下他的保单，只有5万保额的重疾险，是他父母在他小的时候帮他买的。过去的5万块钱是很值钱的，那时候的人均工资估计也就是几百块钱一个月，5万块钱已经足够治疗重大疾病。但现在如果得重疾，需要多少治疗费用呢?

我们去百度上搜索一下就知道，治愈初期的癌症，需要20万元到30万元；等到了中期，就需要50万元到100万元。可以看到，如今5万块钱根本治不了重大疾病，也就是说保额是明显不够的。

这就是很多人的错误观念，觉得保险只要买了就好，保额有多少我并不关心。但是，当风险真正来临的时候，这点保额可以说是杯水车薪。

好了，现在我们知道，对于重大疾病险来说，我们大约需要50万元以上的保额才够用。那么另外一个问题又来了：如果要买50万元或100万元的重疾险的话，我们需要付出多少费用呢？

如果这款重疾险是分红型的话，它每年的保费至少要上到1万元以上，对于刚刚迈入社会不久的90后，这是不可承受的。

分红险的模式看起来不错，但是收益率实在太低，实际收益率其实只有3%左右，而这个收益率我们自己随便投资点货币基金都能达到。那为什么不直接支付保障成本，而用节省下来的钱投资到其他项目上呢？这个时候，消费型保险就进入了我的视野。

如果这款重疾险是纯消费型的，我就不指望你退本金给我，你只要给我保障就好了，也就是说我的钱是真正花在保障方面。如果我一生平安，那么这个钱我就当作是买了一个保障服务，消费掉了，就像买了一件衣服穿一样。

一件衣服明明只要300块，你却跟我说，只要支付1万元，衣服就免费送我了，然后一年以后归还我本金，这样有意义吗？如果我用这1万元去做其他投资，可以赚到500元、800元，甚至是1000元。

实际上，消费型保险才最能够体现保险的真谛。它能够在你比较年轻的时候，用很低的保费就能购买到很高的保障，在你最能赚钱的时期给你提供充足的保障。这就是保险的真正价值。

有人或许又会提出，消费型保险不能保终身，等我老了保险期限却到了可怎么办？我们再来看一个例子。

一个30岁的男性，每年用6000元的保费购买了30万元的终身型保险。由于通货膨胀，30年后30万元的购买能力也就是相当于今天的3万元左右，很明显3万元并不能给他60岁的生活提供实际的保障。那么我们会发现，这个问题并不是消费型或是终身型就能够解决的，这跟保险的类型是没有关系的。也就是说，即使你购买了终身型保险，到了70岁的时候看起来是有保险的，但是它的保额仍然是杯水车薪的。

所以还是要根据你的经济实力来购买保险，假如你是一位刚入社会不久，收入比较低的年轻人，这时候你应该买的就是消费型保险，这能够让你在收入不高的时候，用比较低的保费购买到更高的保障。当然，在未来经济条件改善的情况下，你可以考虑去加保一些终身型的保险。

而我是一个比较理性的理财人，所以我的做法是在购买消费型保险的同时，用省下来的钱再建立一个保障基金。等年纪大了，我就可以自己保障自己。

但是要提醒大家的是，我觉得消费型保险是最适合我的，因为我很理性，能够控制住自己。但是我的方式未必适合你，如果有些人觉得控制不住自己的消费欲望，其实也可以购买终身型的分红保险来为自己做保障。

3．读懂商业保险计划书

保险的条款是非常复杂的，要真正搞懂其实很不容易。但同时，保险又是需要长期交费的理财产品，让我们不得不重视。

我们已经知道，保险可以分为还本型和消费型两种。消费型保险一般相对简单，购买也很方便，现在各大保险公司在淘宝网都有自己的官方旗舰店，卖的几乎都是短期的消费型保险卡。而还本型保险就复杂得多了，不仅保险的品种种类繁多，而且购买时要考虑的问题也很多。例如年龄、性别、职业等等，都对交费的多少有直接的影响。所以购买还本型保险一般需要找保险销售人员，也就是我们常说的保险代理人协助处理。保险代理人在了解完你的基本情况之后，会递交一份保险计划书，或者保险建议书给你。别看只有薄薄的几页纸，上面的信息量是非常大的。

一份保险计划书的样板，一大堆的文字不说，就是表格也非常复杂。一连串的专用名词，加上复杂的表格，普通老百姓很容易被搞蒙。

那么接下来，我就教大家如何读懂保险计划书。要声明的是，我不会推荐任何保险产品，所以对于以下示例计划书的内容，我删去了公司及产品名称。如果你看出这份计划书是哪款产品，也不代表我推荐这款产品，只是恰巧我用了这份计划书做演示。

您投保的产品

被投保人	李四	女士	30岁	性别	女	1类职业
投保人	张三	先生	30岁	性别	男	1类职业

当你打开计划书的第一页时，最上面一般是个人信息，你需要确认是否有误。被保险人，就是说，这份保险是保障谁的；投保人，就是说，这份保险是谁掏钱买的。从这份保险计划书来看，应该是先生帮太太买的。如果是自己帮自己买保险，被保险人和投保人就是同一个人。

年龄很重要，一般来说，年龄越大出现风险的概率就越高，相应来说，交的费用也就更高。建议在跟保险代理人沟通时，最好告诉对方你身份证上的出生年月日，因为保险公司是以身份证上的年龄为准的，而且按照精准的出生年月日来计算年龄。如果你是1985年10月1日出生的，那么在2013年10月1日这一天承保，就算是27岁；如果在2013年10月2日，过了一天才承保，就按照28岁计算了。所以，要买保险，尽量在生日之前购买，否则过了生日以后，费用可能会上涨一点点。

性别，对于交费也有影响。一般来说，女性比男性寿命要长，风险相对较小，所以同年龄的男性和女性，购买相同的保障，女性的费用会相对较低。

职业，主要是影响意外险的交费，职业等级越高费用就越高。例如，企业高管或文员，成天坐在办公室，风险较小，就属于1类职业。而销售

产品名称	基本保险金额/档次/份数	保险期间	首年保险额	交费年期	保险对象
终身寿险（万能型）	200000	终身	6000.00	不限	被保险人
附加　提前给付重大疾病保险	180000	终身	—	—	被保险人
附加无忧意外伤害保险	100000	1年	—	—	被保险人
附加无忧意外伤害医疗保险（B）	10000	1年	—	—	被保险人
附加无忧豁免保险费重大疾病保险（B）	—	20年	—	—	投保人
附加无忧豁免保险费重大疾病保险（C）	—	20年	—	—	被保险人
附加住院费用医疗保险（B）	1份	1年	292.00	1年	被保险人
附加住院日额医疗保险（2007）	1份	1年	26.00	1年	被保险人

首年保险费总计：6318

人员，偶尔要出去跑业务，或是出差比较多，风险相对较高，一般属于2类或3类职业。像卡车司机这种常常需要在公路上开车的职业，风险很大，一般属于4类或5类职业。个人信息要据实告知保险代理人，不要提供虚假信息。

接下来是产品列表，一般买保险最重要的就是了解三个问题：买什么保险？保障有多少？要交多少钱？从产品列表中就可以看出来了。

这份保险计划书一共购买8个险种。一个主险是万能型的终身寿险，七个附加险涵盖了重大疾病、意外、豁免、住院等等，保障相对来说已经很全面了，后面会逐个险种讲解。

保障有多少分两部分：一个是基本保险金额，另一个是保险期间，也就是保多久。可以看到，寿险20万元，重大疾病险18万元，是保终身的，而意外险和住院医疗险则是买一年保一年的。另外，大家可能注意到，住院医疗方面的险种是按份数购买的，每一份保障是多少，后面会讲到。

要交多少钱，就要看保险费和交费年期。寿险是交6000块钱一年，而重大疾病险、意外险以及豁免险都是从寿险这6000块钱里一起扣费的，所以没有单列费用出来。大家注意到这款寿险的交费年期写着不限，这是什么意思呢？对了，这就是万能险的特点：交费期不限制，想交几年交几年，但要注意，任何事情有利就有弊。我们之前讲过，还本型保险，是用收益抵交保费。如果你一直不交钱，本金太少，相对来说，收益也就很少。当收益不足以抵交保费时，万能险就要从本金当中扣款，直到将本金扣完，保单就失效了。所以说，万能险不代表可以只交很少的钱就能买到高保障，如果交费不足，可能会损失本金。看完产品列表以后，你基本上就知道这份保险是保些什么，要交多少钱，心里就有了大致的印象，后面讲的都是对这些内容的补充。

◇ 寿险

首先是寿险，顾名思义就是保障寿命，只要被保险人身故，保险公司就得赔钱。寿险的赔款主要是给家人的，保障家人以后的生活，不管你在或者不在，你都能照顾好家人，就是这个意思。我常常建议一个家庭的赚钱主力一定要买一份寿险，特别是有孩子的家庭，家庭的主心骨如果倒下了，至少能保证孩子有足够的钱生活和读书，直到成年。

我们提供的保险利益

身故保险利益

若被保险人身故，可获得相应的身故保险金，金额为以下两项数值较大者：1）身故当时主险合同保单账户价值的105%；2）主险合同基本保险金额。

部分领取保单账户价值

犹豫期后可以申请部分领取报单账户价值。

持续交费特别奖励

按时支付前4年各期期交保险费的，在累计交满前5年、前10年、前20年应付期交保费时，发放持续交费特别奖励。

重大疾病保险利益

被保险人经医院诊断初次发生“重大疾病”，我们按照收到中大疾病给付申请数当时的保险金额给付“重大疾病保险金”，给付的重大疾病保险金额等于附加提前给付重大疾病保险合同的基本保险金额和主险合同报单账户价值的105%两者的较大者。

·保险利益详细情况见条款和产品说明书

我们看到，在保险利益方面，这份寿险的保险金是对比保单账户价值和基本保险金额，哪个大就赔哪个。这是什么意思呢？保单账户价值指的是这份保单目前值多少钱，也就是说，如果退保的话能够退多少钱出来。时间越久，交的费用越多，保单价值自然就越高。那什么是基本保险金额呢？从这份保险来看，基本保险金额就是20万元，如果你的保单价值乘以1.05，不超过20万元，那就赔20万元；如果超过了，就按保单价值乘以1.05赔钱。

部分领取保单账户价值和持续交费特别奖励，属于万能险的特殊功能。

◇ 重大疾病保险

我们再来看看第二项保险产品：重大疾病保险。现代人的生存环境，特别是城市人的生存环境不容乐观，食品安全问题突出，甚至连空气污染也非常严重，人们得重大疾病的风险就越来越大了。现在医疗科技发达，重大疾病也不是治不了，就是开销太大，所以重大疾病保险正是用来规避这一类的开支风险。

重疾险主要有两类。一类是提前给付重大疾病保险，这份保险计划书中的重疾险就属于这个类型。这类重疾险是与寿险捆绑的，如果被保险人被诊断出重大疾病，保险公司给付保险金后，寿险的保额也要下降相应的金额。拿这份保险计划书举例，寿险保额是20万元，重疾险保额是18万元，如果李女士发生重疾风险，保险公司赔完18万元后，寿险保额就只剩下2万元。正因为是捆绑，所以看似是两个险种，但实际上保额是共用的。这类重疾险的好处是保费会比较低；坏处是赔完重大疾病以后，寿险保额就所剩无几了。

另一类是额外给付重大疾病保险。重疾险单独购买，不与寿险捆绑，如果被保险人被诊断出重大疾病，保险公司给付保险金后，不影响寿险的保额。拿这份保险计划书举例，如果换作是额外给付重疾险，寿险保额是20万元，重疾险保额是18万元。如果李女士发生重疾风险，保险公司赔完18万元后，寿险保额仍然是20万元。这种类型的重疾险好处是，赔完重疾，不影响寿险保额；坏处当然是保费会更高，因为重疾险是额外购买的。

那要如何选择呢？很简单，额外给付重疾险。被保险人如果治疗无效，身故以后还能够给家人留一大笔钱。如果家庭经济比较宽裕，而且还有未成年的孩子要照顾，建议就购买额外给付的重疾险。如果只是考虑到自己的重疾风险，而且想节省保险费用，那么就选择提前给付重疾险。

此外，在保险利益条款中特别提到，被保险人经医院诊断初次发生重大疾病，才支付保险金。这句话的意思是说，重大疾病险与寿险差不多，都是一次性支付的，支付赔款后，重疾险保单就终止了。

◇ 意外伤害险

我们再来看看第三类险种：意外伤害险。意外伤害险有两种，一种是意外伤害保险，是指被保险人因为意外事故死亡或残疾时赔付的险种，类似于寿险，是一次性支付的，并且独立于其他险种。拿这份保险计划书举例，如果李女士因为意外事件身故了，那么保险公司除了要赔寿险的20万元，还要赔意外伤害保险的10万元，合计赔付30万元。

另一种是意外伤害医疗保险，是指被保险人因为小的意外事故造成了身体伤害，并没有致命或者导致残疾，这时可以通过意外伤害医疗保险报销医疗费用，可以看到报销的限额是1万元。简单来说就是，前一种管死管残，后一种管小伤。

此外，大家可以看到保险条款中列明，被保险人以乘客身份乘坐交通工具造成伤害并且身故的，按照双倍赔付。以这份保险计划书为例，如果李女士遭遇类似公交纵火案这种情况造成身故的，这张保单就要赔付寿险20万元，加上意外险10万元，再加上交通意外10万元，一共是40万元。

还要注意的是，如果是因为意外事故造成残疾的，要按照残疾的严重程度赔款，最高不超过死亡赔偿金。具体是参照《残疾程度与给付比例表》，这个表是保监会统一制定的，几乎所有保险公司是一致的。

◇ 豁免保险

接下来，我们来了解一下豁免保险。这是一个很有意思的险种，甚至有一些保险代理人都一直没搞清楚，这个险种到底保的是谁，怎么赔法。单从字面上理解，豁免就是免交保险费的意思。

举个例子，如果李女士被检查出重大疾病，保险公司赔了她18万，重疾险就终止了，但寿险还是生效的。这时的保险费按理说还是要交的，但李女士的钱都拿去治病了，还要交这个保险费，压力太大了。保险公司考虑到这种情况，就设立了这类险种，花很少的钱来换取这种豁免的权利，一般一年也就十几二十块钱。

这里还有一种情况，在保险交费期间，被保险人李女士如果没有发生重疾，而是投保人张先生发生了重大疾病，而且张先生是家中的赚钱主力，这时候家庭的负担就非常重了，可能没有能力继续交保费，所以保险公司也为这种情况，设立了豁免保险。

这也就是为什么大家看到有两款豁免保险费重大疾病保险，它们的区别就在于保障的对象是不同的。前一款保障的是投保人，也就是张先生；后一款保障的是被保险人，也就是李女士。

◇ 住院费用医疗保险

我们再来看看住院费用医疗保险。它是一款消费型的险种，从它的保险期间可以看出来，只有一年，并且它的费用不是从6000元的基本保险费中扣除，而是要单独交费。

它保障哪些方面呢？主要针对需要住院治疗的疾病，不管你是重感冒肺炎，还是阑尾炎发作需要动手术，只要是需要入院治疗的情况，都可以报销相应的医疗费。后面的数字代表的是最高可以报销的金额，如果觉得不够，可以通过购买多份来提高这个限额。但是要注意的是，这里面提到的门诊费，不是说去医院看个小感冒、开点药打点针就能够报销的，这个门诊费特指你住院期间的门诊费。如果你的疾病很轻微，医生认为不用住院，这个保险就无法报销医疗费用。另外特别说明一下，目前市场上几乎没有可以报销普通门诊的个人商业保险。

◇ 住院日额医疗保险

产品列表的最后一项是住院日额医疗保险。保费很便宜，一年才26块钱，那到底保障哪方面呢？它保障的是，你在住院期间，因为不能工作，造成的经济损失，相当于误工费，每一天补偿你10元钱，最多补偿180天。也就是说，一年内，如果李女士因为疾病住院183天，她就能拿到1800元的误工补偿金。为什么是183天，不是180天？因为条款写明了，因疾病住院，要减3天。

再来看看保险条款里的补偿原则。像意外伤害医疗险、住院费用医疗险都是属于先看病后报销的，那么你从各种途径报销的总额，不能超过你实际看病所花的总金额。举个例子，李女士如果上楼梯不小心摔伤了，去医院治疗花了800元，因为她买了社保，通过社保报销了500元，那么她通过现在这份保险，报销金额就不能超过300元。这就是补偿原则，意思是补偿你的经济损失，你不可能通过这个赚钱。但重大疾病保险就不同，如果李女士被检查出癌症，保险公司要赔付18万元，如果李女士治疗得当，只花了12万元就治好了，那么多出来的6万元，保险公司是不会收回的，权当是营养费了。所以说，重疾险不怕多买，医疗险要适可而止，买多了也是浪费。

保单年度	保险费			初始费用	持续交费特别奖励	进入万能保单账户的价值	部分领取保单账户价值	主险基本保险金额/附加重疾基本保险金额	不同假定结算利率下的								
									主险保障成本/附加险保障成本			保单年度末保单账户价值（即现金价值）			保单年度末主险身故保障金/附加重疾保险金		
	期交保险费	追加保险费	累计保险费						低 1.75%	中 4.5%	高 6%	低 1.75%	中 4.5%	高 6%	低 1.75%	中 4.5%	高 6%
1	6000	0	6000	3000	0	3000	0	200000 180000	113 957	113 957	113 957	1973	2039	2076	200000 180000	200000 180000	200000 180000
2	6000	0	12000	1500	0	4500	0	200000 180000	114 977	114 977	114 977	5484	5716	5844	200000 180000	200000 180000	200000 180000
3	6000	0	18000	900	0	5100	0	200000 180000	120 1001	119 1001	119 1000	9637	10155	10445	200000 180000	200000 180000	200000 180000
4	6000	0	24000	600	0	5400	0	200000 180000	124 1024	124 1023	123 1022	14141	15081	15613	200000 180000	200000 180000	200000 180000
5	6000	0	30000	600	300	5700	0	200000 180000	128 1051	127 1048	127 1047	18999	20512	21381	200000 180000	200000 180000	200000 180000
6	6000	0	36000	300	0	5700	0	200000 180000	135 1065	134 1061	133 1059	23919	26167	27475	200000 180000	200000 180000	200000 180000
7	6000	0	42000	300	0	5700	0	200000 180000	143 1086	141 1080	140 1077	28896	32051	33910	200000 180000	200000 180000	200000 180000

接下来，我们来看看保险计划书的一个重要组成部分：保险利益测算表。这张表也是非常容易误导消费者的。这张表是做什么用的呢？主要是用来演示每一年你的保单扣费情况，以及保单价值的变化情况。简单来说就是告诉你，每一年你放到保险里的钱，有多少被扣了交保费，有多少在帮你赚钱，赚了多少钱。下面我们一项一项地来讲。

首先是保单年度，相当于表格的序号，也可以用自己的年龄加上保单年度，就可以查到相应年龄的保单数据。例如，李女士现在30岁，保单年度为7那一行的数据，显示的就是她37岁那一年的交费和保单价值等情况。这里只截取了前15年的数据，实际的保险计划书一般都会提供50年以上的完整数据。

保险费栏，显示的是每年要交的费用，以及累计交的费用。例如，保单年度为7，就是李女士37岁那年，交保费6000元，这7年共交了42000元保费。需要注意的是，这个表格只显示6000元的基本保费情况，还有

318元是不会列入表格的，因为那些是消费型险种，没有保单分红。

初始费用，这个很关键了，很多保险代理人不会讲这一块，因为前面几年保险公司扣初始费用挺多的。像这份保险，第一年交6000元，扣3000元，扣了50%；第二年扣当年所交保费的25%；第三年扣15%；第四、五年分别扣10%；第六年起每年扣5%。那初始费用是干吗用的呢？其实就是保险公司的经营成本，因为前面五年要支付业务员佣金，所以扣费比例会很高。只有扣除初始费用以后的金额，才会真正进入保单账户。简单来说，如果你交费不足一个月就退保的话，只能退回一半不到。

这里不得不提到另外一个话题，就是保单贷款。一般来说，分红险是可以将保单价值的85%，用较低的利息贷款出来，但要注意是保单价值，不是你的交费总金额。如果你交费6000元，扣完初始费3000元后，保单价值就只剩下3000元，贷款85%就是2550元。听说有这样的一则新闻，深圳某保险销售人员，跟一位老板说，把钱放到保险里不怕，要用钱的时候，可以贷款85%。老板一算，有85%也不错，就买了一份年交几十万元的分红险。一年不到，这个老板要用钱了，就去申请贷款，结果一半都贷不出来，就投诉到保监会去了。所以说，不要只考虑你交了多少钱，还要看看有多少真正进入保单账户，那才是实际保单价值。

接下来的两列，持续交费特别奖励和部分领取保单账户价值属于万能险的特殊功能，这里就不详细说明了。

紧接着是基本保险金额，包括寿险和重疾险，与之前的产品列表是一致的，分别是20万元和18万元。

保障成本，这是重点。大家可以看到分了三列：低1.75% 、中4.5% 、高6%。这是什么意思呢？因为保险分红是不确定的，为了演示给客户看，只能假设收益率，分为三个档次。低档收益率是1.75%，这个是保证给的，相当于保底，写在合同里，所以保险收益是不存在亏的。中档收益率是4.5%，高档收益率是6%，中高这两档只能作为参考。一般来说，保险公司能够稳定地做到中档收益率，那已经是非常厉害的。某一年的数据可能达到了高档，但却经常被保险销售人员吹嘘，说中档以上肯定没问题，并且拿出过往某一年最高的收益率数据给客户看，这就是明显的误导。最新的保险结算利率在保险公司官网上是能够查询到的。我查询过历史数据，从2013年1月到2013年9月，万能险结算利率仅为3.875%；2013年10月到2014年9月，万能险结算利率为4.25%。直到2015年4月，万能险结算利率才达到4.5%。

2013年9月万能结算利率公告

2013年9月27日公布2013年9月万能保险结算利率：

险种类型	日利率	年化利率(日利率乘以365折算)
个人万能保险	0.00010616	约等于3.875%

在保障成本一栏中，可以看到有上下两档数据。上档显示的是寿险的保障成本，下档显示的是其余附加险，例如重疾险、意外险、豁免险合起来的保障成本。如何理解保障成本？其实保障成本才是真正用来购买保障的钱。拿这份保险举例，张先生第一年交给保险公司6000元，并不是这6000元都用来买保险的，其中3000元支付初始费，113元交寿险成本，957元交附加险成本，剩下的就是现金价值，保险公司就是用现金价值这笔钱去帮你投资赚钱的。其中的寿险成本和附加险成本合在一起就是保障成本，这1070元就是真正用来买保障的钱。眼尖的朋友可能已经发现，我算出来的现金价值是1930元，与表格中的现金价值表对不上。这是因为我还没有加上当年收益，此外，我的计算方式是以年为阶段大致估算的，而实际扣费和收益是按月计算的，这也会导致数据有少量出入。

表格的最后一个栏目是最终的保险金额，也就是发生风险时，保险公司实际的赔款金额。刚开始一二十年内，最终保险金额与基本保险金额是一致的，因为保单价值低于基本保险金额。20多年后，当保单的价值超过基本保险金额的20万元以后，就按照保单价值的1.05倍赔付了。

在保险计划书的最后，往往还有重要的提示信息，用加粗的方式注明了，利益演示是基于假设，最低保证利率以上的投资收益都是不确定的。这些内容都是白纸黑字写明的，但很多人是不会看的，仅听保险销售人员一面之词就相信了。所以保险是不会骗人的，骗人的是某些素质低下的保险销售人员。

到这里，保险计划书我们就讲解完了。可是对于如何选择适合自己的保险产品，大家可能心里还是没底，我可以教大家一种保险计划书对比法，用来筛选最佳保险产品。

第一步：确定自己要购买的险种

险种确定的标准是：

（1）在一个家庭里，首先是赚钱主力要购买保险；然后是除主力以外的大人；最后才考虑给小孩买保险。一般，小孩的保险用消费型的保险卡就能够解决，每年的费用在200—400元左右。

（2）赚钱主力首先考虑的是寿险和重疾险；如果经常在外面跑或是开车的，意外险也不可少；如果没有社保，就加上住院医疗险；根据自己的经济实力再决定是否购买住院日额保险。

（3）确定自己年交保费的预算，也就是打算最多一年交多少保费，自己能够承受。一般来说，一位成年人的保费至少要6000—8000元，需要高保障的朋友，保费会达到1万元以上。

第二步：制作统一标准的计划书

在第一步确认的险种基础上，找三家不同保险公司的保险代理人，要求他们按照你的要求提供保险计划书，让他们根据你提供的险种以及预算来做保险计划书。

第三步：制作保险计划书对比表

拿到三份保险计划书之后，参照以上讲解的方法，找出保险计划书中的关键信息，然后用Excel表列出以下项目，最后再进行横向对比。

序号	保险公司	寿险保额	重疾险保额	意外险保额	意外医疗险保额	住院医疗险保额	基本保费（元）	总保费（元）
1	A公司	20万	18万	10万	1万	1万	6000	6400
2	B公司	20万	18万	10万	1万	1万	6500	6780
3	C公司	20万	18万	10万	1万	1万	8000	8350

如果觉得对比有困难，大家也可以找专业的理财师制作更详细的保险对比报告。

4. 如何做好家庭保障规划？

现在网络上被转发的关于保险的文章太多太滥了，不少文章是保险销售人员发布的，把保险说得是天花乱坠，恨不得你用上全部身家来买保险。但实际上，保险这个理财品种有它的特殊性，买多了或者买少了，甚至于买得不合适都不行，它不能像普通理财产品那样销售，必须根据你的家庭财务状况对症下药，这也就是我们常说的，买保险之前一定要做“家庭保险规划”。

要注意的是，一项完整的保障规划要遵循以下原则：

◇ 优先考虑保障问题

保险最大的功能其实就是保障。购买消费型的保险，实际上就是回归保险的本源，才能用较低的保费实现较高的保障，达到四两拨千斤的效果，避免各种风险对家庭财务造成巨大损失的风险。

像寿险、重大疾病险都是我们应当优先满足的保障需求。特别是收入不高的家庭，应当尽量选择消费型的保险，例如定期寿险、消费型重大疾病险等等。在完善家庭保障以后，再考虑储蓄型或投资型保险产品。

◇ 先主力，再大人，后小孩

很多家庭都把孩子当成重点保护对象，经常帮小孩买很多保险，这是买保险最容易犯的错误。其实对于孩子来说，父母才是他们最好的保障。如果孩子发生风险，这是情感损失，用再多保险赔款也无法替代，父母也不会因此收入中断。如果父母发生风险，收入就会中断，没有收入来源的孩子才是真的失去了依靠。

从合理的保障规划来说，应该最先考虑家庭的赚钱主力，谁赚钱最多就最先保障谁，一般来说是爸爸；然后再考虑其他大人，比方说，在家做家庭主妇的妈妈；最后才考虑孩子的保险。而且，未成年人的保险，通过消费型的保险卡就能解决，一般已经包含了寿险、重疾险和意外险，保障已经很全面，费用也很低。

◇ 保额适当，保费合理

很多保险销售人员一开始就会问客户打算花多少钱买保险，这也容易形成误导，感觉像是保险买得越多越好。做保障规划应该先了解家庭的财务状况，然后再计算出所需保额，再通过保额反推出保费。保额的标准一般是，如果有风险发生的话，理赔金额可以完全覆盖风险所带来的损失。要知道，作为管理风险用的保险，买得太少，起不到保障作用；买得太多，又会影响到家庭生活品质。

一般我们大致上依据的是“双十原则”：家庭保险的恰当额度应为家庭年收入的十倍，保费支出的恰当比重应为家庭年收入的十分之一。对于“双十原则”，我个人认为应该在原先的基础上稍作调整，调整为：家庭寿险的恰当额度应该是家庭年开支的十倍，保费支出的恰当比重应为家庭年收入的十分之一。调整的理由是：

（1）寿险是最基础的险种，只有寿险才能真正抵御大部分的人身风险，有不少人买了很多意外伤害保险或是意外医疗保险，就觉得自己已经买过保险了，可以万事大吉。但其实，正因为意外的发生概率极低，所以意外险的保费才会很低。而作为家庭的赚钱主力，一定要买充足的寿险，再在寿险上附加充足的重大疾病险，这才是完成了家庭最基本的保障。

（2）寿险保额应该是家庭年开支的十倍，而不是家庭年收入的十倍。保险的意义是什么？就是当家中赚钱主力发生重大风险，失去赚钱能力的时候，保险能够有所补偿，保证生活品质不改变。怎样才能保证生活品质？当然是保证家庭生活开支。寿险保额是家庭年开支的十倍，意思就是，未来十年的生活成本由保险赔款来支付，生活品质不下降。

（3）很多时候，家庭年收入的十分之一往往无法购买到十倍家庭年收入的寿险保额。比如说，某家庭的年收入是10万元，按照原版的“双十原则”，要用1万元保费，购买100万元寿险保额，以传统保险产品来看是无法满足的。

当然，在实际做保障规划时，“双十原则”只能用来参考，专业的保险规划师会根据更多指标来确定保额和保费。例如：孩子已经5岁了，还有13年才成年，这时可以按照家庭年开支的13倍计算保额，意思是保障孩子到成年，家庭生活品质不下降。另外，还要考虑家庭的大型债务，例如房贷、生意贷款等，也要用相应的保额来对应。

◇ 产品不重要，方案才重要

保险销售人员一般都会吹嘘自己的公司有多牛、公司的产品有多棒，而实际上，几乎所有保险公司的纯保障成本都差不多，仅仅在于产品设计、包装以及保险组合的不同。

家庭保障需求，远不是一份简单的保险产品能够解决的。设计完善的保障方案，用合理的保费，就能满足家庭所需求的保障，这才是真厉害！

◇ 保障计划要与时俱进

保障计划并不是一成不变的，我们要在人生的不同阶段，适时对自己的保障计划进行调整。

（1）初入职场型。通常来说，刚刚加入职场的新人，由于工作的不稳定性以及薪资水平相对较低等，都决定了他们自身抵御经济风险能力较弱。这个阶段的保障需求，偏重个人基本保障及家庭经济责任，即在投保人发生不幸的时候，其父母不因风险发生耗尽毕生积蓄。在被保险人一旦发生风险时，相关保险可以舒缓经济压力。这阶段应优先考虑意外险、健康险等费用低廉的基本保障。此外，由于保险有越年轻费率相对较低的特点，因此如果资金允许，可以适时增加重大疾病保障。

（2）新建家庭型。在房价和物价高企时代，新组建的家庭要面临同时赡养4位老人，抚养1个孩子的境遇，可谓“压力山大”。中青年夫妻双方作为家庭的“顶梁柱”，这个阶段就应先为自己构建周全的保障，以确保家庭责任的延续。首要考虑高保障的产品，通常来说，定期寿险、健康保险和意外伤害保险等保障相对较高，可先考虑和安排。在此基础上再考虑孩子的意外和健康保障等。

（3）中年家庭型。一般来说，中年时候的保险需求偏重子女教育储备和养老储备。对于中产阶层来说，一方面，他们除了关注子女的教育储备外，还希望未来能保持目前的生活品质和从容丰富的退休生活；另一方面，他们又必须直面现实家庭生活的责任，以及未来延迟养老的趋势和通货膨胀的压力。因此，如何让资金在具有增值潜力的同时，确保资产安全，就显得尤为重要。为了应对这些方面的需求，比较适合选择具有一定理财功能的中长期险种，以便匹配相应的教育金和养老金积累需求。

除了要考虑不同阶段配置不同的保险，我们还应当注意保额也要随着时间的推移慢慢加大。今天的20万元可能还能治疗早期的重大疾病，20年后呢？20万的价值可能与今天的1万元相当。所以，不要再说你已经买过保险了，最好每隔一两年做一次保单年检，查漏补缺。

最后，我不得不说，目前国内保险市场上，能够完全按照以上原则帮助客户设计家庭保障计划的保险规划师真心不多，因为现有的保险规划师基本上都是各家保险公司的销售人员，代表的是保险公司的利益，不可能非常客观中立地去评价市面上所有的保险产品，更多的是以推销自家的产品为主。为了能够切实地帮助到读者朋友们，我打算赠送给大家一份读者专享的福利：保障规划服务。我会安排专业的理财师，为大家提供科学客观、量身定制的保障规划服务，而且是完全免费的，以回馈大家对我的支持。读者朋友们可以先关注我的微信公众号“理财巴士”（微信号：licaibus），然后回复“读者福利”四个字，即可领取这份读者专享的福利。

5．中老年人要如何买保险？

很多人都问过我，老年人应该如何买保险？因为我们的父母年事已高，很容易发生疾病和意外，所以这个问题让我们不得不去考虑。

首先，很多人从自己父母没有保障这件事，就会联想到自己老年的时候也需要保障，以此认为自己需要购买终身型的保险。这其实是错误的观念，你现在购买的保险顶多只能保障你最能赚钱的时期，等到30年以后，那一点保额已经不足以承担那时候的风险了。关于这一点，我们之前的文章也已经说过了。

我们父母这一辈的养老以及医疗问题其实是历史遗留问题，在他们年轻的时候，只要参加了工作，单位其实是包办他们所有的医疗以及养老问题的。所以，他们年轻的时候完全不用自己考虑养老金的储备以及老年的医疗开支问题，在他们的观念当中，国家和单位会帮他们搞定一切的。但是，现实往往是残酷的，一波企业下岗潮袭来，很多人在中年时期被直接推向社会，要自己解决养老和医疗，他们一下就傻眼了。

跟父母这一辈不同的是，我们绝大多数人已经有了一定的理财观念，所以不至于像他们那么被动。但需要注意的是，即使我们要主动去应对，也不应该是现在就一次性把老年的保险都买了，这样的话资金利用率就太低了，毕竟保险的收益率是很低的。

我个人的观点是，用较少的资金购买充足的保额，为我最能赚钱的时期提供充足的保障，同时，我用节省下来的保费自建一个“保障基金”，即使是只做保守投资，收益率也远超保险的收益率。这样，等我年老以后，我就可以用“保障基金”来给自己提供保障。当然，这完全是基于一个非常理性的理财人的想法，是很适合我的方法，仅供大家参考。

接下来，我们再来聊父母这一辈的保险应该如何解决，也就是中老年人应该如何买保险的问题。要注意，我这里定义的中老年是特指50岁以上的人群。

对于这样的中老年人群，投保终身型的寿险和重疾险显然是不合适的。因为寿险产品的费率都是随着年龄的增加而提高的，老年人投保终身型寿险，甚至可能出现保费“倒挂”的现象，也就是所缴的总保费比保额还高。

举个实际例子，一名24岁男性购买一份10万元保额的终身型寿险+重疾险，每年要交2000元保费，共交20年，总保费是4万元；而一名55岁的男性购买同一款保险，每年就要交1万多元，共交10年，总保费超过10万元。这显然是不划算的。

可以说，对于50岁以上的中老年人来说，可供选择的保险已经不多了，很多保险产品甚至只接受55岁以下的人群投保。那我们应该如何应对？下面我给出一些具体的建议，给大家参考：

（1）社保当中的养老保险和医疗保险一定要买。有些农村地区虽然没有社保，但也会有农村合作医疗之类的，保额不高，但成本极低，一年可能才几十块钱。这是国家给老年人最基本的保障，性价比极高，一定要参加。

（2）意外伤害保险是必须要考虑的。因为年纪大，身体不再像以前那么灵活，所以老年人遭受意外伤害的概率要远高于年轻人。像意外伤残险、意外医疗险等都是必须考虑的。

（3）重大疾病险也很重要。老年人患病的比例是平均水平的2.5倍左右，因此，医疗支出成为老年人最大的开支。但同时，因为风险太大，所以老年人不可能买到很高的保额，一般在10万元至20万元，并且往往是消费型保险。这也很好理解，分红型保险需要比较长的周期来分摊保费，而老年人显然是时间周期不够的。

第四节 ◎ 投资之道

1．我的那些投资经历与感悟

我是从2005年开始学习理财的。通过《富爸爸穷爸爸》这本书，我了解到，要多持有资产，少持有负债。那什么是资产呢？能够自动地、源源不断地将钱输送到我的口袋的就是资产，比方说股票、基金、投资性房产等等。

那时候，我刚刚迈入社会不久，收入也不高，房产投资对我来说门槛就太高了，而股票和基金相对来说，门槛不高，资产变现也更容易，所以就成了我优选考虑的投资工具。

那时候我也是年轻气盛，觉得基金涨得太慢，我不愿意花更多时间去研究，所以感觉上股票会更符合我的需求，于是当时我的主攻方向就是股票投资。当然，那时候我也知道基金是一种分散投资的方式，虽然涨得慢，但跌得也慢，所以我会推荐一些不喜欢频繁操作的朋友去做基金定投。

2006年初，恰逢中国最大的一波牛市行情启动，我的幸运时刻也就来临了。但总的来说，那时候我可以投资的资金不多，再加上我的胆子也不够大，所以我多数是以学习股票投资技术为主，只用了少量的资金去尝试。在此期间也请教了不少投资高手和民间股神，通过自身的学习和高人的指点，我也积累了不少股票基础知识和实战经验。

那时候，电脑不是非常普及，互联网也还不发达，我都是靠自己手工绘制各种股票的趋势图。由于当时正处于牛市阶段，不管怎么画，趋势图都是非常有效的，所以我对自己的投资策略也都是信心满满。

可是好景不长，到了2007年底，股市就急转直下了。刚开始我的师傅们还是斗志昂扬，说马上就会收复失地，再创历史新高，但后来经过几轮大的下跌之后，在证券市场就很少见到他们的身影了。幸好那时候我胆子比较小，很早就清仓了，所以还保存了一点之前牛市的胜利果实。但总的来说，我投入的本金太少，而且中途还经常调仓，所以实际赚到手的钱并不多。

经过那一轮牛市和熊市的历练之后，我越发觉得，我们散户直接买卖股票是一件费力不讨好的事情。再加上那时候我发现，其实巴菲特也推荐普通人投资指数基金，所以我开始转而研究基金，特别是研究指数基金。

但是因为惯性思维，刚开始研究基金的时候，我仍然会把基金当成股票来操作，所以买卖次数非常频繁，结果白白浪费了不少申购费和赎回费。直到2008年底，我才真正开始将基金定投作为我的主要投资方式之一，用基金定投的方式来规划我的养老金。当然，真正要坚持定投也是很困难的，这需要战胜人性，说实话，我也中断过几次。直到2011年底，我才真正做到每月坚持拿出一部分资金用于基金定投。

通过这一波三折的投资经历，我清楚地认识到一点：专业化的投资是需要花费大量时间和精力的，同时还需要一定的天赋。全世界这么多人在研究投资，但是，真正能够始终立于不败之地的投资大师屈指可数，很多所谓的投资高手都只是昙花一现，甚至还有些人因为投资而倾家荡产。这都是试图通过投资来赚大钱、赚快钱的下场。

所以，对于我们普通理财人来说，必须清醒地认识到，投资只是让我们的资产保值增值的工具，而不是用来赚钱的，真正让我们赚钱的应该是我们的事业。我们应当让自己的投资更加自动、更加省时，这样我们就能有更多的时间和精力投入到自己的事业当中，赚取更多的投资本金。

2. 投资的两个诀窍：条件论和方法论

普通投资者在没有建立自己的投资策略之前，总是希望能够得到专家的指导。比方说，炒股的就咨询股评家，报出一个股票代码，然后问后市如何发展。这时候股评家掐指一算，就能帮你答疑解惑。

但冷静地站在旁观者的角度来看待这件事，你会发现，股评家说的话经常是模棱两可的。什么逢高减磅、逢低吸纳，市场方向不明，轻仓观望为宜，还有就是谨慎观望，说了等于没说。

这就好像算命的说你：一生大富大贵，但不免波折不断，熬过这些波折一切就水道渠成了。这不废话吗？如果未来你大富大贵了，就代表你熬过来了；如果未来你没有大富大贵，就表示你没有熬过来，这句话不管怎么看总是对的。很多投资专家也善于说这一类模棱两可的话。

有没有专家能够铁口直断，说涨停就涨停的？这个还真有，不过道理也很简单。拿我自己举例，信不信我是有可能推高某些股票的股价的？比方说，我先选一只盘子比较小的股票（所谓盘子小就是指股票的资金规模小，例如：中小板或创业板的股票），然后我自己先在低位大量买入这只股票，接下来通过理财巴士平台放出消息，推荐这只大牛股，说它未来会涨停。

你想想看，理财巴士有十几万用户群体，如果有1000用户小试身手，每人拿出1万块来投资，也有1000万元投资额。而这些小盘股票有时一天的成交量才几百万元，1000万元的资金进入，还不拉高涨停板出来？最后，我就可以找准时机卖出股票赚大钱，至于说跟风进来的散户，就看你运气了，出来得早说不定还能赚一点，而绝大多数散户会在这场游戏当中亏钱或是被套牢。

从表面上来看，我预测得很准，确实涨停了，但其实这些涨停并不是股票价值的体现，而是利用人气炒作起来的。非常巧妙的是，在这种情况下，散户即使亏了钱也不会怪专家，反而会认为专家讲得很准，只是自己太贪心离场太慢了。以前网上有人就是这么玩的，后来被抓入狱了。

这也是我从来不推荐股票的原因，越是有影响力的公众人物，说出来的话越会产生羊群效应，本想帮人，最终却会害人不浅，这种害人的事我是万万不会做的。

当然，现在要人为地推高股价已经没有这么简单了，需要更多的资金和人员的配合。我只是讲其中的基本原理，利用投资者追涨杀跌的趋势喜好来操控股价。

其实冷静想想，如果专家真的有料，自己去做私募基金就好了，大把有钱人给他投钱，赚佣金都够了，有必要出来讲吗？更可笑的是，在股市上涨的阶段，会出现很多伪专家，从来不研究股票的真正价值，看了一些新闻就觉得自己很厉害了。以前在牛市阶段，很多人都给我推荐过股票，除了证券经纪之外，还有类似的士司机、老师、卖保险的都给我推荐过股票，其中的士司机推荐的股票最准，拉了三个涨停板，这真是很让人哭笑不得的事情。我只是想告诉大家，不要让别人的情绪波动来影响你的投资策略，要做一个冷静的、有独立思考能力的投资者。

任何投资都要讲条件和方法论，两者缺一不可，如果只是听信别人简单的推荐，可能会造成很大的投资风险。接下来我就和大家分享一下我总结的投资诀窍：条件论和方法论。

◇ 条件论

不管你投资什么项目，首先你都必须要具备相应的条件，或者说，不同的投资项目适合不同的人群。拿美国股神巴菲特来举例，很多人都想知道他的投资秘籍，但是他已经不是普通投资者，经常的操作是通过直接收购一家公司，进入董事会，然后拆分公司的资产，进行变现等一系列的商业运作。这不是普通投资者能够做到的，所以也教不了普通投资者。

当记者问他，如果他只是一个普通投资者会如何投资时，他的答案是努力工作，然后做基金投资。

说回我们普通投资者，当投资不同的项目时，也要具备相应的条件。拿基金定投来举例，就要具备以下条件：

（1）每月固定能节省一笔钱或是有一笔长期不用的闲置资金。基金定投，是一项长期的投入，所以必须是用长期不用的闲钱，并且是持续不断地投资。如果中途因为资金跟不上，无法持续投资，整体的投资收益率会大打折扣。

（2）投资者必须拥有较高的风险承受能力。我们说的基金定投风险小，这是相对于长期的基金定投而言的，在中途仍然会出现较大的账面亏损。注意了，我所说的是账面亏损，而不是实际亏损。只有投资者在出现账面亏损时赎回基金，才会产生实际的亏损。参与基金定投的投资者必须要有相应的风险承受能力，无视中途的账面亏损，甚至在出现较大账面亏损时加大定投金额，这才算是掌握了基金定投的精髓：逆向思维。

（3）投资者必须要有长期投资的心理准备。一般来说，7年以上的基金定投就几乎不会存在亏损的情况了，坚持长期投资才是制胜的法宝。所以基金定投一般适合用来做养老金的储备以及超过10年的儿童教育金储备。

◇ 方法论

以前有位朋友要我推荐一只基金，我说，你信不信同样一只基金，我买赚钱，你买却会亏钱？他说不相信，我解释说，那是因为我在基金净值下跌的情况下，会增加投资金额；而你可能会减少投资金额，或是干脆赎回基金。最终的结果，肯定是我赚大钱；而你亏大钱，不同的操作方法导致不同的投资收益。

上面的例子就是告诉我们，投资一定要懂得投资原理、要讲究方法，如果只是问人家推荐什么就随便买了，然后不闻不问，亏钱的概率是很大的。

这就好比问人家现在什么生意好做一样。问题在于，人家赚钱的生意，你去做就未必赚钱，因为人家已经在一个行业里摸爬滚打了好长时间，积累了大量的经验，这些都不是短时间能够教给你的。

大家应该要抛弃吃现成的想法，通过学习和实践，总结出最适合自己的理财诀窍。投资理财没有统一标准，适合自己的才是最好的。

3．投资之前要制订适合自己的投资策略

之前，有位朋友拿了他正在投资的几只基金给我看，让我给点建议。这其实也是很多投资新手常干的事情，让朋友或专家给自己投资的基金把把脉，提供一些投资建议之类的。如果专家说还不错，就长舒一口气，继续安心投资；如果专家说不怎么样，就紧张得不得了，甚至考虑要不要卖出。

以我的经验，投资新手最喜欢投资的基金主要分为三类：

（1）具有热门话题的基金。像我朋友投资的那几只基金当中就涉及到了新能源、定增、打新这些主题，这也是早期或近期被投资者所热捧的主题基金。

（2）近期业绩表现不错，收益排名靠前的基金。这些基金也经常被各大基金网站用来做宣传。

（3）朋友或专家们推荐的基金。

当然，有时候这三类基金也是相互交融的，比方说，我朋友手头的某只基金就是银行的客户经理推荐给他的，同时也是具有热门话题的基金。不过业绩表现就不好说了，因为是一只刚发行不久的基金。银行客户经理最喜欢推荐新基金，因为新基金的推广力度更大，给到银行客户经理的推广费用也更多。而对于像我这种基金投资老手来说，更倾向于投资发行时间超过3年以上的老基金。除非有什么特殊的原因，一般来讲我是不会投资新基金的。

我们在做投资的时候，首先一定要明确自己的投资目的。是为了孩子的教育金还是为了自己的养老金？是长期投资还是短期投资？当然，可能

也有人说，我就是为了赚取更高的投资收益。即使是这样，我们也必须明确：打算要投资多久、目标收益率是多少、投资哪些领域等等。

用我朋友投资的新能源基金来举例：他在投资之前就已想清楚，为什么他要投资新能源基金，是不是因为看了某篇分析报告，让他看好新能源未来的发展？有没有其他的资料来支持这一观点？新能源市场爆发的周期是多久？如果自己的投资周期过短，那么很有可能错过新能源市场的爆发式增涨。当然，这一切仍然是对未来市场的预估，谁也不敢打包票，新能源基金未来一定会飞速成长。

可以看到，投资主题类基金，必须要做相应的研究和分析，至少要能够说服自己吧。如果自己是经过深入分析再投资的，那么别人说什么都不会影响自己的情绪，进而影响自己的投资决策。说白了，至少你自己要有足够的信心长期持有这一只基金，如果只是基于别人的推荐和广告的宣传，那么市场的波动以及其他人的评价必然会让你寝食难安，进而做出错误的投资决策。

此外，基金没有绝对的好与坏之分，这取决于你的投资目的和投资策略。比方说，如果我想做长期的基金定投，这个时候我就会选择一只波动幅度大的偏股型基金；如果我希望能够获得较为稳定的回报，这个时候我就会选择一只波动幅度小、分红较多的纯债基金。

所以，当有人让我推荐基金或是点评基金的时候，我就会觉得很难帮他决策。因为我不知道他计划投资多长时间、风险承受能力如何、是打算定投还是单笔，没有这些背景资料，是很难去评价一只基金是否适合他。

经常出现的一种情况是：我把自己正在投资的基金告诉他，他投资了，但是后来市场出现了下跌，他忍受不了就赎回了，然后抱怨我推荐错了。而我则在市场下跌的时候不仅没有赎回还加了仓，然后在市场上涨之后再赎回，将盈利落袋为安。那么大家觉得，他的亏损到底是因为我推荐错了，还是因为他根本没有自己的投资策略呢？

所以，现在我很少在公开场合推荐基金，因为很容易引起误会，把我用来做定投的基金去做单笔投资，然后亏损了又来抱怨。

还有，那些喜欢购买热门基金或近期涨势较好的基金的人，也是比较容易掉坑的。在一些基金网站的首页就最喜欢推荐这一类的基金，容易吸引眼球，投资者也愿意买单。但其实，当一只基金已经成为热门或是过往收益率很高的时候，往往就是它达到历史最高值的时候。如果这个时候买入，很可能达不到投资者心里预期的回报率，甚至是马上就要掉头向下了。所以，很多投资新手都有一种感觉，一只基金买之前历史数据非常完美，但买进去以后，表现却是差强人意。

对于投资新手来说，制定自己的投资策略有两种方式：

（1）投资基金组合，而且最好是以定投的方式来投资。因为投资新手既不知道哪些市场才是最值得投资的，也无法预测市场的涨跌，所以最好是用定投基金组合的方式来获取市场的平均收益。

在做组合投资的时候，各成分基金之间最好是不相关甚至是负相关的，然后按照一定比例配置。主要的配置方式有：大盘股和小盘股搭配；国内资产和海外资产搭配；股权类、债权类和实物类资产搭配。当然，这些搭配方式也可以是混搭的，这样就可以进一步分散单一投资市场所带来的风险。

（2）投资主题基金。我们可以投资一些自己看好的，或是喜欢的相关行业的基金。投资本身没有唯一正确的标准，你可以看好“一带一路”主题基金，我也可以喜欢新能源主题基金。未来哪只基金涨得更好，专家说了也不算。关键是，你在投资某一只基金时，理由要足够充分，让自己有信心长期坚持去投资这只基金，即使中途有市场波动，也不会影响自己最初制订的投资计划。

另外，我们在完成一笔投资以后，不管是赚是赔，事后都要总结自己的投资经验，这样才能够在投资领域不断成长，变得越来越专业。如果糊里糊涂地进行投资，长期来看赔钱的概率一定是大于赚钱的。

除了让我点评基金外，还经常有人问我类似“我手头有10万块钱，应该如何投资”“我现在有2万块钱，投什么理财产品收益更高”这样的问题。这一类的问题看起来很简单，但实际上却很难回答。因为我并不清楚对方的风险承受能力和投资偏好，也不知道他的家庭财务状况，任何回答都有可能是错的。

但从这些提问当中，我能够知道的是，提出此类问题的人肯定是毫无投资经验的。因为稍有投资经验的人，应该都会问得更加具体一些，例如："××基金未来表现会如何？""××投资项目有没有投资价值？"

如何回答一个毫无投资经验的人应该如何投资的问题，这确实是一个问题。

我突然想起来，曾经也有人咨询过巴菲特类似的问题。比方说，在2006年的伯克希尔股东大会上就有人问：在目前的形势下，巴菲特将如何管理100万美元？

巴菲特的回答是：如果3年前我管理一个小型投资合伙公司，我会从100%投资韩国股市开始。

为什么那时候巴菲特会特别青睐韩国股市呢？在巴菲特的官方传记《滚雪球》当中就详细记录了巴菲特认真分析韩国股票的细节。原文是这么写的：

2004年的一天，他从经纪人手里接过一本厚厚的书，有几本电话号码簿订起来那么厚，内容是韩国股票的详细列表。他一直在研究全球经济，寻找一个被忽略、被低估的国家和市场。最后，他锁定了韩国，开始一宿接一宿地翻阅那本大部头的书，研究一列一列的数字，一页一页耐心地钻研。但是那些数字和术语让人迷惑不解，他发现还是需要学习一套不同商业文化中的商业语言，所以又开始阅读另一本书，了解关于韩国会计领域的一切重要知识，这样就不会轻易被那些数字迷惑。

掌握了基本内容后，他开始了筛选工作。他从几百页的数字中挑出了一些重要的数字，研究其中的关联性，很快就从几千只股票中精选出一些可用作比对选择的股票；经过进一步在黄线拍纸簿上标记研究，最终确定出为数不多的几只可选股票。

从这类描述当中，我们可以看到，当巴菲特要进入一个陌生的投资领域时，他会花费大量的时间和精力去做研究。他就像是找到了新游戏的孩子，对研究工作充满了热情。

有趣的是，在2008年的伯克希尔股东大会上，又有人提出了类似的问题，但是问得更加经典。他是这么问的：“巴菲特先生、芒格先生，如果你只有30来岁，没有什么其他经济依靠，只能靠一份全日制的工作来谋生，因此根本无法每天进行投资。假设你已经有些储蓄足够你一年半的生活开支，那么你攒的第一个100万元将会如何投资？麻烦你告诉我们具体投资的资产种类和配置比例。”

巴菲特哈哈一笑回答：“我会把所有的钱都投资到一个成本费率低的追踪标准普尔500指数的指数基金，然后继续努力工作……把你所有的钱都投资到像先锋500指数基金那样的成本费率低的指数基金。”

不知道大家从这两次对话当中体会到什么？我觉得，巴菲特的语言和行动都在告诉我们：如果你是一个小额投资者，想要追求高收益，那么你就必须让自己专业起来，付出大量的时间和精力去做研究。如果你没有时间精力做研究，也不够专业，那么最好就是定期购买指数基金。

所以，对于不够专业的投资者来说，要么你就扎扎实实做功课，把自己打造成专业投资者；要么你就老老实实做基金定投，赚取市场的平均收益。当然，专业投资者可不是那么容易打造的，我在尝试过后，选择了放弃。因为我发现几乎所有出色的专业投资者都是疯子，对投资是一种痴迷的状态，而我，明显还不够疯狂……

4. 投资应该多元化还是集中化？

我们之前说过，对于不够专业的投资者来说，要么你就扎扎实实做功课，把自己打造成专业投资者；要么你就老老实实做基金定投，赚取市场的平均收益。就这一观点，有人曾反驳我说：“大巴，你不是最推崇富爸爸系列书籍吗？但是，富爸爸的作者罗伯特·清崎却在书中反对用基金来做多元化投资，他更鼓励集中化投资。”

后来我在《富爸爸：财务自由之路》这本书当中确实找到了相应的段落，书中是这么描述的：

寻求安全性的人们经常用“多元化”这个词。为什么？因为多元化战略是一个“不亏损”的投资战略。但它并不是一个挣钱的投资战略，成功的或者富有的投资者并不使用多元化投资战略。他们更注重自己的努力。

沃伦·巴菲特可能是世界上最伟大的投资者之一，他这样评价多元化：“我们所采用的战略排除了标准的多元化信条，因此，很多权威认为这种战略一定比大多数传统的投资者所采用的战略风险更大。但我们不同意这种看法。我们相信，证券集中化的策略会使投资者考虑一系列的问题，如企业的实力、投资者在买进之前对企业财务状况的满意度，这样做反而可以减少风险。”

也就是说，巴菲特认为证券集中化或者说集中于几种投资而不是实行多元化投资是一种更好的投资战略。他的理念是，集中化而不是多元化要求你更聪明，在思想上和行动上更激进。他在文章中写到，普通投资者避免波动是因为他们认为波动是有风险的，而“事实上，真正的投资者喜欢波动”。

我和我妻子在走出财务困境、寻找财务自由时，也没有实行多元化，我们也选择了集中投资。

从这段文字当中，我们确实能够感觉到作者是更加鼓励“集中化”投资，而不认同“多元化”投资。但如果仔细分析就会发现，这里面其实有个大的前提就是：成为专业化的投资者才需要“集中化”投资。

比方说，书中提到多元化战略并不是一个挣钱的投资战略，成功的或富有的投资者并不使用多元化投资战略。另外，巴菲特也提到：真正的投资者喜欢波动。不管是“成功的”投资者还是“真正的”投资者，其实都是特指“专业化投资”。

要知道，清崎和巴菲特都是万中无一的投资好手，为此，他们也几乎花费了一生的时间用于投资研究，可以说投资本身就是他们的事业。如果要求每一个普通人都去学习专业化投资，成为投资高手，这是不现实的。

我一直在强调：只有“理财”才是最适合几乎所有普通大众的一种财富管理的方式，而投资对于理财来说，是实现资产保值增值的一种工具，而并不是用来赚钱的。赚钱的路子有很多，我们可以利用自己的事业来赚钱。说到底，其实清崎和巴菲特也是把专业化投资当成自己的事业而已。但这份事业同样也适合你吗？你必须要想清楚。

既然“保值增值”是我们理财人的投资目标，那么利用基金这种“多元化”的投资工具来投资也就无可厚非了。巴菲特不也说了吗？如果你只能靠一份全日制的工作来谋生，根本无法每天进行投资的话，那么最好就是定期购买基金。

当然，话又说回来了，如果你愿意花时间去钻研投资，努力把自己打造成专业投资人，我也是非常支持的。但必须要知道，这是一条非常艰辛和凶险的道路，专业化投资并不是看起来那么容易赚钱。另外，你也可以先做好基本的家庭理财规划，然后再用小部分的资金尝试做专业化投资，把研究投资当成自己的一项兴趣爱好来发展，这可能是更为稳妥的一种解决方案。

不得不说，有一种人是注定要在投资上失败的，那就是：既想获得远高于市场平均水准的投资回报，又不愿意用心去钻研投资，然后试图寻找到一种能够快速致富的投资捷径。那么，这其实已经不是在投资，而是在投机，甚至是在赌博，最终得到失败的结果也是很正常的。

5. 判断一个好的投资项目，我只关注两个方面

如果你经常玩富爸爸现金流游戏的话，你就会总结出一条经验：要想快速逃离老鼠赛跑进入快车道，就必须抓住两类投资机会，一类是房地产投资，另一类是股票或基金投资。

需要注意的是，这两类投资机会所要关注的重点是不同的。

当你抽到房地产投资的机会卡时，你要关注的是，这项投资能否给你

带来正向的现金流。比方说，你抽到一张机会卡，上面写着0首付，并且用租金抵扣各项开支以后，每月能产生2000元的正向现金流，那么这绝对是最好的投资机会。

而当你抽到股票或基金投资的机会卡时，你要关注的是股票或基金的价格是否足够便宜，也就是看股票或基金的价值是否被低估了。比方说，你抽到一张股票机会卡，上面写着，××股票的价格区间是1元到45元，而现在的价格是1元，那么同样，这也绝对是最好的投资机会。

其实，游戏当中的这两类投资机会，正是揭示了我们在现实生活当中做投资时，最应该关注的两个方面：一个是正向现金流，另一个是价值被低估（也就是价格足够便宜）。

◇ 正向现金流

《富爸爸穷爸爸》的作者罗伯特·清崎，他本人发家致富的一个重要的赚钱项目就是高性价比的房地产项目。所谓高性价比，就是低首付，甚至是零首付，并且每月租金要高于管理房屋所付出的成本。（这里所说的"管理成本"，包括了房贷、维护成本、税费等等各种综合开支。）

当他购买这一类的房产时，就相当于没花一分钱就拥有了一只每月都能下金蛋的金鹅。如果我们回过头来看国内的房地产市场，有这样高性价比的房地产项目吗？别说零首付，就连租金高于房贷的房产现在也是几乎不存在的。这也是我不鼓励大家目前在国内投资房地产的一个重要因素。

当然，除了房地产，还有其他一些能够产生正向现金流的投资品种，比方说：很多蓝筹股每年的分红都比较可观；纯债基金也几乎是每个季度分红一次；P2P网贷也是定期会产生收益。还有很多传统投资品种，像国债、固定收益类的银行理财产品，甚至是定期存款都可以算作是能够产生正向现金流的投资品种，只是收益高低不同而已。如果收益太低，我们还要考虑能否抵销通货膨胀所带来的货币贬值。

需要提醒大家的是，每一类投资品种都会有它自身的特点，不能片面地说哪些是好的，哪些是不好的。如果要投资某一个投资品种，就必须了解清楚这个投资品种的本质是什么，风险在哪里，如何才能玩转。比方说，我刚才提到的蓝筹股，如果要投资股票，就必须花费大量的时间和精力去分析行业特点、研究公司年报等等，这里面涉及到很多专业化的知识，并不适合普通投资者，所以相比较而言，我更推荐普通投资者用基金作为主要的投资品种。

◇ 价值被低估

要判断某项资产的价值有没有被低估，那么首先就要判断出它的真实价值到底是多少。这其实是一门难度很大的技术活。就拿投资之神巴菲特老爷子来说吧，他总能找到有足够安全边际的、价值被低估的资产，但这也是他几十年投资经验总结出来的独门秘籍，不是普通投资者力所能及的。

所以，我的策略就是，既然我们没有能力判断某项资产的真实价值，那我们就不去判断，而是通过定期投资的方式来赚取市场的平均收益。比方说，用定投的方式来投资基金。这时，我们就无须判断基金的价格是高还是低，只要持续地定投就好了。那么，在一个比较长的时间段里，我们在高价位和低价位时都有投资，这样最终的成本就是平均的，赚取的也是市场的平均收益。

当然，如果你还是不甘心，希望获得更高的投资回报的话，还可以试图找到一个价格相对低位的区间。要知道，想找到市场准确的高点或低点是非常困难的，但是找到市场的相对高位或低位却非常容易。

举个实际的例子，我们来找找上证指数的相对高位和低位。因为上证指数基本上能够代表A股的整体走势，所以对于我们投资基金来说，具有一定的参考意义。

我参考的是上证指数最近10年的收盘点位，也就是从2006年8月14日到2016年8月12日，一共有2466个交易日。在这些交易日当中，最低点出现在2006年8月14日，是1570.74点；最高点出现在2007年10月16日，是6092.06点。

然后我将1571点到6092点这个点位区间平均切分为三个区域（如下表所示）：第一个是从1571点到3078点，称之为低风险区域；第二个是从3079点到4669点，称之为中风险区域；最后是从4670到6092点，称之为高风险区域。通过这样简单地统计和划分，我们就可以进行粗略的价值判断。

	低风险区间	中风险区间	高风险区间
上证指数区间	1571—3078	3079—4669	4670—6092

接下来，我们根据这些风险区域，就可以对普通的基金定投策略进行适当的调整。

比方说，当上证指数处在中风险区域当中时，我们可以按照正常的标准来设置基金定投的额度。当上证指数处在低风险区域当中时，我们就可以适当增加定投额度，甚至在非常低的时候，考虑做单笔的追加。然后，当上证指数处在高风险区域当中时，我们又可以适当减少定投额度，甚至在非常高的时候，考虑赎回一部分甚至是全部的基金份额。

总的来说，投资可以很复杂，也可以很简单。只要我们抓住其中的关键因素，并且坚持长期投资，就可以轻松地获得合理的投资回报。

6. 如何成为投资高手？

◇ 投资高手VS投资失败者

很多人都想成为投资高手，但却屡屡投资失败。我们先来讨论一下，投资高手与投资失败者的差异到底在哪里。首先，我必须承认，我自己并不是什么投资高手，我的投资年化收益率也不高，平均在15%左右，但我的投资经验在普通人当中还算是比较丰富的。

我是2005年接触到投资理财，最初是从研究股票投资开始的，那个时候我也投入了比较多的时间和精力，甚至还利用业余时间通过了证券从业资格考试，打算有朝一日能够进入证券公司工作。当然，最终我还是放弃了这一计划。同时，我还历经了从2006年到2008年之间的那一波股市牛熊转换，见证了不少民间股神的崛起和衰落，有一些经验和感悟还是可以跟大家分享的。

我们一般理解的投资高手，就是通过炒股票或是买基金赚了很多钱的人。但实际上，炒股票和买基金都是在二级市场投资，很多真正的投资高手和投资大师都是在一级市场投资，甚至是做天使投资人。

比方说，日本首富孙正义在2000年的时候，在当时名不见经传的阿里巴巴身上投下了2000万美元。当阿里巴巴上市以后，这些股份价值超过500亿美元，获利超过2000倍。也许你会说是他运气好，但大家去翻看一下孙正义的个人经历，他很年轻的时候就已经是一名非常优秀的创业者了，所以他很清楚什么样的创业公司、什么样的创业者会更有前景。

现在经常有人问我，想投资某某公司的原始股，问我怎么样？我只是问他，你对这个行业熟悉吗？你对这家公司熟悉吗？你有创业经历吗？如果有任何一个问题是否定的，那么这项投资对他来说就有极高的风险。

所以本质上，那些投资高手、有钱人大多都是在自身的事业上辛勤耕耘，然后再将事业上的经验复制到投资上。比方说，雷军自己创办小米科技非常成功，同时，他作为天使投资人，还在移动互联网、电子商务、互联网社区等领域投资了几十家创业公司，其中一些已成功上市。

我再举一个投资失败者的例子：不知道大家记不记得，孙俪2015年在接受采访的时候说，她在当年做出的最错误决定就是学习炒股。当时也是因为朋友鼓励她，说很好玩，所以她就开始尝试了，然后就亏了一些钱。她总结自己没有偏财运，认为还是努力踏实工作好了。最后她还安慰自己说，炒股还是有收获的，至少下次演股神，就知道怎么来揣摩他们的心理了。

我们可以看到，孙俪最擅长的是拍戏，但却投资了她最不擅长的二级市场股票，她不亏钱谁亏钱？真正让我们赚钱的一定是自己的事业。

当然，作为普通投资者，其实投资失败的最大原因往往还是心态问题。心态问题包括的内容很广泛，下面我举几个例子：

（1）缺乏耐心。这是一种十分普遍的心理，投资者往往很在意每天的价格波动，同时又喜欢收集各种小道消息，每天都把自己搞得很紧张，以为只有通过不断的交易才能赚大钱，结果却错失大行情下的盈利机会。

（2）追求过高的收益率。想在短时间内就获得很多的收益，这其实是违背投资市场规律的，本质上讲，这就是贪心。一般来说，投资市场需要七年到十年才会有一波大的行情，如果每时每刻都觉得能靠投资赚大钱，肯定是会心浮气躁的。

我在一次聚会上认识一位新朋友，他喜欢炒期货，人生当中曾经三次破产，所以虽然身家不菲，但至今仍未成家，谁知道他下一次破产还能不能重新爬起来呢？

所谓投资高手，一般都是勤奋好学之人，同时，他们大多数都拥有丰富的人生经历，能够独立思考和判断，并且拥有良好的投资心态。

◇ 如何成为投资高手？

我曾经多次思考过，如何才能成为投资高手这个问题。我的答案是，要成为投资高手，就必须向投资大师学习。我认为那些普通的投资高手都不能成为学习榜样，因为我见过太多所谓的投资高手或者民间股神在一波熊市过后倒下，唯有投资大师能够做到一生没有败绩，笑到最后。

谁能被称之为投资大师？巴菲特是当之无愧的投资大师，还有巴菲特的合伙人，查理·芒格也是投资大师，此外，还有索罗斯等等。当然，我对巴菲特和查理·芒格研究得更多一些。我的网名为什么叫大巴，就是因为我是巴菲特的追随者，我称他为老巴，所以自称为大巴。

研究巴菲特，可以看看《滚雪球》这本书；研究查理·芒格，可以看看《穷查理宝典》这本书。但要注意，研究投资大师不能只是研究他们的投资技巧，因为技巧是很容易过时的，唯有投资心法是值得我们深入研究的。

比方说，查理·芒格有一句名言是：我只想知道将来我会死在什么地方，这样我就永远不去那儿。这句话反映出：查理·芒格一生都在研究可能导致投资失败的原因，他知道，在投资这个战场上，只要能够活下去，那么他肯定就是笑到最后的人生赢家。

反观很多普通投资者，一直都在追求最佳的投资技巧，把风险意识抛之脑后，他们可能辉煌一时，但只要遇到一个大坑就会阴沟里翻船了，这也是那些民间股神在熊市里崩盘的原因。

又比方说，巴菲特其实是一位非常守旧的投资者，他只投资他能够真正看得懂的，像可口可乐、华盛顿邮报这样的老牌企业，而不去碰科技类的股票，因为他看不懂科技股。虽然当时有很多人认为他错过了科技股的腾飞，但后来，科技股泡沫的破灭也让他躲过了一场灾难，让他笑到了最后。

巴菲特在用实际行动告诉我们，不懂的投资项目永远不要去碰，哪怕是看起来非常赚钱的项目。

经常有理财小白问我：大巴，你了解某某投资项目吗？可以投资吗？其实他提出的这个问题本身已经说明了，这个投资项目不适合他，原因就是他根本不懂。那些我认为可以投资的项目，放在他身上仍然可能做亏。

其实，我自己一圈研究下来，真心觉得专业化投资是一门非常高深的学问，想要靠投资赚大钱，还真不是一般人能够做到的。这也是我渐渐远离股票，投身基金的一个原因，研究个股太麻烦，这么专业的事情，我们还是交给基金经理人去处理吧。

最后，附上“投资的七大现实”，供大家参考：

（1）市场的运行方式本质上是周期性上升（或者曲线式的）。

（2）我们的预期方式是直线式的，因为我们对风险和现实存在重大误解。

（3）我们的心理倾向会使我们在市场的头部认为风险很小，在市场的底部认为风险很大。

（4）我们往往会选择那些最热门的股票和基金，认为这是取得高回报的最好方式。事实上，这种方法并不十分有效，因为我们一般会在热门的时候买进，在不再热门的时候卖出，所以我们很可能无法实现最大收益，糟糕情况下还要亏钱。但是，即使人们知道这个事实，他们也依然会如此行事。

（5）即使在长期牛市中，也会发生重大调整。

（6）不承受更高的风险，就得不到更高的回报。系统化的投资策略可以在很大程度上抵销这些内在的投资风险。

（7）市场并不是你的朋友。它常常引诱你在头部买进，底部卖出，这使你回报减少，风险增大。聪明的投资者在系统性投资策略的帮助下，实现高抛低吸。

7. 投资者的七个等级，你达到了第几级？

赌博和投资有什么区别？赌博更多靠的是运气，而投资则需要学习并掌握相关的知识。在《富爸爸：财务自由之路》一书中，作者根据投资者掌握投资知识的程度以及个性差异，将他们分为七个等级。我又根据中国国情对这个等级制度做了适当的修改和调整，大家可以对号入座，看看自己正处在哪一个等级。

◇ 第1级：负债族

这些人通过借钱来解决财务问题，拆东墙补西墙是他们最擅长的做法。如果他们有钱，就会马上花掉；如果他们没钱，就会想办法去借，然后再花掉。

对了，你还不能说他们没有钱投资，他们敢于借钱投资，并且是投资那些他们根本不了解的高风险投资项目。因为他们希望能够赚快钱，好用投资赚来的钱来偿还自己的账单。一旦投资出现任何风险，破产的结局是逃不掉的。

◇ 第2级：月光族

月光族跟负债族不同，月光族不怎么借钱，即便是借了钱，也会尽快还上。他们只是花掉自己挣来的所有的钱。不要以为月光族都是穷人，其实有很多高收入人群也处在这个等级。很多大城市的高级白领月入两三万元，但是却把钱都花在了名牌包包和高档首饰上。不得不说，在我正式学习理财之前，我也曾经是一名月光族。

当然了，月光族是没有钱用来投资的，因为他们的钱都花掉了。

◇ 第3级：储蓄族

这些人通常定期把钱存起来，以低风险、低回报的方式保存着，例如：定期存款、货币基金之类的。他们储蓄通常是为了消费，而不是为了投资，他们的目标包括：买房子、车子、家电、度假等等。

他们一听到“投资”这个词就会想到“风险”，他们厌恶风险，更喜欢安全感，所以他们倾向于把钱放在银行里。即使因为通货膨胀让储蓄带来负收益，他们也不愿意冒险。

◇ 第4级：初级投资者

这些人往往是受过良好教育的聪明人，甚至是某些领域的专业人士。同时，他们知道投资的必要性，也参与了一些投资项目，例如：股票、基金、银行理财产品等等。但是，他们却缺少财务知识，很少有人接受过正规的投资培训。

在初级投资者当中，又可以分为三种不同的类型。

第4A级：穷忙族

穷忙族平时太忙了，根本没有时间去学习投资知识。当然，他们也有可能是因为不擅长跟数字打交道，所以干脆放弃了学习投资。这一类人很容易在金融机构销售人员的鼓动下，购买各种理财产品，买了以后也疏于打理。

第4B级：“专业人士”

他们只是其他非投资领域的专业人士，而并不是投资领域的专业人士，但这丝毫不影响他们在投资领域展现自己的权威性。资历太浅的销售人员可能无法打动他们，但是他们却往往在一些包装精良的骗局当中被骗。带着这种挫败的心情，他们开始拒绝一切建议，只是根据自己在市场上获得的资讯来做投资决策。最后，他们就成为了市场当中的韭菜，被专业投资者收割。

第4C级：投机者

他们会紧盯着投资市场，就像盯着赌桌一样，一切全靠运气，压上筹码，然后开始祈祷。同时，他们涉足的投资领域也非常广泛，包括股票、期货、贵金属、比特币等等，市场的热门板块从来都不缺少他们的身影。

他们90%以上的时间是在赔钱，但他们从不谈及他们的损失，只记得很久以前“赚”的那一大笔钱。本质上，他们已经是“不可救药的赌徒”。

◇ 第5级：长期投资者

这类投资者明白投资的必要性，积极地参与自己的投资决策，会列出长期计划，并通过这些投资计划来实现财务目标。最重要的是，他们懂得向有能力的理财师征求意见，获得资深人士的帮助。同时，他们富有耐心，善于利用有规律的投资来创造财富。

在美国，大多数百万富翁都是来自这个等级。他们通常开一辆中档汽车，过着自己想要的好生活，而不是让别人羡慕的生活。平衡性很好的财务习惯使得他们长期富有和成功。

◇ 第6级：专业投资者

这些投资者财力充足，能够制定出更积极的或者更有风险的投资战略。他们有良好的财务习惯、坚实的财力和卓越的投资智慧。他们是投资游戏中的老手，他们实行集中化，而不是常见的多元化投资战略。

他们将不到20%的资产用于投机性投资，开始时投入很少的钱，这样他们能学会各种投资。如果他们损失了这20%，他们也不会破产或者没钱吃饭。他们有长期连续的获胜记录，但也赔了很多钱，这给他们带来智慧，而这些智慧只能从犯过的错误中获得。

◇ 第7级：资本家

世界上只有极少数人能达到这个投资精英所在的等级。他们的目的是通过把别人的钱、别人的智慧和别人的时间和谐地组织在一起来赚钱。他们知道管理风险，他们甚至知道如何不用花钱就能挣到钱。

以上就是投资者的七个等级。那么问题来了，是不是每一个人都要努力达到投资的最高等级呢？我觉得未必。因为要成为专业投资者需要一定的天赋，以及对投资研究发自内心的偏爱。我们与其成为一名平庸的资本家，还不如成为长期投资者当中的佼佼者。况且，作为理财人来说，能够达到第5级，成为长期投资者，已经足以让我们过上富有、幸福的人生了。

最后，大家也可以对照着思考一下：你目前正处于投资者的哪一级，又计划成为哪一级呢？

8. 成为优秀的长期投资者应该具备哪些素质？

之前我们说到，作为理财人应当以成为长期投资者当中的佼佼者为目标。那么，要成为一名优秀的长期投资者应当具备哪些素质呢？

◇ 多用脑思考，不要被表象所迷惑

一般人在做投资决策的时候，95%是靠眼睛，仅有5%是靠头脑。比方说，很多人喜欢追热门，看到某只股票大涨有很多人在买，于是自己跟风购买，觉得跟着大部队肯定没错。还有一些人喜欢直接问结果，让别人给自己推荐股票或其他投资品种，然后认为高手推荐肯定没问题。这些都是懒于思考的表现。

要成为一名优秀的长期投资者，就应该要训练自己只用眼睛看事物的5%，用头脑看剩余的95%。当我们面对市场的喧嚣时，反而要静下心来思考，不因为别人的疯狂而自乱阵脚。

当我们得到一个投资建议时，我们不应该只是简单地认同或者否定，而是应该了解这项投资建议背后的策略是什么？这样的策略有没有道理？很多人之所以在投资方面出现亏损，就是因为他们喜欢听从那些看上去很专业，但实际上对投资一窍不通的人的建议。

投资专业人士的建议我们还是可以听的，但是不能盲从，而是要了解清楚他们思考问题的方式和背后的原理到底是什么，然后再总结出适合自己的投资决策。总之，就是要多用脑，多思考。

◇ 了解资本世界的语言

不同的国家和地区有不同的语言体系；同样，不同的知识领域语言也是不同的。比方说，你去医院看病，医生可能说你的血压高压是120 mmHg，低压是80 mmHg。如果不懂医学语言，你就无法从这些数字当中了解到自己的健康状况。同时，血压也只是一个单点的信息，为了完整地反映你的健康状况，就需要获取更多的身体方面的信息。

同样，如果你不懂资本世界的语言，你就无法解读投资方面的资讯。比方说，某只股票的市盈率是12%，某套房产的投资回报率是8%，这些资讯意味着什么？ 我们还要获取哪些资讯才能够更加全面地了解投资项目？这些都是值得我们深入思考的。

一名优秀的长期投资者应该要尝试让自己了解更多资本世界的语言。因为，用钱挣钱的能力实际上是源于我们对资本世界的语言以及它所表现出来的数字的理解，理解能力往往就代表你赚钱的能力。

◇ 正确认识风险

我们经常听到的一句话是：投资有风险！但实际上投资是没有多大风

险的，只有不懂乱投资才有风险。

这就像开飞机，如果你念过飞机学校，并且拥有几年的飞行经验，那么开飞机对你来说就充满着乐趣。但是，如果你完全没有学习过飞行知识，也没有任何飞行经验，那么开飞机对你来说就有巨大的风险。与其胡乱尝试，不如把驾驶舱交给更有经验的人。

◇ 正确认识资产和负债

富爸爸系列书籍曾多次强调：资产是把钱放进你口袋里的东西，负债是把钱从你口袋里取走的东西。

虽然这句话很简单，但是要真正理解其中的深意并且贯彻到自己的实际投资活动当中，还是有一定难度的。比方说，要回答房产是不是资产这个问题时要格外地谨慎。因为只有真正帮你赚钱的房产才是资产。

以上四点素质就是成为优秀的长期投资者应该具备的。总的来说，要想成为一名优秀的投资者，我们就要多训练自己用头脑看钱，认清资本世界的语言和规则。就像富爸爸所说的那样，“如果想让钱涌到你那里去，你就必须知道如何照顾它”。

9. 你所忽略的那些一本万利的投资项目

大家看到这个标题可能会觉得很好奇：一本万利的投资项目到底是什么呢？是私募股权，还是那些不为人知的创业机遇？其实，真正一本万利的投资不用向外寻找，而是要向内探求。它们并不是某些具体的投资工具，而是在生活中最容易被我们忽略但却十分重要的几个方面，包括教育、健康、诚信和家庭。

◇ 教育

教育包括传统教育、社会教育和自我提升。

现在中国的传统教育经常被人诟病是应试教育，学到的东西根本用不上。但不管怎么说，我们都必须接受这样一个事实：一个人的学历越高，他的人生起点就越高，进入社会以后找到好工作的机会也比低学历的人要多得多。所以，那些在校大学生在能够安心接受教育的时期，还是要多花时间和精力用于读书。

当然，安心读书并不意味着要读死书，多参加社会实践也很重要，这也就是社会教育。在校学生要多参加实习，锻炼自己的社会生存能力；已经参加工作的人，也要多学习工作技能，提升工作能力。

可以说，学习是一辈子的事情，不管我们是不是身在学校，都应该不断提升自我。比方说，保持阅读的习惯或是潜心钻研某些技能等等。在互联网时代，把时间和金钱投入在教育方面，用于提升个人能力，绝对是回报最大的投资项目。

◇ 健康

健康一直是我最为关注的一个方面。身体健康的人往往工作效率更高，赚钱效率也更高。同时，保持身体健康还可以为我们节省一大笔医疗费用。可以说，健康对于"开源"和"节流"这两个方面都有极大的好处。

所以，我们要愿意花时间锻炼身体，花精力养成良好的生活习惯，花金钱购买高品质的食物。当然，人吃五谷杂粮难免会得病，对此我们还可以通过购买健康类保险（例如：重大疾病保险）来避免疾病给我们带来的财务风险。

◇ 诚信

讲到诚信，在理财当中最常见的就是银行系统当中的个人信用记录，我们可以登录中国人民银行征信中心查询。此外，很多第三方支付平台也推出了自己的信用评估系统，例如支付宝当中的"芝麻信用"。

除此之外，还有个人对公司的忠诚以及朋友之间的信任。对于自己供职的公司，我们要有主人翁精神，要站在企业的高度思考问题，做那些能够为公司创造价值的事情。对于朋友，我们要信守承诺，向朋友借钱的时候，好借好还；跟朋友约会的时候，不迟到、不爽约。朋友之间的信任就是这样慢慢积累起来的。

在2016年的新加坡国际诚信研讨会上，马云致辞，诚信的力量是巨大的，人口红利期过后，中国可以依靠的不是货品与货品之间的差价，而是人与人之间的互信。其实现代社会诚信是很稀缺的，对信用好的人来说，他也就拥有了一笔隐形的巨大财富。

◇ 家庭

俗话说得好，家和万事兴，拥有和睦稳固的家庭对于个人事业来说，是有很大促进作用的。反过来，不和睦的家庭却可能造成严重的经济损失。比方说，之前闹得沸沸扬扬的“王宝强起诉离婚事件”，这就是典型的因为家庭问题而造成巨大财产损失的案例。

对于小家庭来说，维系家庭的首要任务就是夫妻之间要经常进行充分有效的沟通。同时，夫妻双方也要一起努力，共同进步，尽量让认知水平保持在相同的层面，否则成天都鸡同鸭讲，最终夫妻关系肯定是会恶化的。

当然，除了配偶之外，培养好后代的理财意识也很重要。比方说，从小就培养子女的“财商”，帮助他们建立正确的金钱观，养成不乱花钱、合理规划的习惯。这样，等子女长大以后，就不会胡乱刷信用卡，让你帮忙还款；也不会成为啃老族，各种挥霍，花光你的养老金。

总之，我们在理财的过程当中，除了要关注自己的事业发展和投资收益，还不能忽视教育、健康、诚信、家庭这些重要因素，否则，最终结果就可能是得不偿失了。

第三章

用好你的兵器：了解一些理财工具

第一节 ◎ 基金投资，让专家帮你理财

1．什么是基金?

◇ 什么是基金?

“基金”这个词，我们在日常生活当中会经常接触到。比方说退休基金、保险基金等等，但这种基金的说法属于广义的说法，也就是一群人为了同一个目的凑一笔钱去办事；但我们现在要讲的基金投资，是狭义的基金，也就是证券投资基金，相当于一群人为了投资股票和债券而凑的一大笔钱。

打个简单的比方，你有五千块闲钱想拿去投资，结果发现投资房地产，连厕所瓷砖都买不起几块，更不用说首付了；投资黄金，连保证金也付不起；投资股票，即使是便宜的股票也买不了几手。最关键的是，即使是能投资的项目，投资也很单一，风险很大。这时，就有一家公司跟你说，你把钱给我，我帮你去投资，然后又找了几万个像你这样的小额投资者（即我们常说的“散户”），有的投资几万元，有的投资几千元，最少的还有几百元，东凑西凑，就有了几亿元的资金。这时，这家公司就请投资方面的专业人士来确定投资什么。如果赚了钱，就按照投资者出资的比例来分配利润，这家公司只收取一点手续费用来支付各种开支。这里所说的小额投资者就是基金投资人，这家公司就是基金公司，投资专业人士就是基金经理人，基金的大致原理就是这样。

大家可以看到，基金的优势就很明显了：

（1）花小钱办大事，集合众人的资金，产生规模效应，可以参与大

项目投资，还能节省手续费。

（2）专家理财，省心省事。不用自己花太多时间和精力去研究。

（3）组合投资，分散风险。一般来说，基金都是购买多款投资产品。例如，股票型基金，就是由几十只甚至几百只股票组成的，风险相对较低。说得极端一点，股票价值是可以跌成0的，只要股票所代表的公司破产倒闭了，股票价值就为0。而基金要跌成0，则代表持有的几十只股票所代表的公司，全部同时破产倒闭才能实现，这几乎是不可能的。

（4）流动性高，变现能力强。像货币基金是当天到账，开放式基金也可以随时卖给基金公司。

如果我们要投资基金，就不可避免地会接触到一些基金的专有名词，比方说，我们经常会听到类似以下对话："我买的这只基金又分红了""我打算尽快赎回手头的基金份额""这只新基金不错，我认购了1万份""这只基金的基金净值是不是太高了？"等等。

在这些对话当中，我们分别听到了分红、赎回、基金份额、认购、基金净值等词语，下面我们就来说说那些常用的基金专有名词。

◇ 认购、申购与赎回

基金公司要发行一款新的基金产品，比如某款基金产品的总额度是5亿元。我觉得这只基金不错，打算投资1000元购买，还有其他的投资者也打算投资，有的投几千元，有的投几万元。我们这些人都称之为基金投资人，当然这些基金投资人当中也有很多是公司，比方说很多保险公司、信托公司都会参与基金投资。

终于，这些基金投资人凑齐了5亿元，于是这个基金产品就正式成立了。从基金产品刚刚发行，到凑齐这5亿元的资金，再到基金产品的正式成立，这整个的过程，我们就称之为基金的募集期。

而在募集期间，买入基金的这个动作，我们就称之为认购基金。等基金成立以后，还想再购买，这时候买入基金的动作就不能叫认购了，而叫申购。而相对应的卖出基金的动作就叫赎回。简单理解就是，认购和申购都是买基金，只是买的时间点不同，认购是在基金成立之初，凑第一笔钱的时候买；而申购是在基金成立之后再买。赎回就是卖基金。

学会了这三个词语，以后跟人家交流买卖基金的问题，就不要再说“我要卖基金”了，显得你很外行，一定要用“我要赎回基金了”这种更加专业的说法。

◇ 基金份额

接上一个例子，基金公司发行这5亿元的基金产品，因为要销售给众多的基金投资人，所以必须将基金产品切分成一小块一小块的。一般来说，所有新发行的基金产品都是切分成1块钱一份，那么5亿元的基金就被切分成5亿份，每一小份，我们就称之为一份基金份额。我投资了1000块，就能认购1000份的基金份额。

那么问题来了，一份基金份额是不是固定是1元钱呢？当然不是，等会我们要讲到。

◇ 基金分红

按照刚才的例子，基金公司发行基金产品，吸引基金投资人投入资金，基金产品成立以后，就会帮投资人去投资股票和债券。如果投资股票的话，股票有可能会升值，也有可能会分红；投资债券的话，债券也有利息。这样的话，不管是投资股票，还是投资债券，都会产生相应的收益，这些收益就会归集到基金产品当中，就会造成基金产品升值，由刚刚发行的1元/份，就会慢慢上升到1.1元、1.2元……这也就回答了刚才的问题，基金份额的价值是不固定的，会随着基金产品所投资的股票和债券的实际价值的变化而变化。

当基金产品的价格上升到一定的程度，比方说上升到2元/份，这个时候，基金就有可能将一部分的收益以现金的方式分给投资者，这也就是我们常说的基金分红。

基金的分红方式有两种：一种就是我们刚才说的，直接分现金给基金投资者。但也有一些基金投资者会觉得这只基金表现不错，想用分红的这笔现金继续购买这只基金产品。所以另一种方式就是红利再投资，将收到的分红再投资到这只基金当中，简称“红利再投”。

◇ 基金净值

基金净值全名叫基金单位净值，平时我们交流的时候就是叫基金净值，所谓基金净值就是每份基金份额的实际资产价值。

我们都知道，在基金刚刚成立的时候，基金的资产全部是现金，5亿现金分成5亿份，所以当时的基金净值就是1元/份。随后，基金公司将这些现金购买了股票和债券，那么资产价值就会变化了，因为股票会升值，也会分红；债券也会产生利息。所以基金净值不是固定的，有时候高，有时候低，每天都在发生变化。我们将这些变化点连成线，形成基金单位净值走势图，就可以直观地看到基金单位净值变化是时高时低的。

另外，我们要注意一点，在比较两只基金的时候，基金净值不能直接拿来对比，为什么呢?

首先，我们要知道一点，基金分红是会造成基金单位净值下降的。比方说，某只基金的净值，从1元/份上涨到2元/份，然后这只基金分红了，每份分红0.5元，这时候，基金净值也会下降0.5元，从2元/份降到1.5元/份。所以说，基金单位净值不能体现过往的盈利能力。

再举个例子：有A、B两只基金，A基金从1元/份上涨到1.5元/份，然后，每份分红0.5元，这时净值就从1.5元降回到1元。B基金，同样从1元/份上涨到1.5元/份，但是它不分红，净值保持1.5元不变。这个时候，你能说B基金的盈利能力强于A基金吗？显然是不对的，从盈利能力上来看，A、B两款基金应该是一样的，只是因为A基金分红后造成净值下降。

所以这里就引出基金累计净值的概念：

基金累计净值＝基金单位净值 + 历年的基金分红

比方说，有A、B两只基金，期初净值都是1元/份，基金A经过三次分红后，期末净值仍然是1元/份；而基金B从来没有分红过，它的期末净值也是1元/份。这个时候我们就能看到，单从基金净值来看，两只基金都是1元/份，但如果加上基金分红，去看基金累计净值，就能看出来，基金A达到了2元/份，它的盈利能力明显强于基金B。所以在相同条件下，我们比较基金的净值不会用基金单位净值，而是用基金累计净值。

以上这些常用的基金投资专有名词，大家都搞懂了吗?

2．基金的分类及详解

◇ 开放式基金与封闭式基金

为说明这两者，我们先来举一个例子。基金公司向众多的基金投资人募集了5亿元，形成了一款基金产品，而基金在刚刚发行的时候一般都是1元/份，所以5亿元对应的就是5亿份基金份额，也就是说，花500元就能买500份基金份额，花5万元就能买5万份基金份额。好了，当基金产品成立以后，这时候，就要分成两种情况了。

一种情况是，这5亿份是不固定的，基金投资人可以随时将手头的基金份额卖回给基金公司，也可以随时从基金公司增加购买基金份额。举个例子，原来投资5万元的这位基金投资人，想要追加购买5万份基金份额，就可以向基金公司申购，购买成功以后，这款基金产品的总份额就变成了5亿零5万份了；相反的，如果他向基金公司卖出手头的基金份额，这款基金产品的总份额也会相应地减少。像这种可以随时与基金公司买卖基金份额，并且基金总份额不固定的基金就称之为开放式基金。

另一种情况是，这5亿份发行以后，在几年内总份额是固定不变的，也就是说既不能增加也不能减少，并且基金投资人也不能向基金公司买卖这款基金产品。像这种不可以与基金公司买卖基金份额，并且基金总份额固定不变的基金就称之为封闭式基金。那可能有人要问了，如果我买了封闭式基金，突然急着用钱怎么办？一定要等到期吗？那也不是，虽然封闭式基金不能与基金公司买卖，但是可以卖给其他投资者，基金投资人之间的买卖是不受限制的。

我们简单小结一下：开放式基金就是总份额不固定，能够与基金公司买卖的基金；封闭式基金就是总份额固定，不能与基金公司买卖的基金。如果不想理解得这么复杂，我们只要看这只基金能不能在它的官方网站上购买就能判断了，只有开放式基金才能在基金官网上购买，而封闭式基金只能在证券交易软件上购买。另外我要补充说一句，封闭式基金的数量非常少，我们平时能够接触到的基金，99%以上都是开放式基金。在之后的文章中，如果没有特别说明，我说的基金都是指开放式基金。

◇ 公募基金与私募基金

从字面上来理解，公募基金就是公开募集资金，公开发售的基金。我们平时经常见到的，在基金公司的官方网站或是证券交易软件上能够买到的基金都属于公募基金。也可以说，我们将会讲到的所有基金分类，像货币基金、保本基金、股票基金、债券基金等，指的都是公募基金，我们普通老百姓投资的也都是公募基金。在之后的文章中，如果没有特别说明，我说的基金都是指公募基金。

私募基金就是私下募集资金，不公开发售的基金。一般来说，我们普通老百姓平时很少接触到私募基金，它的购买门槛也很高，至少是100万起步，所以也可以说是有钱人专属的投资方式。

我们来看一下两者的差异：

（1）公募基金针对的是普通的社会大众，所有人都能参与；而私募基金只针对特定的对象，也就是有钱人。

（2）在募集方式上，公募基金是公开发行的；而私募基金是私下募集。

（3）在信息披露方面，也就是说，这只基金投资了什么项目要不要向所有人公布，公募基金是一定要公开的，而私募基金经常是保密的。

（4）在投资限制方面，公募基金是有严格限制的，哪些领域可以投资，哪些领域不能碰，这是有相关规定限制的；而私募基金只要是不违法的项目，都可以按照协议约定去投资。

（5）最后是管理费，公募基金不管是涨是跌，都是按照一个固定比例收取管理费用的；而私募基金一般是按业绩收费，没帮投资人赚到钱就不收费，如果赚了很多钱，就多收费。

◇ 货币基金

其实在现实生活当中，很多人经常都会接触到货币基金。比方说，大名鼎鼎的余额宝，它的本质就是一只货币基金。余额宝背后所代表的货币基金叫天弘余额宝货币基金，是天弘基金公司发行的一款货币基金产品。

如果把天弘余额宝货币基金当作一块巧克力的话，那么余额宝就相当于巧克力礼盒。巧克力黑黑的一团，第一次接触时可能会留下不太好的印象，余额宝就像是在巧克力上套了一层精美的包装那样，在货币基金的基础上加了一层包装，增加了一些功能，让货币基金更能够让普通人接受，使用也更为方便。

货币基金的全称是货币市场基金，它只投资于定存、一年以下的短期债券等等这一类的风险极低的投资品种。需要注意的是，货币基金不投资像股票这一类的高风险投资品种，也不会投资一年以上的债券这一类流动性比较差的投资品种。正因为如此，所以就形成了货币基金非常独特的特点。

我们来看看货币基金有哪些特点：

（1）本金安全。虽然货币基金并不承诺保本，但是因为它只投资极低风险的投资品种，所以本金安全是没有问题的，在现实生活当中，货币基金也极少发生本金亏损的情况。

（2）资金流动性强。货币基金的流动性跟活期差不多，比方说从余额宝提现到中信银行卡里，几乎是1秒钟到账，非常快捷方便。

（3）投资成本低。买卖货币基金一般都是免收手续费的，就好像将钱从银行卡转到余额宝，或是将余额宝中的钱提现到银行卡里都是免费的。所以，有些人会动脑筋，利用余额宝来实现免费转账。

（4）收益率较高。所谓收益率的高低是比较而言的，货币基金的收益率如果跟股票比，肯定是很低的；但如果拿货币基金的收益跟活期存款来对比，那货币基金的收益就比银行活期存款利息高很多了。

（5）分红免税。要知道股票的分红和企业债券的利息都是要交纳20%的个人所得税的，而货币基金的分红是免税的。

正因为货币基金的这五大特点，所以它是我们最方便，也是最贴心的理财工具。

◇ 股票型基金、债券型基金和混合型基金

我们平时在使用这些名词的时候，经常会省略那个“型”字，直接叫股票基金、债券基金以及混合基金。在基金当中，如果有80%以上的资产是投资于股票的话，就称之为股票型基金；如果80%以上的资产是投资于债券的话，就称之为债券型基金；除此以外，就称之为混合型基金。可以看到，不同的股票和债券配比，会改变基金的性质，股票基金更为激进，债券基金更为保守，而混合基金则介于两者之间。

债券型基金的特点是，资金安全性高，长期收益高于货币基金，但市场出现波动时，有亏损的可能性。而股票型基金的特点就是波动幅度大，高收益但高风险。

◇ 指数基金

要了解指数基金，我们就必须先了解，什么是指数。

我用老百姓平时经常接触到的菜市场来举例。菜市场有很多种菜品，比如大白菜、青瓜、胡萝卜、猪肉、牛肉、羊肉等等，品种非常丰富。菜市场的菜价经常发生变动，有些涨价有些跌价，比方说大白菜涨了，但猪肉跌了。你经常去菜市场买菜，所以对菜价比较了解。家人要是问你，今天猪肉是涨了还是跌了，你能够轻松地回答他是涨是跌了。

但突然有一天，你的家人问你，今天菜市场的整体菜价是上涨了还是

下跌了，你应该如何回答呢？要注意，他不是问你单独某个菜品，而是问你整体菜价，这下你就不好说了，因为有涨有跌不好算啊。这时候，菜场管理处就站出来说，我们来统计这些数据。然后，他们根据各种菜品的价格变化和每种菜品的重要程度来制定一个统计数据，这个数据就是菜品指数了。当然，他们也会根据市场分类来制定其他的指数，比方说，蔬菜指数就是反映所有蔬菜的涨跌情况，肉制品指数就是反映所有肉制品的涨跌情况。并且，他们每天都把这些指数写在菜市场门口的黑板上，这样老百姓一眼就能看出来，今天的菜市场，整体来看菜价是下跌的，但蔬菜是上涨的，肉制品是下跌的等等。

这下疑问又来了，制定菜品指数要考虑菜品的价格变化，这个很好理解，因为菜品指数就是反映菜市场的整体价格变化的，但为什么还要考虑每种菜品的重要程度呢？

因为有些菜品比较贵，又卖得多，比方说猪肉要16元/斤，几乎家家户户都会买，假设一天要卖5000斤，那么总金额就达到8万元；而青瓜只要2.5元/斤，一天只卖500斤，总金额只有1250元。如果你把这两者同样对待，显然是不公平的。因为如果青瓜涨价了，老百姓可能没感觉；但只要猪肉一涨价，老百姓可能就要怨声载道了。同时，猪肉价格的变化，对整个菜市场的交易金额影响也非常大。这样，管理处在制定菜品指数的时候，就必须考虑各种菜品的重要程度。我们也将这种重要程度的不同，称之为“权重”。

同样，我们再来看看股票指数的例子。股票市场当中有很多只股票，股票A、股票B、股票C等等，它们有的上涨，有的下跌。这个时候，如果我们想了解整个股票市场的股价是上涨了还是下跌了，应该怎么办？于是证券交易所就根据各种股票的价格变化和权重，来制定相关的股票指数或者是行业指数等等，用来反映股票市场或是某个行业股票的整体变化情况。

接下来，我们来了解一下有哪些常见的股票指数：

首先是上证指数和深证指数。我们知道，国内有两大证券交易所，一个在上海，叫上海证券交易所，它发布的上证指数就是反映整个上海证券交易所内所有股票的涨跌情况；另一个在深圳，叫深圳证券交易所，它发布的深证指数就是反映整个深圳证券交易所内所有股票的涨跌情况。

那如果我们要同时看两家交易所内所有的股票情况呢？这个时候，我们可以看一个指数，叫沪深300指数。沪就是上海的简称，深是深圳的简称，所以这个指数是从上海和深圳两家证券交易所当中，挑选出规模最大、实力最强的300家公司的股票数据组成的，已经基本上能够代表国内最优秀的大型企业的股票表现了。

除此以外，还有地产指数、能源指数等等这样的行业指数，这就相当于菜市场当中的蔬菜指数和肉制品指数，这是对不同行业的股票做出来的统计数据，反映某个行业股票的整体价格变化情况。

那什么是指数基金呢？所谓指数基金，就是按照相应的股票指数的组成成分去投资股票的基金。

比方说，根据沪深300指数，广发基金公司就推出了广发沪深300这只指数基金，也就是说沪深300指数里面包括哪些股票，这只指数基金就会投资哪些股票，与指数保持同步。这样的话，基金的投资收益率就跟指数是差不多的。

从指数基金的概念当中，我们也能大致看出指数基金的特点。主动型基金是由专业的基金经理人主动帮我们挑选股票，而这种挑选是人为的，但指数基金则是完全按照指数去挑选股票，基金经理人不用特意去研究未来哪些股票表现优秀，所以这种挑选是被动的。我们知道，只要是由人来挑选，就有可能出现一些失误，而指数基金就避免了这种人为因素的干扰。还有一点就是，指数基金的管理费用会很少，正因为是被动地挑选股票，所以不用花高价聘请很厉害的基金经理人，一般的基金经理人就行了，反正是用电脑按照指数自动地去挑选股票。

有一类投资者，他们特别不相信那些所谓的专家选股，他们说我只要投资国内最大、最优秀的公司股票就行了。那么，指数基金就最适合这一类投资者，人为干扰少，管理费用也少。

◇ 保本基金

保本基金，顾名思义是能够保证本金不亏损的基金，在保证本金不亏损的情况下，再去追求更高的收益率。但是这个保本不是绝对的，我们等下会说到。如果要说它的本质，我们也可以简单地理解，它其实就是一只债券型基金的变形版本，它也会将大部分的资产投资在有固定利息的债券上，不同的是，它会通过一些技术手段来实现本金不亏损。听起来好像很不错似的，但我们仍然要注意一些细节。

我们来了解一下，投资保本基金要注意哪些细节：

（1）保本基金一般只有认购才会保本，等到保本基金正式上市以后，你去申购它，就不保本了。当然也有极少数的保本基金，在申购阶段也是保本的，但是它的品种很少，我们就不去讨论它了。

（2）保本基金有一个锁定期，一般是三年。在这三年里，允许提前赎回，但是提前赎回就不保本了。

（3）如果持有时间太短，赎回费用就很高。一般来说，如果持有不满一年时间就赎回，赎回费用率会高达1.8%，这几乎是普通股票基金的赎回费用的三倍多。

（4）不是所有保本基金都是保证100%的本金的，有些只保80%的本金，所以认购保本基金之前一定要看清楚相关的条款。

总的来说，任何事物都是有利就有弊的，保本基金也并没有想象的那么美好。

◇ ETF基金与ETF联接基金

之前我们提到过，开放式基金是投资人通过基金网站与基金公司交易，而封闭式基金是投资人通过证券交易软件与其他投资人交易。那么，可以说ETF基金结合了封闭式基金和开放式基金的特点，可以同时用这两种方式交易。

但是，需要注意的是，ETF基金的申购和赎回比较特别：申购的时候，不是用钱去买，而是必须用一堆的股票向基金公司换ETF基金份额。也就是说这只ETF基金投资了哪些股票，你就要用同比例的这些股票去换，这一堆的股票，我们用专业术语来讲，就叫作“一揽子”股票。同样，赎回的时候，用ETF的基金份额换回来的也不是钱，而是一揽子股票。这种申购和赎回对于我们普通百姓来说，太麻烦了，如果ETF包括300只股票的话，我们哪里管理得过来？

所以，针对那些想投资ETF，但又没有证券账户的普通投资者来说，基金公司就推出了一种ETF联接基金。ETF联接基金会将绝大多数的资金都投资在一只ETF上，形成与ETF基金的联动。

那这两者到底有什么区别呢？其实本质上，某一只ETF基金和它所对应的ETF联接基金可以说是同一款基金产品，只是包装不同，销售方式不同而已。

那到底哪种更好呢？要看具体情况，如果你每次投资的金额很大，用证券交易软件直接购买ETF会更加节省手续费；但如果你每次购买的金额很少，又或是打算定投ETF的话，那么首选ETF联接基金。另外，正因为ETF基金是指数基金，所以它具有了指数基金的所有特点：被动投资，交易费用低等等。

◇ LOF基金

如果你理解了ETF，那么理解LOF就很简单了。

首先，LOF的命名也跟ETF一样，是它的英文名称（Listed Open-Ended Fund）前面的三个首字母，它的真正的全称是上市型开放式基金。接下来，它也是一种特殊的开放式基金，既可以向基金公司申购和赎回，又可以在证券市场上买卖。但与ETF不同的是，LOF不是指数基金。这样对比着就很好理解了，可以通过基金公司和证券市场这两种方式买卖的指数基金就是ETF，可以通过两种方式买卖的非指数的开放式基金就是LOF。

◇ QDII基金与QFII基金

首先，我们要了解一下相关的背景资料：目前中国大陆地区的货币，也就是人民币，是不可以自由兑换成外币的，国家会有相关规定的限制，同时国内的资本市场也尚未对外开放。也就是说，其他国家的股票和基金等等这些金融产品是不能够在国内销售的，我们在国内也买不到。但是，国内投资者又有投资海外的需求怎么办？

这个时候，国家就出台了一项投资制度，叫“合格境内机构投资者”（Qualified Domestic Institutional Investors），QDII就是它的英文缩写。也就是说，一些基金公司只要经过有关部门批准，就可以代替国内投资者去投资海外的股票或基金。怎么代替？就是发行一只QDII基金，汇集投资者的资金，然后去购买海外的股票和基金。所以，之前我们讨论的基金，都是投资于国内投资市场的；只有QDII基金是国内的基金公司帮投资者去投资海外市场的。

那QDII基金有哪些优势呢？

（1）分享海外投资机会。通过QDII基金，我们的投资视野会更开阔，不仅可以投资美国以及欧洲一些经济发达国家，还可以投资印度、泰国这一类发展中国家。总之，基金公司会在全球市场寻找投资机会，而不仅仅局限于国内。

（2）规避单一市场风险。在国内，如果股市大跌的话，几乎所有基金都会下跌，投资者没有其他选择，只能接受这种下跌。但要知道，国内市场下跌，并不代表全球市场都在下跌，很可能某一些国家的市场正在疯涨，所以适当参与国际化投资，可以规避这种单一市场的风险。

（3）回避汇率风险。我们投资国内的股票或基金，总的来说都是人民币资产，如果人民币下跌，我们的资产也会同步缩水。所以，适当配置一些海外资产，可以在一定程度上回避汇率风险。

但话又说回来了，也不能太迷信QDII基金，毕竟目前QDII基金聘请的基金经理人都是国内的专家，他们缺乏海外投资经验，投资能力与国外基金经理人相比还有比较大的差距。像2007年发行的第一批QDII基金就出现过较大的亏损，这也是我们必须谨慎对待的原因。

说完QDII，我也顺便提一下QFII，它跟QDII只有一个字母之差。QFII的全称是合格境外机构投资者，而QDII是合格境内机构投资者。说简单一点，QDII是国内的机构跑到国外去投资；而QFII是国外的投资机构跑到中国来投资。总之，QDII和QFII都是国家为了搞活经济，有限度地开放本国的资本市场，而做的特别的投资制度安排。

◇ 分级基金

可以说这是最难理解的一种基金，我们先来了解一下分级基金的原理。基金公司有时候会面对两类比较极端的投资人，一类叫保守投资人，他们经常觉得基金产品风险太大了，不敢投资；而另一类叫激进投资人，他们就刚好相反，他们往往觉得基金产品收益太少了，还不如炒股或是投资其他有更高收益的项目。这其实是一种矛盾的局面，因为我们都知道，投资往往是收益越大，风险就越大。

这时候，基金公司就跟这两类投资人说，要不我设计一款基金产品出来，相当于让保守投资人以比较低的利息（比方说一年5%）借钱给激进投资人去投资，这样激进投资人就有双倍的本金去投资；但同时，激进投资人不管亏了还是赚了，都必须保证保守投资人本金和利息的安全。这样双方都皆大欢喜，保守投资人能够保证本金安全，同时又能获得稳定的收益；激进投资人相当于只花一份本金就当成两份来投资，可以说是双倍获利。

我们来看看基金公司具体是如何做的。打个比方，基金公司发行了一款名叫“分级基金”的基金产品，一共是200份（实际情况当然不止200份，这里只是用很少的份额来演示，方便计算），我们也称之为“母基金”。既然是母基金，当然就要生孩子，于是生出了A、B两个子基金：子基金A又称之为稳健份额，一共是100份，主要是卖给保守投资人的，它是固定收益，比方说每年按5%支付利息；子基金B又称之为进取份额，也是100份，主要是卖给激进投资人的，它是浮动收益，也就是说收益不固定，要看投资赚不赚钱。

需要注意的是，一般来说这200份母基金是全部投资于股票的，不管赚钱还是赔钱，稳健份额的收益都是保证支付的；而进取份额就是双倍的盈利和双倍的风险。

接下来，我们来看看这个例子当中的具体收益情况。

首先，要知道分级基金统计基金净值的原则是：在保证稳健份额本金和利息的情况下，再计算进取份额的净值。我具体举四种情况来演示：

第一种情况，在一年的时间里，母基金所持有的股票上涨10%。这个时候，A基金也就是稳健份额，支付5%的利息，净值由1元上涨到1.05元。而B基金是这样计算的：用母基金的总金额220元减去A基金的总金额105元，剩下的再除以100份，得到B基金的净值是1.15元，上涨了15%。

第二种情况，在一年的时间里，母基金所持有的股票上涨了50%。这个时候，A基金仍然是支付5%的利息，净值由1元上涨到1.05元。而B基金的净值是1.95元，上涨了95%。

第三种情况，刚好相反，在一年的时间里，母基金所持有的股票整体亏损10%。这个时候，A基金仍然是支付5%的利息，净值由1元上涨到1.05元。而B基金的净值是0.75元，下跌了25%。

第四种情况，母基金亏损30%的时候，A基金净值是1.05元；B基金的净值是0.35元，下跌了65%。

可以很明显地看到，A基金不管市场如何变化，都是拿固定收益的；而B基金正因为要支付A基金的利息，所以B基金会出现一种情况：涨得快，跌得更快。母基金上涨的时候，B基金上涨幅度是两倍不到；而母基金下跌的时候，B基金下跌的幅度是两倍以上。

总的来说，分级基金操作非常复杂。特别是B基金，也就是进取份额风险会被明显放大，所以我并不推荐普通投资人参与。

3．基金投资中的各种费用

很多投资者在做基金投资时，搞不清楚基金投资到底有哪些费用，现在我们就来详细了解一下。

首先，购买基金肯定是有费用的。你想想看，如果不收取任何费用，基金公司怎么发员工工资？基金经理人怎么生存？基金的费用主要分为明收的费用和暗收的费用。

明收费用包括我们经常看到的申购费和赎回费。一般来说，货币基金是不收申购费和赎回费的。

◇ 申购费

顾名思义，申购费就是当你购买基金时收取的费用，一般是一次性收取，最高不超过购买总金额的1.5%，但在实际购买时，都有折扣。

比方说，通过银行直接购买，一般是打8折，也就是1.2%；通过基金官网或第三方基金平台（例如天天基金网）购买，一般是打1折，也就是0.15%，所以这是我会推荐大家在基金官网或第三方基金平台购买的原因了，光申购费都省下不少。

当然，最近很多基金公司官网都推出了后端收费，费率就更优惠了。

所谓后端收费，就是在你买基金的时候，暂时不收申购费，而是在你卖基金的时候才根据你持有基金的时间期限来决定费用比率。大家看看下表：

后端申购优惠费率

持有期限（T）	股票型、混合型、FOF基金网上直销后端申购优惠费率	债券型基金网上直销后端申购优惠费率
0≤T<1年	0.20%	0.10%
1年≤T<3年	0.10%	0.05%
T3≥年	0	0

可以看到，选择后端收费，持有基金不到一年时间的话，申购费是0.2%；持有超过3年，就免收申购费了。

所以，一定要在你确定自己能够坚持长期定投时，才考虑选择后端收费，否则产生的申购费可能比前端收费更多，这样就得不偿失了。

当然，每家基金公司对于后端收费的政策都不同，有些基金公司不支持后端收费，有些基金公司要持有5年以上才免收申购费，具体的以基金公司官方公布的为准。我们应该要仔细研究自己所投资的基金品种的收费政策，还要考虑自己是打算短期投资，还是长期定投，综合分析以后，再决定是选择前端收费还是后端收费。

◇ 赎回费

顾名思义，赎回费就是当你卖出基金时收取的费用，一般是一次性收取，最高不超过购买总金额的0.5%。当然，持有时间越长，赎回费率就越低，具体可以参考以下表格。（每家基金公司对于赎回费的收取政策都不同，有些基金公司要持有3年以上才免收赎回费，具体的，以基金公司官方公布的为准。）

基金赎回费用

持有期	赎回费率
1年之内	0.50%
1年（含）—2年	0.25%
2年（含）以上	0

◇ 暗收费用

暗收费用包括管理费、托管费和销售服务费，这些费用是从你持有的基金当中扣除的。一般是按年计费，按天扣除，每天基金公司公布的基金净值其实是已经扣除了暗收费用的净值。

比方说，如果某只基金当天实际上涨了2%，基金公司扣除相关费用后，会公布该基金当天上涨1.99%，这减少的0.01%就是暗收费用了。当然，这种扣除都是有严格规定，并且在证监会的监督之下进行的，不是说基金公司想扣多少就扣多少。

下面，我将各种不同类型的基金的暗收费用进行了对比，请看下表：

名称	类型	管理费率	托管费率	销售服务费率	合计
嘉实研究精选	股票型	1.50%	0.25%	0.00%	1.75%
南方宝元债券	债券型	0.75%	0.18%	0.00%	0.93%
广发中证500	指数型	0.60%	0.15%	0.00%	0.75%
南方现金A	货币型	0.33%	0.10%	0.25%	0.68%

可以看出，按照费率从高到低排列，分别是股票型＞债券型＞指数型＞货币型，这也难怪，因为股票型基金对于基金公司来说是最难打理、最考验基金经理人实力的基金类型。

最后，附上一些建议：

（1）从以上资料来看，基金公司是希望投资人能够更长时间地持有基金，持有的时间越长，基金费用就越低，这个政策是非常有利于做长期基金定投的。

（2）在筛选出自己心仪的基金以后，尽量选择后端收费的基金，能节省不少申购费。当然，也不是说一定要选择后端收费，有些好的基金可能不支持后端收费，其实也无所谓，毕竟申购费事小，选择好的基金才是大事。

（3）不用去考虑管理费、托管费之类的暗收费用，因为在每天公布的基金净值当中已经扣除了，买卖基金时，我们只参考基金净值就行了。

4. 懒人投资法：基金定投

我一直强调，对于绝大多数的人来说，开源才是财富的真正来源，投资只是保值增值的工具，切不可本末倒置，在投资研究上花费太多时间。那么，我们现在就来公布经过我改良后的懒人投资法，让你不用怎么打理，也能轻松达成10%甚至超过10%的平均年化收益率，战胜通货膨胀，实现保值增值。

◇ 年化收益率

我们先来给大家理清一个理财的基本概念：年化收益率。很多理财小白容易把这个概念搞混。

举个实际的例子，有两个人在对比自己的赚钱能力，甲说，我赚了10块，乙说，我赚了100元，请问谁的赚钱能力更强？看起来乙似乎更强，赚的钱更多。但是，我们在比较赚钱能力时，不能光看金额，还要考虑两个条件，一个是花了多少本金去赚钱；另一个是花了多长时间去赚钱。

我们让这两个人把话讲得更清楚一点，甲说，我用10元钱，花了一天时间，赚了10元；乙说，我用1000元钱，花了一个月，赚了100元。我们看到，当条件讲清楚以后，甲的赚钱能力就明显比乙要强了。这里讲的赚钱能力，实际上就是收益率。我们在对比产品的收益率时，要基于相同的本金和时间周期，把产品放在同一起跑线上，才能进行公平的比较。

一般来说，年化收益率的基准是本金100元，时间周期为一年。下面我们尝试用这个基准来解读一道题：货币基金年收益率4%是什么意思呢？意思就是花100元投资货币基金，持有一年，收益为4元。

但在实际生活当中，情况要复杂得多。比方说，某保本型90天银行理财产品，预期最高收益率为3.1%，如何计算这90天里，如果投入100元能赚多少钱？有些人是直接拿100乘以3.1%，得出结果是3.1元，这是错误的，因为3.1元是一年收益，而不是90天的。

正确的算法是100乘以3.1%再除以365，算出每天的收益，然后再乘以90天，得出结果是0.76元。也就是说，投入100元购买这款银行理财产品，持有90天的收益是0.76元，是不是比想象当中的少了很多？

我们回过头来，再来看看年化收益率的官方解释：年化收益率，仅仅是把当前收益率，包括日收益率、周收益率和月收益率，换算成年收益率来计算的，是一种理论收益率，并不是真正的已取得的收益率。从概念我们可以看出来，年化收益率是一种假设，假设每天收益不变的情况下，收益百分比是多少。

所以，年化收益率更适合用来评价固定收益类投资品种，而对于权益类投资品种来说，年化收益率只能用来参考。拿基金定投来举例，我们经常说平均年化收益率是10%左右，并不是每年会固定分红10%，它只是一个用来参考的动态收益率。

下面，我用一个实际案例来说明，年化收益率在权益类项目当中是如何运用的。

比方说，在第一年的年初，某基金的净值为2元每份，我花100块投资，也就是买了50份，到了第一年的年末，该基金的净值下跌了，跌到了1元每份，我的账面情况就是亏损50%，如果此时我跟人说起我的投资年化收益率，就只能说负50%了。到了第二年的年初，该基金的净值仍然是1元每份，我又花100元投资进去，此时100元能够购买100份。到第二年的年末，该基金的净值上涨到2元每份，于是我一次性全部赎回手头的150份基金，按照2元每份卖出，得到300元，减去两年共投入的200元本金，实际收益是100元，这两年的实际收益率就是50%，不考虑复利效果，年化收益率就是50%除以2，等于25%，如果此时我和人说起的投资年化收益率，就可以说成是平均年化收益率是25%。

从上面的例子，我们可以看出来，年化收益率在权益类投资项目当中是一个动态的概念。

◇ 基金投资

好了，接下来我们要聊的懒人投资法与开放式偏股基金有关。这时肯定会出现反对意见，有人会说，基金有什么好的，我以前买基金就亏过钱，我朋友也是买了基金，现在还被套着，翻不了身。下面，我会用数据来说话。需要说明的是，我是通过天天基金网查询到相关数据并整理成表的，并且只反映了我制作表格当时的数据，大家现在再去查询，数据肯定是已经发生变化了的。

不同投资年限盈利基金比例表

投资期限	基金总数	盈利基金	盈利占比
1年	1109	1054	95.04%
2年	858	694	80.89%
3年	629	312	49.60%
5年	342	338	98.83%
7年	189	189	100.00%
10年	40	40	100.00%

这是我根据基金排行榜做出的盈利基金比例表。这张表的用意是什么呢？拿第一行举例，它代表如果只持有基金一年时间就卖出的话，有多少只基金处于盈利状态。当然，这里要剔除掉发行时间少于一年的基金。可以看到，一共有1109只基金，盈利的基金数量为1054只，盈利基金占比为95.04%，后面的以此类推，分别是投资2年、3年、5年、7年、10年，盈利基金的占比。大家可能已经发现了，投资周期在1至5年期间，是很不稳定的，有时盈利的基金多，有时盈利的基金少，只有上到7年、10年的投资周期时，才是100%盈利。说得简单一点，只要坚持投资7年以上，基金就都是赚钱的，这也与7年一个经济周期的说法不谋而合。那具体能赚多少钱，我们再来看看我整理的另外一份数据。

投资十年基金回报率

	最高值	平均值	中位值	最低值
总收益率	649.11%	273.62%	250.68%	63.78%
年复合收益率	22.31%	14.09%	13.37%	5.06%

以投资10年为例，收益最高的基金，总收益率为649.11%，折算成年复合收益率为22.31%，平均值和中位值的年复合收益率也都超过了10%。

即使是盈利最少的基金，年复合收益率也超过5%，相当于5年期定存。

总之一句话，只要投资时间足够长，基金投资是很稳健的。这也是为什么我反复强调，投资要用闲钱，要坚持长期投资，因为只有用闲钱投资才有足够的投资时间让你稳赚不赔。

好了，可能你现在也打算长期投资基金了，那如何在这么多基金当中，挑选出基金中的战斗机呢？下面我就要讲一下开放式基金的筛选方法，我在2008年开始研究基金时，就发现了基金筛选的四四三三法则，这不是我的研究成果，而是台大教授邱显比提出来的。也就是分别找出一年期绩效排名前四分之一，两年、三年、五年、当年以来的绩效也排名前四分之一，再看六个月、三个月的绩效各排名前三分之一。这种方法确实能够筛选出收益率高而且稳定的基金，但操作起来有些麻烦，需要花比较长的时间。我后来将四四三三法则与天天基金网相结合，总结出一套创新型的基金筛选法则，一分钟就能完成筛选。

这个法则就是，利用天天基金网的"基金导购"功能：

（1）将基金类型选择为股票型基金和混合型基金。这里需要说明一下，2016年《公募基金运作管理办法》实施后，股票型基金必须有80%的资产投资于股票，很多股票型基金转为了混合型基金，所以我们的筛选对象要加上混合型基金。

（2）将基金业绩定为近一年、近两年、近三年的基金绩效均排名前100名，然后进行筛选。因为是长期投资，所以只参考一年及一年以上的业绩表现。

需要提醒一下，因为基金的业绩表现在不断变化，所以不同时期的筛选结果也不可能一模一样。

下面我公布我自己总结的基金投资的十六字秘诀：

前八个字：逆向操作，低增高减。什么是逆向操作？借用股神巴菲特的名言：别人贪婪时，我恐惧；别人恐惧时，我贪婪。在市场一片萧条时，大家都在卖基金，就要考虑增加持有基金；在市场一片繁荣时，大家都在买基金，就要考虑减少持有基金。也可以理解为，低价位时增加投入，高价位时减少投入。

说到这里，我又想起一则关于理财的小故事。从前有座山，山里有座庙，庙里有个老和尚，没有小和尚。有一天，老和尚下山讲经说法的时候，发现山下的人都很痛苦，就问那些人，你们为何如此痛苦？他们说，股市跌得厉害，手头的股票卖不出去，所以很痛苦。老和尚心生慈悲，就说，为了解除你们的痛苦，我就把你们手中的股票全都买了吧，山下的百姓都很高兴，奔走相告。于是老和尚就以很低的价钱买了一大堆股票回到山上。一年以后，老和尚又下山讲经说法，发现山下的人还是很痛苦，就觉得很奇怪，问道，我上次不是已经把你们的股票都买了吗，为何你们还是如此痛苦？他们说，大师，你有所不知，现在股市又涨上去了，到处都买不到股票，要不然，你把股票又卖回给我们吧？老和尚为了不让他们痛苦，于是又将股票卖回给他们，当然，当时的价格与他买进时的价格相比，已经翻了几倍，就这样，老和尚以慈悲的心肠赚了一大笔钱。

故事讲完了，不知道你听出什么道理。反正我是觉得，在投资市场里，一定要用逆向思维，参考前八个字，再看看现在的股市，聪明的你应该知道怎么做了吧。

后八个字：逐步加仓，永不空仓。选好基金后，不要将全部资金一次性买入，留足子弹，去把握可能更好的机会，再参照前面讲的低增高减的原则。但请记住，对于基金而言，只要基金本身没有出现重大问题，一般不要空仓，也就是说，不要全部卖完，留一点在手上。因为你永远不知道市场什么时候到达最高点，我们不去判断未来，永远对未来抱有希望。留多少比例合适？个人自己把握，我的经验是，10%是底限。比方说，我拿10万元出来投资基金，市场上涨得再高，以低增高减的原则，我会卖出一部分，但至少要保留1万元的基金在手中不卖。

◇ 懒人投资法：基金定投

基金投资需要不断关注基金市场的行情，称不上是懒人投资法，真正的懒人投资法，一年只关注市场情况几次就足够了，其余时间去大力发展自己的事业，花时间开源更靠谱。真正能够称得上懒人投资法的，其实是基金定期定额投资，也就是我们常说的基金定投。为什么要定投而非一次性投入？同样，我也用数据来说明。

比方说，你现在手头有900元拿去投资。第一种方案是分5个月投入，每月投入180元，因为市场行情的变动，你用900元购买了167份投资产品；另一种方案是用900元一次性买入该投资产品，买了90份。如果这两种方案同时在5月份卖出的话，定投的方案赚了102元，而一次性投入的方案则亏损360元。这里还要注意一点，一次性投入的方案，900元投进去以后，手头就没有闲钱了。而定投方案，在第一个月投入180元后，手头还有720元的闲置资金，可以用于其他保守投资获利。就是说，既规避了市场下跌的风险，又实现了双重获利，这也是为什么我要推荐定期投资的原因。

那是不是基金定投就完全没有风险？这里，我要提醒大家，基金定投也有风险，风险就是来自投资时间太短。基金定投的精髓，就是一定要坚持长期投资，不要太关注过程当中的账面亏损。请注意，是账面亏损，只要你没有赎回基金，你所持有的基金份额并没有减少，也就没有实际亏损。一旦市场向好，你的收益就会大幅提升，记住，长期来看市场一定是向上的。

最后，我们总结一下基金定投的原则，其实就两条。

（1）不用选时，马上就开始。

（2）一定要坚持长期投资。基金定投最忌讳的就是因为账面亏损而停止投资甚至赎回，长期投资的理论也正是印证了股神巴菲特的那句名言：我用屁股赚的钱比脑袋多！只要你屁股坐得住，坚持下来，你的投资收益率完全能够超过所谓的投资专家，甚至是股神巴菲特。定投的基金只要业绩表现不是太差，就不必换来换去，我们更关注的是基金的长期表现。

最后需要提醒大家的是，任何好的投资方法和技巧都不能生搬硬套，在搞懂原理的基础上，要懂得更加灵活地运用，最终还要总结出最适合自己的投资方法。

5. 如何设置合理的定投周期？

在设置基金定投的周期时，很多人会问：是按月定投好，还是按周定投好，又或者是按日定投？

要回答这个问题，我们还是先要回归基金定投的目的，我们为什么要做基金定投，而不是选择最佳时机单笔买入？毫无疑问，在一波上涨行情当中，如果能够在低位单笔买入的话，收益率肯定要比做定投更高。但现实是，没有人能够准确地预测未来的市场走势，所以，我们就是希望通过基金定投能够赚取投资市场的平均收益。

换一种说法就是，不管市场当前是处在高位还是处在低位，我们都按照固定的时点去进货，这样我们就能获得市场的平均成本。这也是我们做基金定投的目的。好，那么问题来了，如何获得更加平均的成本呢？

我的答案是，在同一段投资区间内，买入的批次越多，越能够接近市场的平均成本。如果按月定投，每月只在其中一天买入一批；如果按周定投，每月只在其中的4天或5天各买入一批；如果按日定投，则会在全月的每一个交易日都买入一批，买入的批次高达20次左右。也就是说，从获取市场平均成本的角度来看，按日定投要优于按周定投，按周定投要优于按月定投。

在这里，我也用同一只基金在不同投资区间内的实际净值表现来演示一下。

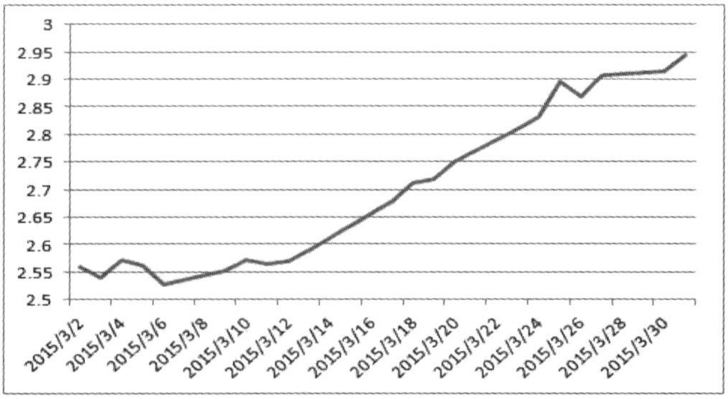

我们从该基金2015年3月的净值走势图来看，这是一波上涨的行情，月初购买的成本是最低的，月末购买的成本是最高的。

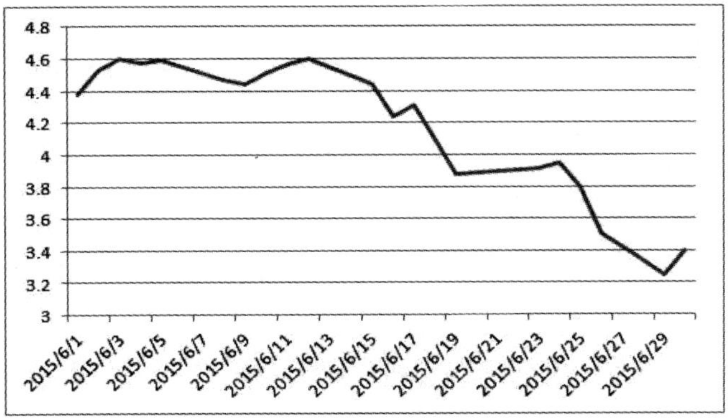

我们又从该基金2015年6月的净值走势图来看，这是一波下跌的行情，月初购买的成本是最高的，月末购买的成本是最低的。

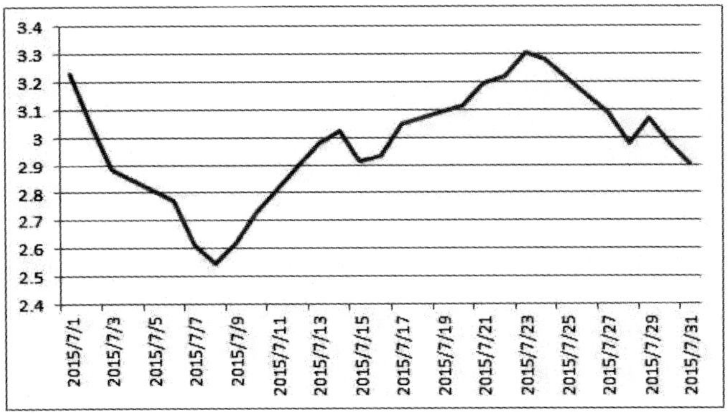

最后，我们再从该基金2015年7月的净值走势图来看，这是一波震荡的行情，最低成本出现在8日，最高成本出现在23日。

可以看到，在不同的行情走势之下，如果是按月定投，就需要碰运气。运气好的时候，可能会买在当月最低的位置；运气不好的时候，可能会买在当月最高的位置。碰运气可不是投资人所期望的结果，我们需要稳定地获得投资市场的平均成本。

	3月份	6月份	7月份
最高成本	2.3357	3.8560	2.3056
最低成本	1.9523	2.6184	1.6073
中位成本	2.1440	3.2372	1.9565
按天定投	2.0979	3.4353	1.9856

我将这三个月的数据放在同一张表格当中。我们可以看到，按日定投是非常接近中位成本的（所谓中位成本，就是将当月最高成本加上最低成本，再除以2，是当月成本的中间值）。

接下来，我们又要考虑另外一个问题了，那就是如何实现按日定投。因为不管是基金官网还是第三方基金平台，他们的扣款周期一般都是分为每月、每周和双周这三种模式，并没有每日定投的设置。

其实，在这里我们可以变通一下，利用按周定投的设置来巧妙地实现按日定投的效果。我们只要对同一只基金设置5份按周定投的协议，然后这5份定投协议分别设置为周一、周二、周三、周四、周五各定投一次，这样就完美地实现了按日定投的效果。当然，在我们的谱蓝APP当中可以帮你自动实现日定投，可以在“理财巴士”微信公众号内回复“APP”三个字母来了解详细说明。

对于日定投，也有一些质疑的声音。有人说在他的定投计划当中既有月定投，也有日定投，但似乎月定投的实际收益要高于日定投。另外，还有人表示之前曾经看过一篇文章，专门通过指数的历史数据来演算不同定投周期下的收益率，结果表明日定投的收益率未必高于月定投的收益率。

在这里，我需要肯定的一点是：如果整个投资周期足够长的话，那么定投周期对投资收益率的影响几乎可以忽略不计。比方说，如果你持续定投20年的话，不管你是选择月定投，还是周定投，又或者是日定投，收益率的差异是极小的。

但是，如果整个投资周期不是很长的话，那么市场的整体走势对于不同定投周期下的投资就有比较大的影响力了。比方说，你只是定投一个月，然后来对比整体的投资收益率。就像我们上面演示过的那样，如果你的月定投恰好买在当月的最低点，那么整体来看，月定投的收益率肯定要高于日定投。但是，如果你的月定投恰好买在当月的最高点，那么整体来看，月定投的收益率肯定要低于日定投。

我们再回到刚刚的结论：如果整个投资周期足够长的话，那么定投周期对于投资收益率的影响几乎可以忽略不计。既然是这样的话，那么为什么我们还要设置日定投？设置月定投岂不是更加简单方便吗？反正只要坚持长期定投，定投周期对于投资收益率就没有影响了。

这里，我们就需要考虑另外一个问题：人性！投资虽然是理性的，但是人性却对最终的投资结果有巨大的影响力。

比方说，每个稍有常识的投资人都知道：投资一定要低买高卖，这个道理再简单不过了。但是，在实际的操作当中，当面对市场低位时，有多少投资人敢于出手买入而不去等待市场的更低点呢？同理，当面对市场高位时，又有多少投资人愿意卖出离场而不去期待市场的更高点呢？你会发现，成功的投资人永远只是少数，因为绝大多数人都无法战胜自己的人性。

其实，在设置定投周期上也会遇到同样的情况。比方说，我设置的是月定投，每月定投1万元。假如某一个月，我设置的定投日刚好就是当月的最高点，这也就意味着，我这1万元在当月购买了最少的基金份额，内心多多少少都会有些不舒服。

虽然我也知道，这其中有运气成分在，也许在其他月份，我可能会以最低净值买入更多的基金份额也说不定。但是，人性就是这样的，占到的便宜往往记得不是很清楚，吃了亏却是记忆犹新。大家也可以假想一下，赚1万块钱和亏1万块钱对内心的冲击力是等量的吗？肯定不是，亏1万块钱的心痛要远大于赚1万块钱的欣喜。

虽然我是非常理性的理财人，也明白设置不同的定投周期对于长期投资来说是没有什么影响的。但是，我也深知自己是一个平凡的人，未必能够战胜自己的人性。为了让自己的内心更加平静，所以我选择了日定投。因为我知道，不管市场如何涨跌，反正我在每一个交易日都购买了一些基金份额。我不去赌运气，我只是赚取市场的平均回报就好了。

最后，我再纠正一部分人对日定投的理解误区。说是日定投，但并非每天都定投，一个月定投30次这么多。所谓的“日定投”其实是“交易日定投”。平均一个月大概只有20个交易日，在周六日或其他非交易日是不会发起定投的。当然，遇到一些特殊月份，也会多于或少于20个交易日。比方说，2月份的天数本来就很少，如果再遇上过年，可能就只剩下15个交易日了。而遇上有31天的月份，则可能有22个交易日。

所以，正常来说，我都是以每月平均20个交易日来计算。按照现在每次至少100元的定投门槛，如果选择日定投，则相当于每月至少需要投入2000元。所以，我们还是要结合自己定投的资金量来决定最终所采用的定投周期。如果你的定投预算少于这个金额，那么就暂时不用考虑日定投了，可以设置周定投或月定投。

总的来说，设置合理的定投周期并不是为了追求更高的收益率，而是让自己的投资更加贴合市场的走势，追求市场的平均回报，同时也让自己的内心更加平静，更能够坚持长期投资。

6. 教你六招安稳度过基金定投的冬天

股市如果一直“跌跌不休”，基金也未能幸免于难。很多人纷纷向我咨询，或者干脆就是来抱怨说，单笔购买的基金下跌也就罢了，为什么定投的基金账户也会亏得如此难看?

其实道理我们都是懂的：对于基金定投来说，市场越是低迷，我们的进货成本也就越低。只有拉开成本差异，等到未来市场上涨以后，我们的收益才会更加丰厚。这也是为什么我会比较建议用波动幅度更大的偏股型基金来做定投。

但是，不管怎么说，在股市下跌的时候，基金定投账户必然也会出现账面亏损（记住，我说的是账面亏损，只要我们还没有卖出，就没有发生实际的亏损）。在这种情况下，你看着自己的基金账户绿油油的一片，心里必然是拔凉拔凉的，也可以说，我们正面临着基金定投的冬天。那我们应当如何安稳地度过基金定投的冬天呢？在这里就给大家支几个招：

◇ **有足够的定投资金，保证不断供**

俗话说，手有余粮心不慌。在股市低迷时期，我们能够买到成本更低的基金份额，只要保证不断供，我们就能够通过不断注入新的资金来摊薄我们的整体成本。所以，我一直在强调，不要追加得太急，把资金在一个时间点都花光了，漫漫冬季如何熬过去呢？我一般建议用每月收入除去开支以后节余的一半用来做定投，另外一半可以先买一些固定收益类品种，慢慢积累起来，等到股市下跌到一定的区间的时候，就可以做适当的单笔追加了。这样，我们始终都是在用闲钱投资，就不用担心定投断供了。

◇ **懂得用历史数据安慰自己**

我曾经用过一个非常极端的案例，来演示基金定投的魅力。当时，我假设自己是在2007年10月16日开始定投的，在那一天上证指数达到了历史最高点6124.04点，此后股市一直在低位徘徊。6年以后，也就是在2013年10月14日这一天，上证指数只有2242.98点，但是我的定投总收益达到了50%以上，年化收益率更是达到了14%。

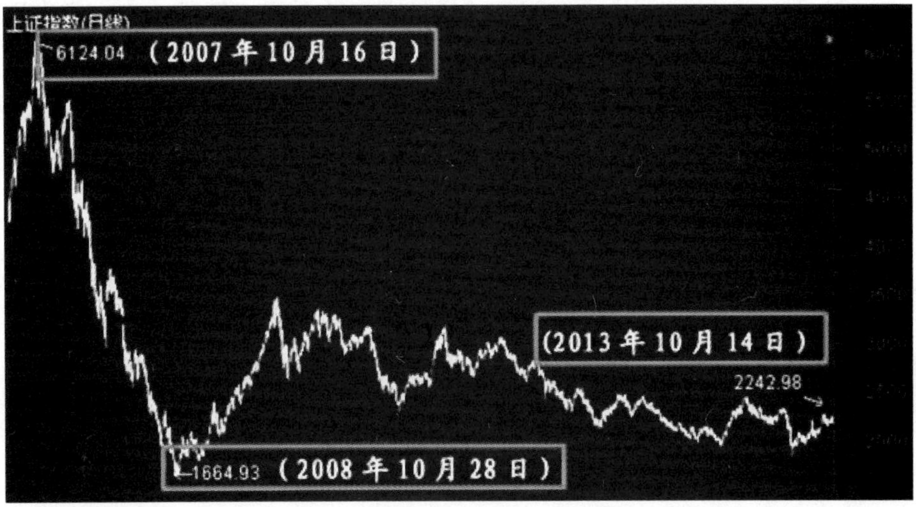

当时我之所以选择将统计数据截至2013年10月14日，是因为我就是在这第二天写的文章。现在我们已经知道了，在那之后出现了一波很大幅度的上涨行情，上证指数甚至一度上涨到了5000点以上。也就是说，如果我再稍微有一点耐心，等到上证指数达到3000点以上再赎回的话，我的收益率会更高。

从这个案例当中，我们可以看到，只要我们有足够的耐心，哪怕股市并没有恢复到原来的点位，我们仍然可以获得非常可观的收益。

◇ 结交正能量满满的朋友

如果是自己一个人看着满屏绿色，心态难免不稳，很可能忍不住在低位就赎回了，把账面亏损变成了实际亏损，这是基金定投最坏的结果。在市场下跌的时候，你最好能够结交一位在投资方面正能量满满的朋友，他能够帮你理性地分析现状，鼓励你坚持下去。

◇ 下跌看投入，上涨看收益

我们要明白一点，投资是一个持续的过程，而不是搂一把就跑。我们做投资，实际上是一个不断积累本金的过程。所以，在市场下跌的时候，我们要看本金投入，就当自己是在存钱，而不去理会账面的浮亏，只有在你取钱的那一刻，如果是亏损的，那才是真正的亏损。但是，在市场上涨的时候，我们就要看收益了，如果达到了自己期望的收益率，就要及时落袋为安。

◇ 曲线救国，购买一些纯债基金

如果基金账户购买的都是偏股型基金，市场下跌的时候，打开账户自然是绿油油的一片。但是，如果基金账户里面同时也有一两只纯债基金，那就会是红绿相间的画面了。同时，纯债基金一般是每个季度都会分红一次，你可以设置为现金红利。这样，不仅账面上好看，每季度还能拿到现金分红，那你就更有信心持续定投下去了。

不管怎么说，我们做基金定投一定要严守纪律，按照自己制定的投资策略来操作，市场不景气的时候千万不要断供。如果你很难克服自己的心理压力，那么你也可以选择忘掉自己的定投计划，不去看基金账户，直到股市火爆的时候再去看，相信到那个时候市场一定会还你一个大大的惊喜。

◇ 长期投资者的心态

其实，对于一个成熟的投资者来说，会懂得视情况而定，对投资市场有不同的期待，有时甚至会期待市场下跌。

比如，我是在这个月的月初做了一笔比较大的单笔基金投资，那么当月上涨30%就确实值得我开心，因为上涨能够给我带来实实在在的收益。但我说的是，这个月的月初才开始做基金定投，而且才刚刚投出去1000元而已，这就意味着一个月上涨30%只能给我带来300元的实际收益，并不值得我开心。更令我觉得尴尬的是，市场显然已经步入了快速上涨的通道，而我还没有积累到足够多的基金份额。面对这种情况，我的心情就像一万匹羊驼跑过那样。

想知道，像我这种长期投资者是如何看待市场涨跌的吗？

我真实的投资心态是：恨不得市场能够连续下跌五六年，甚至更长时间，上证指数最好能够跌破1000点。虽然这种想法确实有点腹黑，但却是我作为长期投资者内心最真实的想法。

要知道，我是一名长期投资者，投资的目的是为了教育金、养老金这一类的长期财务目标而做的资金储备，同时，我做的还是基金定投。如果没有长期的市场下跌，我如何积累到足够多的、低成本的基金份额呢？这就好像滚雪球那样，只有积雪足够厚，坡度足够长，才能滚出一个大大的雪球。

如果按照经济发展规律来看，一般是7年一波经济周期，投资市场也会随之经历一轮牛熊转换。如果投资市场能够连续下跌五六年的话，那么后面的一两年就极有可能会出现报复性上涨。这样的话，我通过这五六年时间的基金定投，就能够积累足够多的、低成本的基金份额，如果再遇到后期的报复性上涨，那么我就能够从容地在一个市场相对高位赎回，落袋为安，赚取最为丰厚的投资回报。

我们必须清醒地认识到，不管资本市场中间如何波动，最终一定是长期向上的，这是一个必然的市场趋势。同时这也就意味着，市场大涨是必然的，但市场大跌的机会却是千载难逢的。就好像，当面对可能到来的经济危机时，别人看到的是危难，但我们要看到背后所隐藏的机遇。牢牢地把握住经济危机所带来的事业机遇，努力开源、节流，用节余下来的资金去购买价格低廉的资产。

如果你仔细想清楚投资市场的运行规律，你的心态就与那些平庸的投资者不同，当面对市场下跌时，你会更加从容，甚至会变得有点兴奋。因为市场下跌之时，到处都是性价比超高的基金份额，就跟捡钱似的。

7．纯债基金的筛选策略与投资技巧

在上面的文章中，我提到要度过基金定投的冬天，可以搭配购买一些纯债基金。针对纯债基金，有人或许会有一些疑问，凭什么说股市绿油油的时候，纯债基金就是一片红？为什么我投资的债券基金亏损了20%多？这么多的纯债基金，到底要买哪一只？我们就来专门聊一聊纯债基金。

◇ 什么是纯债基金？

如果按照百度百科上的解释来说，纯债基金就是专门投资债券的基金。我对这个解释是不满意的，因为债券也有很多种，有些纯债基金会投资可转债，这样的纯债基金显然是“纯度”不够的。所以，我心目当中的纯债基金，不仅是专门投资债券，而且不能投资可转债。

当然，这里要说明的是，如果只是投资可转债的债券部分是没有问题的。因为完整的可转债在特定条件下是能够转换成股票的，这样就加大了我们的投资风险，而可转债的债券部分本质上仍然只是单纯的债券，风险是极低的。具体的我们可以参考基金档案里面的“投资范围”。

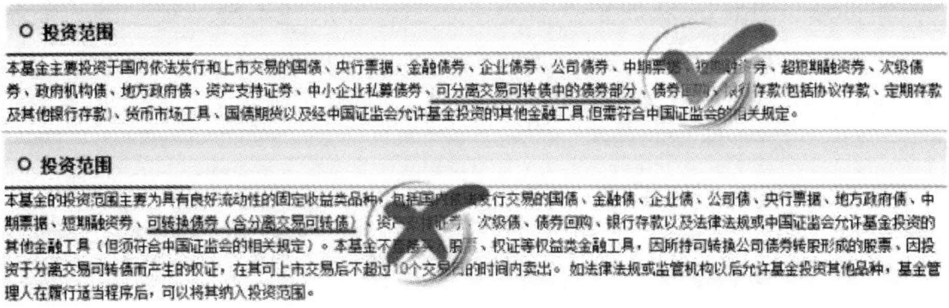

○ 投资范围

本基金主要投资于国内依法发行和上市交易的国债、央行票据、金融债券、企业债券、公司债券、中期票[illegible]券、超短期融资券、次级债券、政府机构债、地方政府债、资产支持证券、中小企业私募债券、可分离交易可转债中的债券部分、债券[illegible]存款(包括协议存款、定期存款及其他银行存款)、货币市场工具、国债期货以及经中国证监会允许基金投资的其他金融工具,但需符合中国证监会的[illegible]关规定。

○ 投资范围

本基金的投资范围主要为具有良好流动性的固定收益类品种，包括国[illegible]行交易的国债、金融债、企业债、公司债、央行票据、地方政府债、中期票据、短期融资券、可转换债券（含分离交易可转债）、资[illegible]、次级债、债券回购、银行存款以及法律法规或中国证监会允许基金投资的其他金融工具（但须符合中国证监会的相关规定）。本基金不[illegible]股票、权证等权益类金融工具，因所持可转换公司债券转股形成的股票、因投资于分离交易可转债而产生的权证，在其可上市交易后不超过10个交易[illegible]的时间内卖出。如法律法规或监管机构以后允许基金投资其他品种，基金管理人在履行适当程序后，可以将其纳入投资范围。

所以，如果有人说他投资的债券基金亏损了20%多，那肯定就是因为他投资的债券基金并非纯债基金，或者是纯度不够。应该是这只基金投资了部分股票或者是可转债，加大了基金风险。

◇ 纯债基金筛选策略

第一步，我们可以利用天天基金网的“基金排行”功能来筛选。在“开放基金排行”当中选择“债券型”，可以看到我做筛选的当时共有718只债券型基金。

第二步，在“分类”当中选择“长期纯债”。因为短期纯债基金收益过低；混合债基和可转债基风险过高；而定期开放债券又不是随时可以买到，所以除了长期纯债以外的其他债基我们暂时不考虑。经过这两轮的筛选，大概就只剩下300多只长期纯债基金了。

第三步，我们以“近一年”的收益率从大到小排序，只取前50名，这样目标基金就只剩下50只了。

第四步，就比较麻烦了，需要手动剔除掉那些不够“纯”的纯债基金，比方说，投资范围写着可以投资股票和可转债的、可以打新股的、定期开放的，都要剔除掉，能够走到这一步的纯债基金应该是不超过10支的。

◇ 纯债基金投资技巧

如果你打算把纯债基金作为增强自己长期投资信心的工具，那么最好设置为现金分红。因为纯债基金一般每个季度都至少有一次分红，经常有收益到账的话，会让你投资基金的整个过程变得非常快乐。

对于同样一款纯债基金，是选A类好，还是C类好呢？我的意见是选择C类更好。C类纯债基金虽然每年会多收0.4%的销售服务费，但是这个费用已经体现在了基金净值当中。同时，C类纯债基金是免申购费的，这个费用可是扎扎实实节省下来的。

◇ 如何应对债券危机

前段时间，像企业债违约、纯债基金净值下跌等等这一类的消息层出不穷，似乎债券危机已经到了一触即发的地步。难道我们作为理财人，要在别人恐慌的时候，我们更加恐慌吗？

接下来，我来讲一讲对于不同人群，应该用怎样的策略来应对债券危机。

（1）坚持做资产配置的理财人。对于像我这种真正的理财人来说，纯债基金只是我资产配置的一部分，我并不关注纯债基金的净值波动，我更看重的是纯债基金每个季度的分红，让现金流源源不断地流进我的口袋（纯债基金每个季度都有分红）。至于说，出现净值下跌甚至是账面亏损的情况，我相信时间自然会抹平这一切，从长期来看债券市场必然是稳步向上的。

（2）纯债基金的长期投资者。跟做好了资产配置的理财人不同，单纯的纯债基金长期投资者可能持有更多的纯债基金。对于这一类投资者，我的建议是：应该适当减少持仓，将纯债基金的投资占比控制在合理的水平。比方说，我一直将纯债基金的投资比例控制在总资产的30%以内。另外也要考虑分散投资，不要将资金过于集中在一只纯债基金上，要分别投资于两三只纯债基金。

（3）纯债基金的短线炒客。有这样一类人群，他们会把纯债基金当成是绝对安全的投资品种，然后把一两年内就可能要动用的资金（比方说买房的首付）全部投入到纯债基金当中。我对这类人群的建议是，尽早离场，因为恐慌可能会引发大规模的赎回，在短时间内，纯债基金也必然会受到冲击，要用钱的时候，强行赎回可能会造成实际亏损。

另外，我们在减持的时候，也要充分考虑赎回成本。如果要减持的话，也可以优先考虑赎回成本更低的纯债基金品种。

总的来说，不管我们是哪一类投资者，都应该对中国经济的长期发展抱有充足信心，无谓的恐慌是毫无意义的。如果中国经济都崩盘了，那么不管你是进行哪一类的国内投资，收益都不会太理想。

8．如何筛选指数基金？

我们已经了解到，对比股票基金，指数基金可以通过跟踪指数进行更广泛的分散投资，避免了人工挑选所带来的不稳定因素，而且管理费用更少。但是，可以说指数基金是波动幅度最大的基金，所以我建议大家用定投的方式去投资，长期持有。

接下来，肯定又有人要问了，挑选指数基金跟挑选股票型基金是不是用一样的筛选方法呢？答案是否定的，挑选指数基金要参考几个标准：

◇ 第一个标准：尽量选择更宽的指数基金

所谓更宽，就是基金里包含的股票数量尽量多，覆盖的行业也越多越好，投资指数基金就是投资整个中国股市、中国经济，覆盖的行业越多越是能够真正代表整个股市的走向。就好像巴菲特就一直在推荐标普500指数基金，为什么呢？因为标普500是美国主流指数基金当中最宽的，包含了500只最具代表性的股票。

那在国内，哪个主流股票指数是最宽的？大家经常见到的就是沪深300指数、沪深500指数以及沪深800指数。需要注意的是，沪深300指数包含中国最龙头的300家企业的股票；而沪深500指数是除去沪深300指数所包含的股票以后，再从中挑选500只股票。

所以，简单来说，沪深300指数代表的是中国大型的龙头企业，而沪深500指数则代表的是中国中小型企业。沪深800指数又是什么呢？就是沪深300指数加上沪深500指数的组合。这下情况就明朗了，毫无疑问，沪深800指数是更宽的指数。

那现在是不是说，我们就要投资沪深800指数基金呢？那倒未必，指数是对的，但基金却还不成熟。我们回过头，再来看沪深300指数就不同了，目前完全复制沪深300指数的基金有40多只，最早的一只在2005年就上市了，相对来说已经非常成熟。并且沪深300指数代表的是中国龙头企业，所以目前我更推荐沪深300指数基金。未来，随着沪深800指数基金越来越成熟，可能会成为更好、更成熟的指数基金品种。

在这一节当中，我们只讲了挑选指数基金的第一个标准，其他挑选标准，我们在以后的章节当中再讲。

◇ 第二个标准：尽量选择完全复制型的指数基金

指数基金可以分为三大类：

第一类是完全复制型，这类指数基金一般是100%复制指数，采取完全被动的策略，没有人为干扰的因素存在。当然，在实际操作当中，完全复制型的指数基金是将95%的资金投入在股票上复制指数，而另外5%则以现金的形式存在，以备部分投资者的赎回。

第二类是增强型，这类指数基金会搭建一个增强型的设计，对指数当中的成分进行适当的增加或减少持有。说白了虽然投资的还是指数所包含的股票，但投资的比例就有一些人为的调整和改变。

第三类是优化型，这类指数基金除了跟踪指数以外，还会投资一些指数不包含的股票，可以说比增强型更加不纯粹，人为干扰因素更多。

不管是增强型，还是优化型，他们的目标都是想要超越指数本身的表现，短时间可能是有效的，但长期来看是不可能的。对于完全复制型的指数基金来说，交易的次数以及交易的费用都比较低，同时因为是被动管理，所以管理费用也最小。此外，它一般会保持全额投资而不会因为一时冲动而进行市场投机。

那我们要如何查看指数基金的类型呢？实际上，翻开基金的基本资料，在它的投资目标和投资理念当中我们就能看出来。

例如以下这只基金，它在投资目标当中就注明了以增强指数化投资方法跟踪目标指数；并且它还在投资理念当中注明了以指数化投资为主，辅以适度的积极管理。这些资料都显示出，这是一只增强型指数基金。

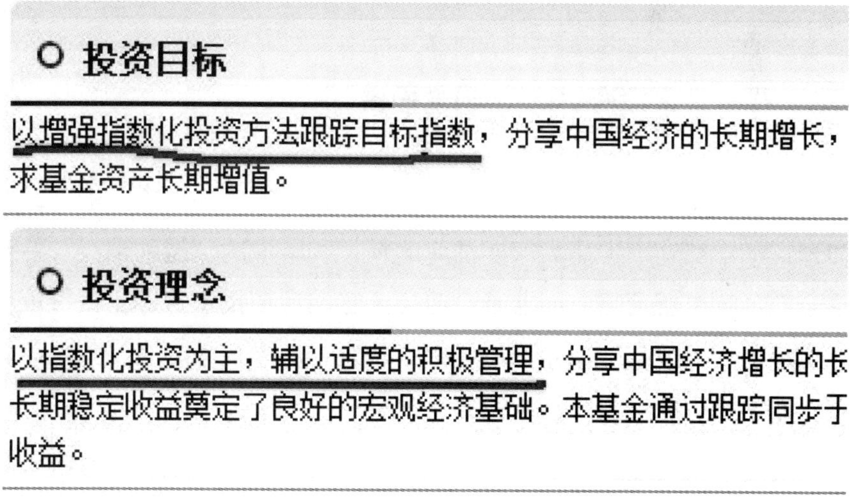
○ 投资目标

以增强指数化投资方法跟踪目标指数，分享中国经济的长期增长，求基金资产长期增值。

○ 投资理念

以指数化投资为主，辅以适度的积极管理，分享中国经济增长的长
长期稳定收益奠定了良好的宏观经济基础。本基金通过跟踪同步于
收益。

我们再来看看另一只指数基金，它在投资目标当中就注明了：本基金进行被动式指数化投资，并且还注明了目标跟踪误差是小于0.3%。可以得知，这是一只完全复制型指数基金。

○ 投资目标

本基金进行被动式指数化投资,通过严格的投资纪律约束和数量
小于0.3%,以实现对沪深300指数的有效跟踪,谋求通过中国证

○ 投资理念

本基金遵循指数化投资理念,通过投资于目标ETF、标的指数成
投资者的投资需求。

专业的事情，专业地去做，既然我们选择了指数型基金，就不要心猿意马，试图去改造它、超越它，要知道，完全复制、被动式投资正是指数基金低费用的原因，也是它最大的优势之一。

9．单一基金投资VS基金组合投资

我之前说过，我的基金投资十六字秘诀是：逆向操作，低增高减，逐步加仓，永不空仓。但是大家要注意的是，我所说的“越跌越买”针对的是单一基金的投资策略，而非基金组合。这两者在投资目标和投资策略上是完全不同的，但是这两者又可以结合起来，用来提高家庭投资项目整体的稳健性和收益性。

◇ 单一基金投资

单一基金的投资目标就是追求更高的投资收益率。这个时候，波动性反而成为了一个有利条件，便于我们在市场相对低位以更低的成本获取更多的基金份额，然后在市场相对高位赎回，最终赚取丰厚的投资回报。

看起来，单一基金的投资回报更高，但是，单一基金投资必须是建立在长期投资和良好的风险承受能力的基础之上的。几乎每一个投资者都知道要“低买高卖”，但是真正能够做到的又有几个呢？如果心态不稳，在市场下跌的时候，不敢增加投入甚至是选择中途离场，最终的整体收益反而还不如基金组合的稳扎稳打。

所以，最好的方式应该是将两者的优势结合起来。用基金组合来完成自己的家庭财务目标，除此以外如果还有闲钱剩余，就可以用单一基金的投资策略，通过“长期投资”和“越跌越买”来追求更高的投资回报。

这样的话，即使是因为市场变化而导致单一基金的投资出现账面亏损，我们也不会慌乱。因为我们心里非常清楚，我们的家庭财务目标通过稳健的基金组合投资是肯定能够实现的，单一基金投资暂时的账面亏损并不会影响我们的正常生活。就这样，越是拥有平和的投资心态，就越是容易在单一基金投资上赚到更多的收益。

◇ 基金组合投资

所谓基金组合投资，简单理解就是同时投资于多只基金。当然，严格意义上讲，胡乱拼凑的几只基金并不能称之为基金投资组合。建立一个基金组合就像是组建一个团队一样，每个团队成员都有各自的优势，成员间相互合作，从而形成一个有机的整体。基金组合的投资目标是为了完成家庭财务目标，例如：教育金、养老金等等。要知道，这样的财务目标是有期限的，为了在期限内，资金能够顺利离场，所以基金组合必须要控制波动性。

比方说，你制订了一个教育金计划，打算5年以后要赎回基金份额，用来支付孩子的大学教育金，但是如果5年以后恰逢股市大跌怎么办？这个时候，基金组合能够控制波动性的优势就体现出来了。只要有一定的投资周期，基金组合一般都是可以随时退出的。除非有一种情况，就是你刚刚开始投资基金组合，就面临市场大跌，那你就暂时不能退出，需要花一两年时间来度过这个缓冲期。

正是基于基金组合能够控制波动性的这一特点，所以基金组合的投资策略就是：几乎不用策略，随时可以买入，也随时可以卖出；既可以定投，也可以单笔投资。

说到这里，也许有人开始不理解了：随时可以买入还好说，但是随时可以卖出不太对吧？其实，“随时卖出”是需要加上一点限制条件的：投资周期不能太短。比方说，我刚才也谈到了，如果你才刚刚开始投资基金组合，就面临市场大跌，那就不适用了。除此以外，我还建议大家尽量持有基金组合超过3年以上才考虑卖出，因为这样才能够免去赎回费用，将交易成本降至最低。

当然，我并不是鼓励大家有事没事就去赎回基金组合。毕竟，基金组合的投资目的是为了完成家庭财务目标，所以赎回的周期最好是跟家庭财务目标相匹配，中途不要离场。就像刚才我提到的储备教育金的例子，如果资金是5年以后才需要动用，那么中途就不要赎回了。

我们顺便来说一下，如何配置基金投资组合。

（1）确定基金的数量。一般建议是用5到7只基金来配置基金投资组合。选择基金数量太少的话，很难形成强有力的组合效果，甚至可能无法降低投资风险。而选择基金数量太多的话，一方面，投资者可能精力有限，管不过来；另一方面，根据晨星网的研究数据显示，当组合当中的基金数量超过7只时，增加基金数量并不能降低组合的波动。所以，5到7只是比较合理的基金数量。

（2）搭配不同类型的基金。刚才讲到，建立基金组合就像是组建一个团队，每个团队成员都有各自的优势，所以基金投资组合当中的基金最好是不同类型的，也就是说，各基金之间的差异性要足够大。一般来说，我们会有几种搭配方式，比方说：股票型基金+债券型基金、价值型基金+成长型基金、大盘基金+中小盘基金、国内基金+海外基金等等。

当然，我们也可以将这些类型混搭起来，配置一个更加综合的基金投资组合。比方说，我用沪深300指数、中证500指数、标普500指数、纳斯达克100指数以及债券指数，这五只指数基金来配置一个基金投资组合。

可以看到，这五只指数基金的相关度是很低的，既包括大盘指数基金，又包括中小盘指数基金；既包括国内基金，也包括海外基金；既包括股票型基金，也包括债券型基金。

（3）根据自己的投资风格来确定配置比例。根据投资者的风险承受能力和投资偏好，我们一般将投资者分为积极型投资者、稳健型投资者和保守型投资者。面对不同的投资风格，我们应该设置不同的基金配比。比方说，对于积极型投资者来说，就可以配置更多的股票型基金和成长型基金；对于保守型投资者来说，就可以配置更多的债券型基金和价值型基金。

当然，如果嫌麻烦，也可以简单地按照1∶1的比例来配置。用刚才的例子来说明，就是将那五只指数基金各配置20%来建立基金投资组合，如果按照投入1万元来计算的话，就是每只基金各投入2000元。

（4）根据市场变化适时调整配置比例。除了投资风格会影响基金投资组合的配置比例之外，投资市场的变化也会对基金投资组合的配置比例有较大的影响。比方说，在熊市当中，降低股票型基金的配置比例；或是在牛市当中，加大股票型基金的配置比例。但是不得不说，这会要求投资者对投资市场的变化有一定的预判能力，这也是普通投资者比较头痛的地方。

10．基金组合配置太麻烦？“懒人理财神器”助你一臂之力

刚才我提到了，基金组合最好是能够根据市场的变化适时调整配置比例，但这就要求大家对投资市场的变化有一定预判能力，这恰恰也是大家很头痛的地方，毕竟我们大多数人只是普通的投资者，并不具备这种能力。那有没有更好的解决方案呢？

为了解决这一难题，我们团队特意开发了一款懒人理财神器——“谱蓝”APP。“谱蓝”当中的“享定投”基金组合，是基于大数据分析自动

生成的优选全球资产配置组合，并且由华尔街一流的投资顾问协助用户进行管理，从而帮助大家解决自建基金投资组合以及定期调仓的麻烦，真正实现了懒人化理财。

一直以来，我自己都是各种投资理财工具的资深用户，而基金投资工具又是我使用最为频繁的。正因为我觉得市面上的同类理财工具都不好用，所以才希望能够自己开发出一款更令人满意的基金理财工具。

虽然我们拥有一流的开发团队，再加上我这个投资理财工具的资深用户，但是实际的开发难度还是远超我的预期。要知道，“谱蓝”是一款理财类APP，所以在安全性方面有更高的要求。同时，“谱蓝”还要与基金公司的系统对接。有时候我想到一个非常棒的功能，但在基金公司方面却无法实现。所以，在实际开发过程当中需要各种沟通和妥协，总之有种死去活来的感觉。

虽然研发的过程充满艰辛，但是大家使用起来却很简单。首先，大家只要回答5道简单的问题，“谱蓝”就能够了解你的风险承受能力和投资风格，然后推荐相应风险等级的基金投资组合给你。这也就是我们之前所说的“谱蓝享定投”基金组合。这一组合充分考虑了各类资产的配置平衡，例如：大盘股和小盘股，国内资产和海外资产，股权类、债权类和实物类资产等不同类型的基金的搭配。

当市场行情出现偏差的时候，“谱蓝”还会根据大数据分析的结果，适时地提醒你进行调仓，你只需要一次性确认，“谱蓝”就能实现自动批量化调仓，比手动调仓省心太多了，真正做到懒人化理财。当然，更重要的是，这一系列服务都是免费的。也就是说，除了购买基金本身的申购费、赎回费成本之外，“谱蓝”不会额外收取费用。同时，在“谱蓝”上购买基金的申购费目前在全行业是最低的，是基金原有申购费的一折。

但是话又说回来了，大家可能是第一次听说“谱蓝”这款手机APP，应该会担心在上面进行基金交易是否安全的问题。

关于这一点，大家大可放心。因为“谱蓝”只是一个国内公募基金代销平台，提供的是数据支持和相应的配置服务，平台本身并不经手资产和基金份额。对于在市场上公开销售的公募基金来说，基金份额是受证监会监管的，而客户资金则是受银监会监管的。

“谱蓝”当中的基金销售服务，是由广发证券旗下的“盈米财富”提供的，盈米财富拥有基金销售资格证，资格证号是000000378，大家可以在网上很方便地查询到，在进行买卖基金交易时，也会有短信提示。

另外，在保证用户信息数据安全方面，“谱蓝”的安全性也是很高的。它使用符合业界标准的方式对用户的信息数据进行加密，并交由专业人士保管。为了保证平台本身的安全性，“谱蓝”有多方面的“安全盾”，包括：平台通过了国际权威安全认证、密码采用银行级多重加密、网络安全经由SSL安全传输协议、路由安全采用防Wi-Fi钓鱼、财产安全由平安保险全额承保等等。

“谱蓝”这个名称来源于英文“Plan”，也就是计划、规划的意思。人生需要计划，理财需要规划，这就是“谱蓝”背后的深意。我们希望大家能够通过“谱蓝”这款理财神器更好地完成家庭财务目标，更快地实现财务自由。

如果大家对“谱蓝”APP感兴趣，想了解更多，可以关注我的微信公众号“理财巴士”（微信号：licaibus），并且回复“APP”这三个英文字母，就可以收到更多相关介绍资料。同时，也欢迎大家扫描右边的二维码，下载使用“谱蓝”APP。

“谱蓝”APP

第二节 ◎ 会用信用卡，才是理财达人

1. 信用卡不会告诉你的秘密

我曾经跟一位做批发生意的老板聊天，他说这两年批发生意不太好做，主要靠手头上的一幢住宅楼和几间商铺收租金过日子。当地人嘛，靠着改革开放的政策，卖地、收租也发了不少财。当我跟他聊到理财的时候，本以为，他哪懂什么理财，暴发户一个，结果却让我大吃一惊。他说他每月靠信用卡都能赚几千块钱，详细了解完他的方法之后，我都不得不给他竖一个大拇指，称他为理财达人。那他到底是怎样利用信用卡赚钱的？这个我留到最后再讲，这还真不是我故意卖关子，而是你一定要先了解信用卡的一些基本原理，才能真正理解他的赚钱方法。

信用卡虽小，但涉及的知识还挺多的，我打算按照基础篇、进阶篇、高级篇和骨灰篇四个篇章来聊，每一个篇章，都会有我的用卡心得。

◇ 基础篇

在基础篇里，我也不会聊太过简单的问题，如果真的是从来没有接触过信用卡的人，建议自己先在百度上搜索一下。

首先，我认为一个具有理财思维的人，至少要有一张信用卡，这是为什么呢？先讲一个小故事。

我有个朋友是私营企业老板，说是私营企业吧，其实也就是一个手工作坊，没有营业执照，在广州有很多类似这种企业。说他没钱吧，百万身家还是有的，说有钱吧，在广州没有买房也没有买车。最近他接了一笔

大单，资金周转不灵，于是想向银行做短期的无抵押贷款。他跑了几家银行，都批不下款来，原因就是他之前从来没有向银行借过钱，在银行的信用等级不高，他就是被信用问题挡在了银行门口。

说到这里，有人就会问了，从来没有向银行借过钱，自然也就不存在借钱不还的情况，为什么信用会不高呢？我来打个比方吧：你有一位同事，从来没向你借过钱，突然有一天跑过来找你借一千，你会不会借呢？好吧，算你人品好，可能会借，但至少，你心里还是有点担心吧。一来数目也不算少了，二来这位同事信用如何你心里也没有底。但如果是另外一位同事，他经常让你在网上代购商品，而代购一般都是货到付款，所以经常你要帮他垫付个一两百的，偶尔也有三百五百的时候。这位同事也很讲信用，每次收到货都按时把钱还给你了。如果是他，突然有一天跑过来找你借一千块，你的心里是不是就放心多了？因为在长期的交易过程当中，他已经在你心目中建立了信用。

其实，对于银行系统来说也是一样的，如果你从来没有借过钱，银行查不到记录，怎么知道你的信用好不好？特别是在美国，信用差的话，就不是贷不到款的问题，你可能连租房住都困难，未来国内的个人信用等级也会越来越重要。

那对于普通老百姓来说，如果不买房的话，一般是不会向银行贷款的，那该如何提高信用等级呢？

这正是我们今天讲的话题——信用卡。

信用卡对于普通老百姓来说，是提升个人信用等级最好的方法。经常使用信用卡，并且按时还款，其实就是变相地不断向银行借钱还钱，信用等级慢慢地就提升了。所以，我的建议是，不仅要拥有信用卡，而且在能用信用卡的地方，就尽量使用信用卡。

特别声明一下，我所说的能用信用卡就尽量用信用卡，千万不要误解为我在鼓励多消费，我只是说在你肯定要花钱的时候，就尽量优先考虑刷信用卡，而不是给现金。比方说，你在饭馆吃饭，平时都是给现金的，如果这家饭馆能够刷信用卡，而且刷信用卡还能打折，你为什么不刷呢？

当然，目前有一种关于信用卡的说法是，用了信用卡就管不住自己，无形中会增加消费，因为相比现金支付来说，信用卡花钱更容易，很容易就会成为“卡奴”。对于这一套说辞，我的看法是，这根本就是一种谬论和托词，管不住自己花钱的人，不管你用不用信用卡都是一样的，该过度消费的，还是会过度消费。现在除了信用卡，还有类似财付通、支付宝这类网络支付以及手机支付，都是不经手现金的，难道说都不要去用吗？关键是要养成良好的用卡习惯，适度消费，按时还款，远离用卡陷阱，才是积极的理财态度。

我本人就一直保持良好的用卡记录。时不时会有银行打电话给我，问我要不要借钱，当然我暂时不需要用钱，但是我知道，只要我想借，银行肯定愿意；如果我要创业，仅仅凭借信用都能贷到款。所以提升个人银行信用等级，也是为了以后创业做准备。还没有信用卡的朋友是不是有办信用卡的冲动了？那我们看看申请信用卡有哪些渠道。

最简单的，当然是去银行柜台填表申请，优点是比较大众化，个人信息更加安全；缺点是，有一些营业网点太繁忙，可能要排队。当然现在很多小银行申请信用卡，有专门的非现金业务柜台办理，就方便很多了。

另外一个渠道，就是在大街上找一些信用卡专员办理，这种方式的优点是办理方便，并且有小礼品赠送；缺点是个人信息不保证安全，遇到一些素质不高的专员，可能会将你的个人信息透露给其他人。所以这种方式我不太推荐。

最后，是我比较建议的方法，在网上申请。除了直接在各大银行的官网上申请之外，也可以在一些信用卡门户网站上申请。例如，有家叫“我爱卡”的网站，就能在线申请各家银行的信用卡，并且可以对比各家信用卡的特点，让你更容易找到适合自己的信用卡，有兴趣的朋友可以去看看。

对于申请信用卡，我再提醒一点，一般信用卡有三种类型——普卡、金卡和白金卡，建议只申请普卡和金卡，不要申请白金卡。因为普卡和金卡首年免年费，刷几笔后，又免第二年年费，而大部分白金卡是不免年费的，每年要付出几百甚至上千元的年费，就太不划算了。

◇ 进阶篇

大家在选择信用卡时会发现，信用卡的品种太多了，如何挑选适合自己的信用卡呢？下面，我将展示我自己正在使用的几张信用卡。我申请过很多款信用卡，也取消过很多信用卡，现在手头的这几张还算是比较有特点的。但是要事先说明，并不是说我手头这些信用卡就是最好的，但至少是最适合我的。如果你觉得有更好的信用卡，也可以推荐给我。

首先我大力推荐的是，平安淘宝联名卡。这款信用卡是平安银行发行的，最大的好处是在淘宝网购物算积分。因为我是个淘宝四金钻买家，最多的一年在淘宝网花了20万元，所以淘宝购物算不算积分对我来说，非常重要。之前我也办过邮政储蓄的淘宝联名卡，根本就是一个噱头，网购没有积分，后来我就取消了，现在这款平安淘宝联名卡，我就实实在在收到了信用卡积分。

这里也特别说明一下，积分能用来干什么也很重要。大多数的信用卡积分只能换礼品，像什么杯子、抱枕之类的，其实价值多少，谁也说不准。我认为积分能够用来充值话费是最靠谱的，因为这是刚性需求。平安的信用卡积分叫万里通积分，可以直接用于充值手机话费，充值金额10元起步，我觉得挺靠谱的。另外，在淘宝网购物时，要认准带有信用卡标志的商品，只有购买这类商品时才有积分，当然现在淘宝网90%以上的商品都支持信用卡付款。

我推荐的第二张信用卡，也是平安银行的，平安保险金卡。我总是推荐平安银行的产品，好像收了平安银行的好处费似的，再次声明，我推荐的任何产品都没收到一分钱好处费，只是自己确实觉得好用才推荐给大家。

说回到这张保险金卡，它的好处是免费送保险。平安保险金卡只要开卡，并且刷一笔就自动赠送一年保险，不用签什么协议，只要你的卡还在使用，就每年赠送保险。这个赠送的保险与你平时接到推销电话，说送你的保险是完全不同的。电话中或者一些网站上宣传的免费送保险，保额很低，而且只保三到六个月，他们的目的是用这种赠送方式来收集你的个人资料，以便推销高额的保险。平安这款信用卡不同，你在办信用卡时，已经提供了个人信息，它不必靠送保险来收集个人信息。

具体赠送哪些保险，大家可以看看保险条款细则，主要是送两大类保险：一类是交通意外险，乘坐飞机、火车、地铁、公交、的士都有保障，飞机意外伤害保额达到50万元。反观那些20块钱的航空意外险，你就会觉得很坑爹，保障期限才180天，保额也才20万元。另一类是燃气用户意外险，用煤气或天然气的家庭就有保障了，保障范围还算可以吧，最关键是免费的，我个人觉得很值。

我推荐的第三张信用卡，是广发银行的金卡。其实这张卡没什么特别的，我推荐的原因是广发银行容易提高信用卡的额度。目前，我所有信用卡中，广发信用卡的额度是最高的，至于说额度高有什么用，后面会讲到。

最后介绍的是工商银行的多币种信用卡，这款信用卡的特点是支持10种外币，也就是你在这10种外币对应的国家刷卡时，无须支付大约1.5%的货币转换费用，对于经常出国的人来说，是一款不错的信用卡。我申请这款信用卡，也是为了出国做准备的。

好了，现在你也有信用卡了，也懂得刷卡消费了，不久你就会收到银行每月定时寄给你的信用卡账单。下面，我将教大家如何读懂信用卡账单。

账单中的信用额度，是指你最多能向银行借多少钱。当然这指的是刷卡消费，如果是取现金，就要看取现额度，一般是总额度的一半。我是坚决反对大家用信用卡去柜员机里取现金的，这一点我后面会讲到，利息超高。本期应还金额，就是指你当次要还钱的总金额。一般在账单后面还会有消费明细，把你每一笔消费都列出来，告诉你这总金额是怎么来的。

本期最低还款额，是指当你觉得还钱困难时，最少也要还这个数目，你只要还上这个最低金额，银行就不会算你未按时还款。当然，这里面也有陷阱，我在高级篇里会讲到。最重要的两点：本期账单日和本期还款日，我要拿出来单独讲，因为这是最容易让人搞混的。

比如有一份9月的信用卡账单，它的账单日是9月3日，还款日是9月21日。说是9月的账单，实际上它记录的是9月3日往前倒推一个月的消费账目，也就是8月4日至9月3日期间的消费账目。这期间消费的钱是不是9月3日这一天要还呢？不是，9月3日只是记账，还钱的话再宽限你一些时间。什么时候还？9月21日。只要你在9月21日之前把钱全额还上，就不收你利息，那么从8月4日至9月21日就称之为最长免息期。不同银行的信用卡最长免息期也不同，一般是40天至50天之间。以举例的这张账单来看，只有在8月4日这一天消费的金额，才能享受49天的最长免息期。

现在考一下大家，从这张信用卡账单来看，如果是在9月3日消费的金额，有多长时间的免息期？对了，很简单，从9月3日到9月21日，一共19天！再来一题，如果是在9月4日消费的金额，有多长时间的免息期，是18天吗？你上当了，答案是49天！因为9月4日的消费，已经算作是10月的账单了，享受最长免息期。

◇ 高级篇

信用卡虽好，但陷阱也不少，在高级篇中我要讲的是：信用卡的六大陷阱。

第一大陷阱：分期免利息

像这样的广告相信大家经常看到，零首付、免利息，鼓励大家分期消费；或者是像我们之前说的，当你还信用卡账单有困难时，银行会建议你分期还，只要还最低还款额就可以了。这里有什么陷阱呢？银行说免利息是不假，但却没有说要收手续费。好吧，被你发现了这个陷阱，银行又会说，手续费很少的，每月只有0.6%，我们粗算一下，每月0.6%，相当于年化利率7.2%，好像真的不高，是这样吗？

假设，我们拿12000元用于分期还，我们以为的还款金额是，第一个月还十二分之一的本金也就是1000元，再加上0.6%的利息，是72元；

第二个月，再还本金1000元，再加上0.6%的利息，因为上个月已经还了1000元，所以利息按11000元乘以0.6%，应该是66元利息；第三个月，利息就少一点，是60元，直到最后一个月，利息才6元钱。

但这一切只是你的梦想，银行的算法可不是这样的。银行的算法是，每个月的利息都按照初始本金计算，也就是12000元分12期，第一个月利息72元，以后每个月的利息都是72元，直到还款结束。这样的话，我们实际付出的利息要比原来预想的高很多，之前我们预计年化利率是7.2%，而实际要达到12%至15%的年化利率。这就是银行所谓的分期免利息，低手续费的陷阱。所以不是非常必要的情况下，不建议大家做分期。

第二大陷阱：取现要收费

取现要分两种情况。一种是透支取现，就是直接向银行借现金，从柜台或柜员机上取现。这个是要收取利息和手续费两种费用的，利息一般是万分之五，年化利率就是18.25%。手续费各家银行不同，在0.5%到3%之间，整个费用是非常高的，所以我极其不建议透支取现。

透支取现要收费，那我自己往信用卡里存的钱取出来，总不要收费吧？这种情况银行称之为溢缴款取现，利息是免了，但手续费还是照收不误。以前我有个朋友，本来是向信用卡还款1000元的，结果多输了一个0，存了1万元到信用卡里，他发现后就把多存的9000元从柜员机取现，后来发现被扣了1%的手续费，也就是90元钱。所以说，信用卡不要当储蓄卡用，任何形式的取现都有费用。

第三大陷阱：少还钱，全额罚息

话说，一位叫小英的女孩，她和朋友去欧洲疯狂购物，一共透支消费了40622.24元。收到账单后，她按时还款40600元，忽略了22.24元零头，由此导致下期账单显示利息金额589.16元，她看傻眼了。信用卡中心表示，虽然偿还了大部分欠款，但是利息是针对全部欠款计算的，每天计万分之五。在此提醒大家，不仅要按时还款，还要全额还款。

第四大陷阱：信用卡商城不便宜

在办理信用卡后，信用卡中心会经常发邮件告诉你，信用卡商城正在搞特价，还可以分期。但实际上，信用卡商城的东西并不便宜。之前有款三星N8000的平板电脑，当时某信用卡商城的售价是3450元，而天猫商城才3100元不到，这其中300多元的差价，就是信用卡商城的超额利润。

第五大陷阱：销卡不能消除不良记录

假如你某一次忘记按时还款了，银行就会在你的个人信用上登记了一笔不良记录，你会想，我马上把钱还清，然后注销这张卡，这样不良记录也就跟着消失了。我劝你，千万不要这么做。一般来说，央行个人征信系统，对此类不良记录的具体登记时间为2年，如果持卡人选择在短时间内盲目销卡，就会将自己用卡的信用记录永远定格在销卡前的曾有过不良记录的24个月。正确的方法是，在不良记录产生后继续使用至少24个月，用新的良好记录替代此前的不良记录。

第六大陷阱：盗刷风险

信用卡盗刷就是说，你的信用卡被小偷拿去偷偷刷卡消费了。如果是根据国际上的惯例，谁发卡谁承担，应该由银行承担主要责任。但在我国实际上是，谁持卡谁承担，所以只能是自己要注意用卡安全。具体防范盗刷的措施有以下五点：

（1）拿到新卡后，及时在卡片背面相应位置签名，签名稍微有个性一点，让别人不容易模仿。

（2）不要设置太简单的密码，像一些连续的号码、重复的号码以及生日号码，都是容易让人猜出来的。

（3）开通短信提醒功能，发现异常情况，及时挂失。

（4）平时消费的时候，不要让信用卡离开自己的视线范围。比如在饭馆吃饭，就让服务员拿移动POS在你面前刷卡。如果饭馆没有移动POS机，你就勤快点，到收银柜台去刷卡，不要把卡随意交给别人。

（5）不要随意丢弃ATM凭条对账单等凭证，上面可能有一些信息会被别有用心的人利用。

◇ 骨灰篇

最后一个篇章是骨灰篇，既然用了骨灰这个词，就是告诉你，属于专业人士操作，切勿随意模仿，否则可能会灰飞烟灭。呵呵，开个玩笑。在这个篇章里，我要公布本节一开始提到的信用卡赚钱的秘密。

首先，我要讲一下，前面提到的老板，他用信用卡赚钱要具备的两个条件：第一个条件，他拥有十几张信用卡，而且因为他拥有房产，所以信用卡额度都很高，最低的额度都有8万元，最高的额度有50万元，这十几张信用卡的总额度超过200万元。第二个条件，他有很多做批发生意的朋友，并且平时进出账都是以现金交易居多。

他的做法简单说来就是，每次他朋友要进货就先通知他，然后他刷信用卡帮朋友付账，朋友再给他现金，他将现金存入银行，购买短期理财产品，最终通过银行理财产品产生收益。说白了，他就是利用信用卡的免息期，通过对信用卡的合理套现实现的收益。如果按照总额度200万元，平均免息期30天，短期理财产品年化利率为4%，这三个条件来计算，他每月的收益在7000元左右。

后来，我又给了他一些理财建议，让他锦上添花。

（1）统计出每个月朋友进货量最多的是哪几天，然后将这十几张信用卡的账单日都平均设置在进货量最大的这几天之前，享受更长的免息期。

（2）注意用卡安全，规避风险。建议他不要在单台POS机上刷太多笔或刷太高金额，因为做批发的老板一般都有多台POS机，就轮换着刷，金额不要太集中。

（3）建议他将一部分资金投放到货币基金上，因为货币基金的灵活性比银行理财产品更好，而且收益率也不比银行理财产品差。

再次提醒大家，这位老板的例子需要很多前提条件，比方说：刷卡的交易都是真实存在的，可以出具相应的单据和发票。所以不要随便模仿，否则很容易被银行判定为非法套现，影响个人信用。

好了，用信用卡赚钱的秘密就解答完了。说到这，有些人可能要失望了，因为以上操作都不是普通老百姓能办到的。那我们普通老百姓能不能借鉴一下他的方法呢？当然是可以的，我也一直这样操作。

比如说，之前我有位朋友办婚宴，摆了10桌，2000元钱一桌，一共是2万元。本来打算给现金的，我发现后就要求帮他刷卡，然后朋友把现金给我，我将现金转入基金公司购买货币基金，最终产生收益。此外，我之前也有提到，我最多的一年在淘宝网花了20万元，你以为都是我花的吗？其实绝大部分都是在淘宝网帮人代购商品，甚至是帮公司代购商品。但是随着信用卡的普及，大多数人都懂得使用信用卡了，这时工薪阶层可以用另外一种操作方式来赚钱。每月发工资后，留一些作为紧急备用金，其余部分全部转入基金公司购买货币基金，平时则用信用卡支付日常开支。当信用卡还款日到了以后，就从基金公司赎回货币基金，转入信用卡中用于还款，这样同样能够赚取一定的收益。

最后我想说的是，任何一种投资工具都是一把双刃剑，用得好可以为你披荆斩棘，用得不好就会割伤自己。下面我要说的几点用卡原则，一定要谨记于心。

（1）按时还款，保持良好信用。

（2）不懂的业务不操作。比如说，刚才骨灰篇里的内容，如果搞不懂，就不要赚这个钱；再比如说，消费分期你没搞懂，就不要分期。

（3）再次强调用卡安全。用股神巴菲特的话说，投资的原则有三点：第一点，安全第一！第二点，安全第一！第三点，还是安全第一！

所以，作为普通百姓，我们利用信用卡赚点小收益就好了，顺便提升个人信用。

2．信用卡使用八大坏习惯

相比其他金融产品，信用卡显得微不足道，但信用卡却是最为常用的金融产品，而且与日常生活紧密相连，也是最容易让人养成坏习惯的金融产品。“千里之堤，毁于蚁穴”，看似无所谓的使用习惯，或许恰恰会为未来的理财之路埋下隐患。很多用卡一族在享受到金融便利的同时，也养成了一些坏习惯。

那么，信用卡使用过程中，有哪些坏习惯是典型且容易被忽视的呢？

◇ 乱开卡无节制

信用卡类型众多，各家信用卡的活动又各不相同，为此不少人的皮夹里塞满了各式各样的信用卡。要知道，这可能会给你带来无尽烦恼。

最大的问题就是可能忘记还款，稍有闪失你就会损失利息，甚至影响信用记录。其次，刷卡金额被分摊到不同卡片上，不利于积分的累积，致使每张卡片的积分都没什么用处。此外，卡片达到一定数量后，反而会让银行对你的还款能力产生疑问，要想提高额度会更加困难。

建议大家量力而行，如果管理不过来，就减少持有信用卡的数量。

◇ 弄不清最后还款日

糊涂的持卡者大有人在，你是否也弄不清每张卡片的最后还款日呢？

每月的最后还款日是账单日之后，免息还款的到期日，在这一天之前将当期账单金额全额还上，是不需要支付任何利息的，若超过这一天还款，不少银行就会从消费当日开始计收利息，每天万分之五的比例可不低。不仅如此，央行征信系统上还会留下你逾期的“灰色记录”。

可以尝试下载一个管理信用卡的手机APP，随时提醒你距离还款日还有几天。

◇ 不记账单日

“好像都到最后还款日了，怎么我没收到账单呢？是不是不用还款了？”由于大部分持卡人记不清自己的账单日，所以当账单寄送环节出现问题时，也不易察觉，这很可能导致错过到期还款时间。

要知道，无论是发送电子版的账单，还是纸质账单，都有漏发、错发的可能，持卡人千万不要以为没收到账单就是当期无欠款。比较妥当的做法是，在账单日后致电卡中心确认当期账单金额，并告知未收到账单，由客服人员登记以免再次发生类似情况。

这个问题，也同样可以用信用卡管理APP来解决。

◇ 不保护信息

“你用我的卡吧！密码是××××××。”你是否习惯将自己的信用卡随意借给他人使用？又或者在存有风险的网站递交信用卡的相关资料呢？这些坏习惯都会给卡片安全性带来隐患。

值得注意的是，不少持卡人以为取款密码不泄露就能保证卡片不被盗刷，事实上，信用卡查询密码、卡片有效期以及卡片背面3位数的CVV2代码若被不法分子知晓，同样可以盗刷卡片。

一般我习惯将CVV2代码写到其他地方，然后将卡片背面的CVV2信息刮掉，即使被人捡到卡，也不能利用CVV2代码消费。

◇ 不设密码

不设密码的坏习惯让你的卡片少了一道安全防线，一旦卡片被不法分子捡到，很容易被盗刷，而想要通过报警、信用卡盗刷保险来挽回损失，都费时费力，也未必能够成功。持卡人应养成在开卡时设置取款密码、查询密码的习惯。

消费者常有这样的疑惑：在使用签名确认的保障方式后，信用卡消费是否有必要设置消费密码呢？专家建议，为信用卡消费设置密码将有效降低信用卡损失的发生。目前国际上多数银行的信用卡，刷卡时消费确认方式默认为“仅凭签名”，消费者可以主动联系银行客服热线，开通“凭密码+签名”的消费方式，为自己的信用卡设置双保险，从而降低信用卡被盗刷的风险。

在设置密码以及签名上的其他注意事项还包括：收到卡片后尽快在卡片背面签名栏签上本人签名，定期修改信用卡密码并妥善保管，输入密码时请用手或其他物品遮挡以防泄漏等。

建议密码最好设置得复杂一点，签名最好有个性一点，让人不易模仿。

◇ 没有销卡习惯

不少持卡人习惯于将已经不再使用的信用卡闲置在某个角落，或者在还未销卡的情况下将其扔掉。殊不知销卡意味着用卡活动的停止，而未销卡的情况下，持卡人随意处置卡片容易泄露卡片信息，乃至被盗用。不仅如此，如今的免年费政策通常需要持卡人在一年内刷满一定金额或笔数，若不销卡又停用卡片，很可能因为达不到这些要求而被扣收年费。若未及时支付年费，还可能产生罚息，隐患颇多。

所以建议大家将打算停用的卡，或是长期未用的信用卡注销。

◇ 不管额度常常刷爆

你是否常常刷爆信用卡？可别太高兴，因为信用卡并非没有额度，而是你已经超额使用了。

尽管目前多数信用卡中心已经停止收取超限费，只对持卡人超过信用额度的部分收取手续费，但仍有部分信用卡可能会有此风险。所以，没有记住自己的卡片额度，随意使用很可能为自己增加不必要的成本。还是建议大家在额度范围以内合理消费。

◇ 向信用卡存钱

一些持卡人有事没事就习惯往信用卡里存点钱，以为这样可以减少还款的麻烦，我们之前已经说过，这个习惯不会带给你任何好处。

银行把这部分“存款”称作溢存款，是指持卡人本期偿还全部应还款项后剩余的款项。根据金融研究机构银率网的调查，接近一半的银行都要对溢存款取现收取手续费，即使是持卡人存放在信用卡内的资金或还款时多缴的部分，想要取出也要交钱。所以大家还是不要在信用卡里面存钱了。

3．利用信用卡分期付款可以赚利差？

曾经有人和我说，建行信用卡的分期表上面显示1年期的月利率只有0.35%，如果将10万元进行分期的话，每月还款额是8683元，如果把月利率乘以12的话，年利率才4.2%，似乎很划算。这样我们只要把资金放在6%左右的保守理财当中，就可以每年赚到1.8%的利息差价了。

其实他把银行想得太简单了，精明的银行怎么会给你4.2%这么低的年利率呢？实际年利率要远高于你所看到的年利率。下面我就教大家一些最简单的方法来计算信用卡分期付款的实际年利率。

我们用计算房贷经常用到的按揭贷款月供计算器，来计算一年期的实际利率，这种计算器在网上很容易就能找到一大把。具体操作步骤是：先在还款方式上选择等额还款，也就是等额本息还款法，然后贷款本金填写10万元，贷款年限我们就选择1年12期，接下来填写贷款年利率就是关键了。

我们可以先填写之前估算的年利率4.2%，但计算出来的月供款额却是8524.13元，这跟银行标称的每月还款8683元是不一致的。接下来，

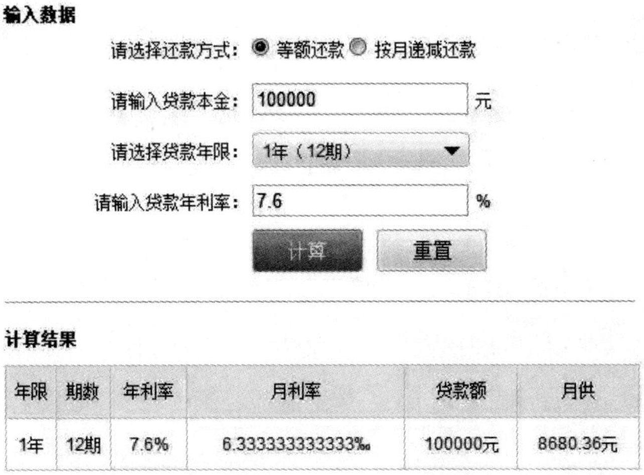

我们就持续调高利率，一直要调高到7.6%，这个时候，月供款额就显示8680.36，这跟银行的结果就差不多了。

这个时候就真相大白了，上面所说的建行信用卡12月分期的实际年利率应该是7.6%左右，远高于4.2%的预期利率。如果这个时候把贷来的资金存放在6%的保守理财当中，肯定是会亏钱的。

另外，看完整个过程，大家可能明白了，房贷计算器是已知本金、年限和年利率来计算月供款额度的，而我则利用这个功能来反向推算年利率，是不是很巧妙啊？

当然，也许有人觉得这种方法太笨了，要调来调去，同时计算结果还不够精确。

下面就由我这个纠结的完美主义者来教大家使用Excel表来计算最精确的结果。

其实原理也很简单，就是运用了Excel表当中的RATE函数。在函数当中，第一个数值是期限，我们要填12；第二个数值是月供，我们要填写-8683，注意，这里一定要填负数；接下来，第三个数值是贷款总额，我们要填写10万。这个时候，结果已经显示出来了，0.006381，也就是0.6381%，这还只是月利率，直接乘以12，得出实际年利率是7.6572%，保留小数点后4位，这下够精确了吧？

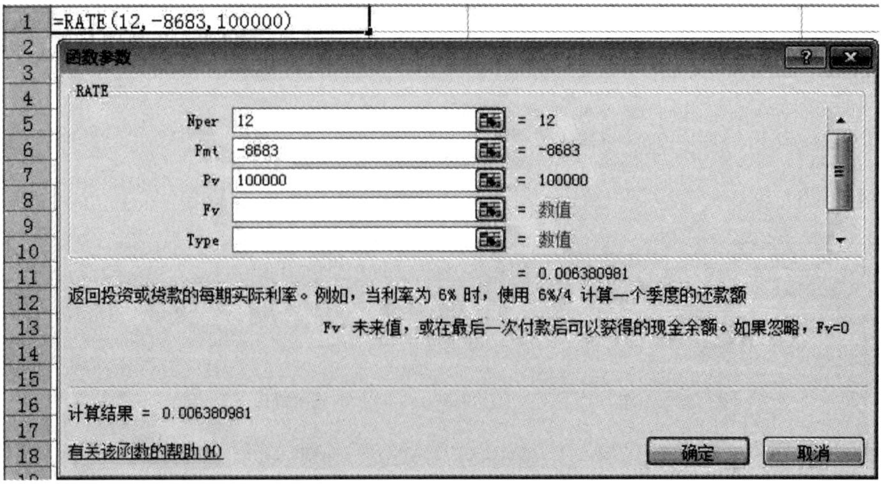

用同样的方法，我们也可以计算出其他期限的实际年利率，比方说，2年期是8.3126%，3年期是8.5269%，4年期是8.884%，是不是没有那么诱人了？

总的来说，我们使用信用卡的最大好处是支付方便以及利用信用卡的免息期来理财，如果想套取其中的资金来投资赚利差，就必须承受比较大的风险。如果一年只赚一两个点的利差，却要背负过高的投资风险，我认为是完全没有必要的。

4．信用卡终极提额大法

信用卡提额是很多持卡用户关注的焦点问题之一，很多人使用信用卡两三年了，信用额度并没有提高多少，大多数是一两万元的信用额度。接下来我就把各种提额技巧做一个汇总，在文末整理成信用卡终极提额大法。

◇ 提额的基本原则

（1）让银行觉得资金放在你这儿很安全。投资本金安全第一，你懂这个道理，银行更懂，所以你的过往信用直接影响你是否能批到卡以及批卡的额度。

（2）让银行能通过你的信用卡赚到钱。银行不是慈善机构，也需要利润来生存，银行通过信用卡赚钱的方式主要有：利息、滞纳金、分期手续费、商户手续费等等。

◇ 提额技巧

（1）让信用卡一出生就“白白胖胖”的。也就是尽量申请高额度的信用卡，高起点决定以后额度更快地成长。对于初次申请信用卡的用户，尽量提供更完善的个人资料，例如：工资条、一年以上的工作证明，如果有房产证、行驶证就更好，有过办卡历史而且条件好的，可以申请时要求非金卡不要。

如果你条件好，但被银行批了一张低额度的卡，可以打电话到信用卡中心，要求复审，态度可以强硬一点。

（2）多刷信用卡。不管是充值话费，还是去超市购物，只要是能刷卡的地方就尽量使用信用卡，并且集中刷一张卡。如果经常帮朋友代购或是帮企业的应酬刷卡买单，就更完美了。一般来说，月刷卡次数在10次以上，月刷卡总金额在总额度的30%以上是比较好的，请记住，次数、金额、多样化都很重要。（多样化是指在不同商家刷卡。）

另外，基于第2点原则，所以刷卡尽量挑选有积分的，例如餐厅、百货商店等等，而批发档口和某些网购是没有积分的。当然，也不是说没积分的就不能刷卡，而是说在有选择的情况下，尽量选择有积分的，也帮银行赚一点商家手续费。

（3）按时还款。要建立良好的信用，就一定要按时足额还款，并且尽量提前一两天还。如果你总是在还款当天还，用尽最长免息期，也会给银行不好的印象。如果你实在是资金周转困难，那就选择分期还款吧，这不仅不会降低你的信用，反而会提升你在银行心目中的地位，因为银行赚到分期手续费了。当然，我并不推荐分期还款，实在逼不得已才考虑。

（4）主动要求提额。新卡批下来，按以上方式使用3个月以后，就可以致电信用卡中心，要求提升永久额度，甚至可以多打几次电话申请提额，有时对于不同的客服代表会得到不同的处理结果。

（5）欲擒故纵提额。如果主动要求提额不奏效，那就暂停使用这张信用卡一两个月，然后再致电客服代表要求提额，银行对于休眠卡的重新启用会有一定的鼓励政策。但要谨慎使用这种方法。

（6）其他技巧。提额的时间把握也很关键，一般在卡刚刚刷爆的时候申请，最为有效。注意了，不是要你特意刷爆卡再去申请提额，而是说凑巧你某个月可以帮公司代刷，消费金额非常高，这时去申请提额，效果会更好。还有就是，当你的个人财务状况发生改变时，例如加工资了、买房了，将这些新的资产证明提供给信用卡中心，也更有利于提额。

◇ 信用卡终极提额大法

因为直接申请提额消耗的时间会很长，而且很困难，一般来说持卡人用卡时间必须满3个月（有的则是6个月或9个月）才能申请提高固定额度。而且多数银行提升信用卡固定额度的标准，一般不会超过原有额度的50%。如果申请提额成功，那么下次能申请提额的时间，至少是3个月以后。

信用卡终极提额大法，就是在刚才讲的6点普通提额技巧之上，加快提额的效率，具体步骤如下：

（1）先提供齐全的资料申请一张信用卡，然后多刷、按时还款用满3个月。

（2）如果该银行支持3个月提额，就先打电话试试，成不成功不重要，接下来就是再次申请该银行的信用卡，一般来说，第二张卡的额度肯定比第一张高。

（3）如果成功申请了一张更高额度的新卡，就用新卡刷；如果批卡失败或是批了相同额度的卡，就用第一张卡刷，原则就是哪张额度高，就用哪张刷，并且多刷、按时还款，再用满3个月。

（4）这时你已经用卡6个月了，你可以再次申请提额，成不成功不重要，接下来这一步就非常重要了。

（5）凭借额度更高的信用卡向另一家银行申请信用卡，以卡办卡，这样批卡的概率非常高，而且因为银行间的竞争，批下来的新卡额度一般会高于当前的。

（6）拿到第三张卡后，就可以从第2步开始，不断循环，额度也不断攀升。老卡如果没什么用，持有一年以后就销卡，不会对你有任何影响。一般来说，手头不要持有超过4张卡，如果超过4张，就很难批到新卡。

最后，还是要强调用卡安全，不要为了提额而特意去消费，可别一不小心就沦为卡奴。另外，提升到合理的额度就好了（一般是月薪的5倍左右），过高的额度也并非好事，如果卡片被盗用，将会损失惨重。

第三节 ◎ 网贷，高收益的吸引

1．剖析P2P网贷

P2P网贷凭借着高收益率，受到很多投资者的关注。那它的本质到底是什么？

◇ 网贷的定义和运作原理

我们先来看一看P2P网贷的定义：P2P网贷，是指由具有资质的第三方公司作为中介平台，借款人在平台发放借款标，投资者进行竞标向借款人放贷的行为。说简单一点，P2P网贷的本质就是将民间借贷放到互联网上，投资人在这个平台上放贷，借款人在这个平台上借钱。P2P网贷平台有点类似于淘宝网，只是卖家变成了借款人，买家变成了投资人，而买卖的商品就是借款合同。

我们再来看看P2P网贷平台的运作原理：首先，有借款人，有投资人，还有居中的P2P网贷平台。借款人向P2P网贷平台提供自己的信用资料，包括身份信息、收入证明、工作证明、信用报告等等，由P2P网贷平台认定该借款人符合标准，同意发放借款标；投资人向P2P网贷平台查询相应借款人的信用资料，确认可以向该借款人借钱，通过平台向借款人借出资金。然后，借款人按照借款合同要求，每月按时还本付息，直到合同期满，还款结束。P2P网贷平台除了能够起到考察借款人信用的作用之外，还能够起到分散投资人风险的作用。投资人通过P2P网贷平台，能够将为数不多的资金，分别借给很多不同的借款人，最低甚至50元就可以出借，极大地分散了投资者的风险。

打个比方说，你的同事要找你借5000元，你可能不太愿意，觉得风险太大，但如果只是找你借50元的话，你就无所谓了。P2P网贷的原理也是如此，你可以将你要出借的资金，分散在不同的借款人身上，即使少部分借款人不还钱，也不会影响整体收益。另外，有部分平台还提供本金保障，我后面会讲到，这样的话，投资人的风险就更低了。

其实，民间借贷这个词，我们都听说过，但似乎经常听到的都是负面消息，那民间借贷到底合不合法，有没有相应的法律依据呢？我们可以参看《合同法》第196条的规定，具体条款我就不列出来了，意思是只要利息符合法律规定就合法。那么多少利息算是合法的？

最高人民法院的条例有明确规定，民间借贷的利率最高不得超过银行同类贷款利率的四倍，以2017年银行一年期贷款4.75%的利率举例，那么民间借贷的最高利率就不能超过19%。出问题的往往是那些超过标准的民间借贷，有些超过30%，达到60%，甚至100%的年利率，这种民间借贷不受法律保护，并且往往都是骗局。

那为什么民间借贷就能有如此高的收益？主要是因为国内对于个人及中小型企业贷款的门槛太高。个人或中小型企业，如果没有抵押物，想要通过银行贷到款，几乎是行不通的。如果找正规贷款公司来做无抵押贷款，个人无抵押贷款，月利率大约是0.8%至2.5%，折合年利率达到9.6%至30%；如果是中小企业无抵押贷款，月利率达到2%至3%，折合年利率达到24%至36%，就算是接受这么高的利息，还未必批得下款来。再加上，国内投资人的投资渠道少，这双重因素一夹击，民间借贷自然在国内火爆起来。

说到利息这个话题，就不得不提到对于利息计算的一个误解：比方说，你投入1200元，参加一个预期年收益率为10%的项目，投资期限为1年，你心里就在估算了，1200元的本金，再加上10%的年收益，这笔投资，我应该能赚120元，本利和共计是1320元。而实际情况则是，本金1200元没错，但利息只有66元，这时就有人要开骂了，说网贷公司是骗子。其实，这是冤枉网贷公司了，因为几乎所有P2P网贷项目，都是采用等额本息月还款法。

我用还款方式对比来说明：之前估算有120元利息的还款方式其实是期末还本，借款人每月只要付10元的利息，本金是一直拿着的；而等额本息还款法，借款人每月除了要支付利息之外，每月还要归还一部分的本金，自然利息就会逐月递减。你想想看，到还款的第11个月时，借款人实际只持有200多元的本金，难道还要按照1200元算利息给你吗？等额本息还款法最大的好处是本金尽快回笼，以最大限度保证投资人的资金安全，投资人也可以将回笼的本金和利息投入新的项目当中，再产生新的收益，以实现利滚利的效果。等额本息还款法，具体还款金额的计算方法比较复杂，一般是用等额本息月还款计算器来计算的。这个计算器在网上随便一搜就有了，我就不详细说明了。

另外，有网友要问了，P2P网贷平台到底靠什么赚钱呢？我拿某家网贷平台来举例：投资人往平台充值的时候要收取0.5%的充值费，上限100元；从平台往外提取现金时，要收取1至5元的提现费；如果你持有一个网贷项目，但突然急需用钱的话，你可以将债权转让给其他投资者，这时平台要收1%的转让管理费。当然，有很多平台对投资人是不收费的。借款人的费用就多了，除了与投资人相同的充值费和提现费之外，还有借款服务费、借款管理费、逾期管理费等等，这里就不详细说明了，反正网贷平台就是靠这些管理费来赚钱的。

◇ 网贷的前世今生

在了解完基本原理之后，我们再来看看P2P网贷的前世今生。P2P网贷最早起源于2005年3月，由一家名为Zopa的英国公司开创的网上互助借贷，后来又发展到美国、德国和其他国家。目前Zopa平均每天线上投资额达200多万英镑，而且一家名为Lending Club的P2P借贷网，甚至已经获得5270万美元的风险投资。

当国外P2P网贷发展得风生水起时，国内网贷平台也不示弱。2007年

8月，全国第一家民间网络借贷平台“拍拍贷”成立，2012年是国内网贷平台爆发期，市场有接近2000家，其中比较活跃的有400家左右。在国内P2P网贷如此火爆的同时，自然也会造成鱼龙混杂，一些资质低、管理差的公司也混在其中用高息吸引投资人，甚至有些纯粹是骗子，借P2P网贷变相吸收存款。

◇ 投资网贷的风险

在国内投资P2P网贷要面临哪些风险呢？

（1）资质风险。网贷公司不同于金融机构，不需要几亿元的注册资本，投资几百万元，甚至几十万元就能开网贷公司。政府目前也没有出台指导性的意见，要投资P2P网贷的投资人，还需要练就一双火眼金睛才行。

（2）管理风险。有些网贷公司前期其实确确实实想办好一个网贷平台，但P2P网贷毕竟属于金融行业的创新模式，公司管理不到位，很可能造成资金链断裂、破产清算。

（3）资金风险。有不少网贷平台没有采取第三方资金管理平台，可以随意动用投资人的资金，公司老总可能挪用资金，甚至已经有些公司开业不到一个月，老板就卷款跑路。

（4）技术风险。很多公司宁可投入几十万元搞营销，也不愿意改善平台技术，可能只花几千块到几万块买一个平台软件就开始运营，导致恶意攻击风险不断，被黑客入侵、修改投资人账户、数据丢失等等问题时有发生，严重影响平台的稳定运行。

◇ 网贷投资原则

那面对这种种风险，我们要如何回避呢？以下是我总结的P2P网贷投资原则，供大家参考。

（1）不要将P2P网贷作为主要投资工具。多看多学少动，只动用少量资金参与。P2P网贷毕竟是一个新生事物，监管还不够完善，少量尝试就好了，切不要因为追求高收益投入太多资金。

（2）不追求过高的收益率。建议按照国家法定标准，年收益率不超过20%，保守的投资者甚至不要超过10%，收益越大，风险就越大，这是基本的道理。

（3）更多关注自己的投资。P2P网贷不可控的风险比较多，不能像懒人投资法一样，钱投进去就不管了，要经常去网贷平台看看网站消息，网站有没有运营风险，借款人有没有按时还款。感觉不对劲，就尽早离场。

（4）分散投资风险。尽量将资金分散在多个项目上，风险小的项目就多投一点，风险大的项目就少投或者不投。

（5）选择有本金保障的网贷平台。一些有实力、有后台的网贷平台是用自有资金来保障投资人的本金，也有的网贷平台是建立风险备用金来保障投资人的本金，不管是用哪种方式，只要能够保本，留得青山在，不怕没柴烧，损失点利息都无所谓。当然，也有部分平台既保本又保息。这里又引出另外一个话题，如何筛选出好的网贷平台呢?

◇ 网贷平台筛选六大原则

我总结了一下P2P网贷平台筛选的六大原则：

（1）要有持续的经营时间。开业至少两年以上，持续的经营时间代表这家公司能够经受住市场的风浪。

（2）稳步增长的成交量。成交量增长快，表明后面进入平台的资金，比将要支付的本利和要多得多，公司资金链就不会断裂。

（3）有专业化的管理团队。最好是有金融背景的管理团队，很多网贷公司老总本身是做实业或是开网络公司的，如何能够管理好一家新兴的金融公司呢?

（4）信息透明，管理制度健全，风险控制体系完善。要能够随时查询到公司的各种报表，以及借款人的最新信息。

（5）收益率合理。总年化收益率尽量不要超过15%，一般控制在1%

左右。很多骗子公司正是通过超高的收益率来吸引投资者。

（6）本金有保障的平台才是好的平台。之前也讲过，这里就不赘述了。

如果大家觉得自己筛选太麻烦，其实也可以借助第三方平台。比如“网贷之家”网站，就会把各大资质良好的网贷平台做成一个综合指数排行榜，综合指数越高，表示公司资质就越好。我仔细研究过这个排行榜，能够上得了排行榜的网贷平台，基本上没有资质太差的或是骗子平台，这个网站还算公正。

◇ 网贷陷阱与问题平台

我们还不得不提一下，P2P网贷中的陷阱。

（1）自贷。就是一些老板缺钱用，自己花钱搞一个网贷平台，自己融资自己用，里面的项目都是假的。这种项目风险极大，一般来说，这种平台的网站设计会很差。

（2）组团。有些网贷平台，对于大资金的进入是有奖励的，例如借出100万元，额外一次性奖励2%，为了拿这2%的奖励，于是50个人组团，每人出2万元，凑足100万元，拿到奖励。看似风险降低了，赚钱更多了，但其实团长经常与借款人商量额外的收入，中饱私囊，至于说团员们有没有风险就不管了。

（3）打新。一些刚开的网贷平台为了吸引人气，就会用高额的收益和奖励来吸引投资人，往往这种网贷平台产生骗子的比例也是最高的。

其实，只要严格执行我之前讲的网贷投资原则，就基本上不会遇上这些陷阱。

一般来说，问题平台会有一些共同的特点，主要集中在以下几个方面：

（1）网站粗糙。平台网站是第一印象，随便买个便宜的网站模板，要么是没实力，要么是不想长期干的。很多网友都询问我，某某网贷平台如何，我瞄一眼网站，基本上就能否掉70%以上的平台。

（2）常发天标。那些1天、3天的标，很容易吸引短线投资客，但同时也要注意，这些很可能成为未来的陷阱。很多跑路的平台都是在短时间内狂发天标，然后马上跑路的。所以，但凡有天标的平台，我都完全不考虑。

（3）没有第三方资金托管。简单来看，就是在你打款的时候，要看收款账户是平台本身的公司，还是第三方支付平台，有了第三方资金托管，卷款跑路的可能性就大大降低了。

（4）成立时间太短。这不是核心条件，不能否认有一些成立不久的平台也很优秀，但如果你没有足够的判断能力，尽量还是不要碰那些成立时间不超过半年的，可以先暂时关注着。

对于P2P网贷，我们来最后总结一下：

（1）P2P网贷还是比较靠谱的，轻松实现10%左右的年收益；

（2）因为行业监管还不到位，建议选择有实力的平台；

（3）要把资金分别投资在多个项目上，分散投资风险。

还是需要提醒大家，P2P网贷属于中等至中高等风险的投资，要根据自己的风险承受能力去选择相应的平台和项目。最重要的是，在没有搞懂的情况下，千万不要轻易尝试。我对网贷项目的观点是“持续观望，少量参与”，建议不要放太多资金在网贷项目当中。

2．从e租宝事件看投资陷阱

相信了解过网贷的朋友还记得e租宝事件。先是e租宝东莞公司被查封，然后是e租宝董事长发布公告说暂停业务，我当时第一时间感觉就是没救了。因为网贷平台在某些方面跟银行差不多，有人存钱，有人借钱，如果存钱的人信心不足，争相要把钱取出来，那么平台肯定是要垮的。

在e租宝事件发生之前，我老早就不看好它，只是没有在公开渠道说过，因为怕被围攻。只要有人私下问过我，我就会提醒他不要参与，而且我还在会员课程当中将e租宝作为反面案例来给会员讲解如何安全地投资网贷。

我当时判断的理由也很简单，主要就两个方面：

一方面，e租宝烧钱太凶。我不喜欢过于铺张浪费的网贷平台，说实话现在老老实实做网贷是很难赚到钱的，要么省着点花，要么降低产品的收益率，赚取更多的利息差价。

而e租宝的收益率接近15%，在同期的网贷大环境来看，已经是比较高的收益率了。同时，e租宝又在央视和地铁上到处打广告，这是非常烧钱的。支付高利息的同时又烧钱打广告，这钱从何而来？只能是自融，拿我们投资用户的钱去烧。

另一方面，e租宝官网在团队介绍页面上极不严谨。有的人是半身照，有的人是大头照，还有全身照的。别看这个小小的细节，它往往反映了公司的管理水平。过去我在日企做过采购，日本人在考核供应商的时候，最喜欢去观察供应商的厕所，如果连厕所这么脏的地方都能搞得很干净，那么这家公司的管理水平就很高了。简单理解就是，细节决定成败。

当然，这件事已经过去了，但从e租宝事件我们应该要学到一些经验教训，远离投资陷阱。这里所说的投资陷阱不仅仅是网贷，还包括其他各种投资项目。我总结了以下几点供大家参考。

◇ 高收益就意味着高风险

面对高收益的时候，我不是欣喜若狂，而是格外谨慎。因为我知道，这背后一定代表着高风险。比方说，一只股票连续几个涨停板，几天时间就能获取百分之几十的收益；但这也意味着，它也可以连续几个跌停板，几天时间就亏损百分之几十，收益和风险是对等的。

当你看到一个投资项目，既有高收益，又有保本保息，还宣称100%安全，那基本上就是骗局了。比方说，之前很流行的MMM互助金融，号称月收益达到30%，闭着眼睛都知道这是个骗局。

◇ 远离传销模式

任何以拉人头来赚钱的模式，基本上都是传销模式。比方说，刚才所说的MMM互助金融就必须不断地拉人进来，你才能继续参与这个游戏，否则会被取消资格。当然，这个游戏也必须有更多的人来参与，后面进来的人为前面的人买单，这个游戏才能持续运转下去。但总有一批人是倒霉的，也许不是你，但其实你也间接害到一些人。

经常有人问我，大巴你现在人气这么高，为什么不做××虚拟币、××金融网络？名字千奇百怪的，但我知道，本质上都是传销或者是金融传销。确实，如果我要去做的话，肯定是创始人级别的，赚钱是不用说的，直接跟着我做的人也肯定是赚钱的，因为大家都在金字塔尖，做得最早。但是，最终肯定是会害到一批人的，这种事情我是不会干的，我也不建议大家为了赚钱去干这种昧良心的事情。

◇ 持续关注自己的投资

e租宝的风险预警已经不是一两天的事情了，早在2015年8月份，就有不少自媒体人以及第三方网贷评测机构在提醒大家注意风险，但e租宝的交易量还在水涨船高。

如果是我投资的项目，不论大小，我都会持续关注它，经常在网上搜索一下有没有相关的负面消息，再综合分析一下，负面消息是空穴来风，还是确有其事；再评估一下，负面消息对投资项目本身的影响。如果负面消息太多，或者看不清状况，基于安全考虑，我可能会第一时间撤退。

总的来说，投资本身就是风险的代名词，钱投出去，就必须要持续关注，把鸡蛋放在篮子里的同时，也要看管好自己的篮子。不要光盯着高收益看，也要小心投资陷阱。

第四节 ◎ 从理财角度去看比特币

比特币现在特别火热，涨势凶猛，很多人也在追问大巴对于比特币的看法。那么现在就和大家普及一下比特币的知识，以及谈谈对比特币的看法。

如果你对比特币已经非常了解，可以直接看本节最后一部分，有我对于比特币的看法与结论，或许有不同的收获。

◇ 什么是比特币?

官方的解释如下：比特币，是一种由开源的P2P软件产生的电子币、数字币，是一种网络虚拟资产。我总结了一下，比特币具有以下四大特点：

（1）虚拟化。首先，比特币是一种网络虚拟资产，并没有实物。你也可以简单理解为，类似于Q币或是网络游戏中的游戏币。

（2）去中心化。不同于任何货币及其他电子币，比特币是没有特定的发行机构的。例如：人民币就是人民银行发行的；Q币是由腾讯公司发行的，他们都有一个中心。但比特币不依靠任何发行机构，它通过特定算法的大量计算产生。

（3）稀缺性。这也是与其他电子币最大的不同，它的总数量非常有限，具有极强的稀缺性，预计总数量不超过2100万个。是不是感觉有点像黄金？黄金的全球储备量也是有限的。

（4）全球流通。比特币可以在任意一台接入互联网的电脑上管理，不管身处何方，任何人都可以购买、出售或收取比特币。

我们可以看到，比特币是具有与黄金类似的属性，而且比黄金更稀缺。但请注意了：这只是基于一个假设，实际上，它能等同于黄金吗？

◇ 比特币的投资风险

任何投资都是收益越大，风险越大，比特币有这么高的收益，那中间又有怎样的风险呢？

（1）可能不被政府认可。正因为比特币是去中心化的，所以它只是民间自发的一种行为，很多国家政府并不承认。例如：2013年11月20日，中国人民银行副行长易纲首度公开表示，从人民银行角度，近期不可能承认比特币的合法性。但他同时认为，比特币交易作为一种互联网上的买卖行为，普通民众拥有参与的自由。而黄金是被各国政府认可的通用结算货币，所以，不能将比特币视同黄金去投资。某种意义上来说，没有发行者的货币毫无价值，理论上说，价值归零也不足为奇。

（2）未来可能有类似的电子币出现，甚至取代比特币的地位。就算是养尊处优的黄金，也有铂金、白银、钻石等投资品种来替代，当出现第二种电子币时，比特币必然有一波下跌。

（3）因为是电子货币，所以交易平台很容易遭到黑客攻击，或者遭到主管部门的关闭。再加上去中心化，没有监管机构，所以发生任何损失，将无法追偿，法律部门也干预不了。

（4）绝对不要利用比特币去投机。投机最怕的不是亏损，而是勾起了你无限的欲望。如果你把比特币当成炒卖的工具，那么它就是天下最大的陷阱。比方说，你1000元入场，1万元卖出，赚了10倍，你肯定会沾沾自喜，到处分享经验，并且天天关注行情。我敢担保，你一定会在2万元左右，甚至更高的价格再次进场炒卖，期待它涨得更高。这跟股票上证指数到达5000点以后的情况是一样的，绝大多数人都赚钱了，并且再次加码进场，然后看高上证指数到10000点，最后终于，在6000点左右崩盘了。要知道，比特币还不是股票，一旦人们对它失去信心，它就有归零的可能性。

◇ 从理财角度如何看待比特币？

首先，理财的基本原则就是不断增加持有资产，减少持有负债。那么我们回过头来看看，比特币到底是不是资产？

重新温习一下，什么是真正的资产：能够源源不断将钱放入你口袋的才是资产。比如用于出租的房产就是资产，反之，自住的房屋就不算资产。股票是资产，因为它所代表的企业正在不断生产和销售产品，创造源源不断的利润。

再来看看比特币，我们发现，除了等待它价格上涨然后再卖出，以赚取价差之外，它是不能创造任何正向现金流的，所以，比特币不是资产。同理，黄金也不能算作资产，即使它疯狂上涨，也不能算真正意义上的资产，除了价格上涨，它不能创造源源不断的现金流。

那我们要如何看待比特币？不如，把它看作是收藏品或艺术品。作为踏入互联网时代的先行者们，将比特币作为收藏品，以纪念这一伟大时代，倒是不错的投资方式。就好像1980年发行的庚申猴邮票，发行票面才8分，目前价格至少1万元以上，翻了10万倍不止。

对于比特币的投资思路，我的看法如下：

（1）以极少的资金投资比特币。重在参与，不为赚钱。

（2）不关心比特币的价格涨跌。比方说，你花钱买了一个古董碗，会因为市场下跌而心慌吗？当然不会，购买收藏品，就为好玩，能赚当然好，不能赚就拉倒。

（3）长期持有。很多人在投资收藏品时，就是打算收藏一辈子，甚至留给子孙后代的，图的就是个好玩、喜欢。没有这份心境，建议还是不要参与比特币投资了。

第四章

理财就是理生活

第一节 ◎ 月光族该如何理财，早日“脱光”？

我总结了一下，很多月光族都有以下的几个特点：

（1）月收入与月支出持平，甚至支出大于收入，就是常说的入不敷出；

（2）几乎没有任何资产；

（3）家庭财务负担小，甚至有父母的支持。

一般来说，月光族都是有一定的“本钱”才敢这么放肆，要么够年轻，要么有人支撑，没有压力自然习惯花钱大手大脚了。但随着年龄不断增加，他们要面临结婚、生子、养老等财务压力，越来越多的月光族意识到必须要改掉乱花钱的习惯，但往往不知道从何下手，并且要改掉坏习惯也不容易，花钱的诱惑却很难抵挡。下面，大巴就教月光族一些具体操作步骤，帮助各位月光族，早日“脱光”。

◇ 第一步：改变观念

首先，我们要改变观念，不要整天把没钱挂在嘴边。

这一点非常关键，要知道，观念永远比技巧重要。穷人总是喜欢抱怨自己没钱，甚至有仇富思想，这往往是一辈子受穷的根源。钱这个东西吧，你越是追着它、求着它，它越是会远离你；如果你尝试研究它的习性，然后做好自己该做的，它就会被你所吸引，源源不断地聚集到你身边。

这也有点像泡妞，你拼命去讨好一个女孩，最终结果往往只能做个备胎；但如果你尝试去了解女性的心理，然后不断地提升自我，比如讲究个人卫生、扩展知识面、提升幽默感等等，自然而然会吸引到身边的女性，女孩也同样希望跟优秀的男孩在一起。所以，真正好的感情基础是双方相互吸引，而不是单方面的追求。

话题扯远了，说到理财上来，我不去挖空心思想如何赚更多的钱来满足自己的物质欲望，反而静下心来干好手头的工作，平时又不乱花钱，习惯了把钱花在刀刃上，再加上运用一些理财技巧，慢慢的，我觉得钱根本就花不完。当然，这里不是说钱多到花不完，而是说，只要花适当的钱就能够让自己过上幸福美好的生活。

◇ 第二步：还清债务

如果身上有负债，特别是欠银行的钱，一定要想办法尽快解决，长期拖着将直接影响你的个人信用和银行信用。如果是欠亲戚朋友的钱，就要当面讲清楚，什么时候还清，并写好借据，以表示你的诚意，重建个人信用。如果是欠信用卡的钱，能全额还清就尽量全额还，因为利息和手续费都是不小的开支，如果实在是资金周转困难，就做账单分期，每月按时还款。

◇ 第三步：建立强制储蓄

每月发工资就先强行存下一笔，例如：工资的10%，就当这笔钱已经花掉了，不存在了。你觉得每月省下10%很困难吗？那就当作是老板扣了你10%的工资，我就不信少了这10%，你就会活不下去了？人都是逼出来的，当你习惯了只有90%收入的生活时，你会发现，其实也没什么大不了，生活照样过得有滋有味。

这笔强制存下来的钱可以考虑存定期存款，这样就会导致取款很麻烦，一般你就不会去打这笔存款的主意了。也可以考虑办理基金定投，定投日就设置在发工资的第二天，工资一到账，就立刻被转出一小笔钱到定投账户中。

◇ 第四步：封存信用卡和网银，改用现金支付

将信用卡和借记卡暂时交由父母保管，网银、支付宝密码等也由父母

修改成自己不知道的，身上现金只带几百块，外出购物一律用现金支付，反正就是让自己感觉购物给钱很麻烦。因为没有网银，所以网购自然也就免了，现在网购这么方便，是最容易花钱的地方。

当然，这种极端的方式适合重度购物狂，能够自己控制住的，也可以自行控制。

◇ 第五步：学会记账

用手机下载一个记账APP，就可以随时记录每天的消费情况，每月自动生成报表。这样，你就能知道每个月钱到底用到什么地方去了，哪些应该花，哪些可以节省。当然，刚开始，不要记得太明细，像买菜就直接一笔带过，不要分成买肉花了多少钱、买青菜又多少钱等等。开头越简单，越容易坚持下去。

◇ 第六步：建立开支预算

开支预算是在学会记账的基础上进行的。首先，你要搞清楚自己每个月的钱都花到哪里了，哪些是必须花的，哪些是可花可不花的，你就能对每月各项支出做出预算，尽量压缩不必要的开支。如果当月花费超过预算，就要从下月预算中扣除，加大下个月的节省力度。这样，慢慢就能建立起良好的消费习惯了。

比方说，根据记账预算每月买服装不能超过多少钱，餐馆聚餐不能超过多少，休闲娱乐不能超过多少等等。一旦建立了预算，就要严格执行。举个实际例子，如果当月的服装费预算是500元，而实际的服装开支超过了100元，那么多出来的这100元就从下个月的预算当中扣除，这就意味着，下个月的服装费预算就是400元。

另外，超预算的部分不能超过每月预算的一半，也不能跨月。像刚才的例子，因为当月服装费已经超了预算100元，那么下个月的服装消费就一定不能超过400元。还有就是，每月的服装消费一定不能超过750元。

◇ 第七步：建立充足的保障

建议30岁以前，经济不太宽裕的朋友购买一点意外险；经济能力不错的，可以购买一定的寿险保障。30岁以后，身体开始走下坡路，一定要购买重大疾病保险，如果组建家庭了，自己又是家中赚钱主力的话，还要考虑加大寿险保额。

◇ 第八步：设立理财目标

做到这一步时，你已经有了一定的理财基础。这时要设立一些理财目标，例如小孩的教育金规划、自己和配偶的养老金规划等等，如果不懂得如何规划，可以找专业的理财师帮忙处理。

学习理财就跟学功夫一样，不是说师傅教你一两招绝招，你就能打遍天下无敌手了，一定是从基本功练起。理财知识在于积累，只要用心学，一定能够早日摆脱月光族的财务困扰，早日实现财务自由！

第二节 ◎ 女性理财，让生活更精彩

1. 女性理财的头号死敌

我就不绕弯子了，直接公布答案，女性理财的头号死敌就是：

以“我没有时间”作为自己不去理财的借口。

当然，这个借口也同样适用于男性，只是对于女性来说，这个问题更加突出而已。因为，女人是有充分的理由来找这个借口的。

一方面，女人一般不需要像男人那样拥有强烈的事业心，特别是对于传统的中国女性来说，相夫教子才是她们的首要目标。另外一方面，女人也确实要比男人更加忙碌，除了要带孩子、照顾丈夫以及处理其他家庭琐事以外，很多女人还要外出工作。毕竟能够全职做家庭主妇的女人还只是少数。因此在这么繁忙的情况下，如果有人建议女人再增加其他一些需要花费时间的活动，她们的第一反应就是拒绝。

但真的是忙到没时间吗？说到这里，我不禁想起一位神奇的日本女性，她的名字叫吉田穗波。她陆续生了5个孩子，都是她自己带大的，她不仅拥有全职工作，还到哈佛留学了两年，其间还出了一本书，书名就叫作《就因为没有时间，才什么都能办到》。在她的经历当中，我们至少能够得出一个结论，那就是：我们不去做某件事，并不绝对是因为时间不够。

实际上，如果我们更深层次地挖掘背后的原因就会发现，当我们在说“我没有时间”的时候，其实是想表示：你说的这件事不如我手头的事情重要。

比方说，如果让你坚持每个星期锻炼3天，刚开始你可能会满口答应，但其实你是无法坚持下来的。你可以找出一大堆的理由来解释自己为什么无法坚持。但是，假如某一天，你去检查身体的时候，医生说你得了一种罕见的疾病，如果每星期不能保证做3天运动的话，你就有生命危险，这样一来你是不是就一定会去运动了呢？我相信，运动将会成为你每天的头等大事。

一件事情在你的生活当中本来并不重要，一旦你找到了理由，它就成了重中之重。理财也是如此，你必须想清楚自己希望实现财务自由的真正理由是什么？这个理由又是否能够让你产生足够的行动力？

那要如何找到自己实现财务自由的理由呢？《富爸爸》系列丛书作者罗伯特·清崎的妻子写过一本书，叫《女人一定要有钱》，在这本书当中就对此给出了一些解决方案。这个方案是这样的：

首先，找一个比较安静没人打扰的地方，让自己静下心来好好思考问题。内心不要急，也不要慌。有时候可能很快就能找到自己的理由，有时候也可能需要一点时间。

第一步，问自己："我希望财务自由的真正理由是什么？"

设想一下：如果永远不再工作，我想做什么？如果可以任意支配自己的时间，我想做什么？如果不用担心金钱，我的生活会有什么不同？

写下想到的每一件事情。

第二步，再次问自己："我希望实现财务自由的深层次的理由是什么？"更深入地想一想，然后写下想到的每一件事情。

第三步，再次问自己："我希望实现财务自由，最内在、最衷心的理由是什么？"更深入地想一想，然后写下想到的每一件事情。

就是这样一次又一次地问自己，每次都要更加深入一些，直到得到明确的理由。大家可以尝试一下，用这种方法来找到自己希望实现财务自由的理由。

《死时谁为你哭泣》的作者罗宾·夏玛曾说："不是因为某件事很难，你才不想做，而是因为你不想做， 让这件事变得很难。"

2．通过理财创造你的幸福生活

很多女性朋友却常常迈不出“学习理财”这一步。她们进入理财的第一步，往往是“咨询保险”。无形中，是众多的保险代理人立下了“教育市场”的汗马功劳，只不过由于行业水平参差，很多女性朋友还是更愿意找到她们信任的人，来咨询家庭保障事宜。

很荣幸，我成为她们信任的人。我经常遇到这样的问题：“大巴老师，请问这一款保险怎么样？”一般女性朋友会倾向于帮小孩买保险，我一般会建议她们，应该优先给家庭支柱买保险。买保险属于消费，属于可以被“默许”的消费。除了买保险，她们对“理财”二字常常是望而却步的。

◇ 女性理财的误区

女性在理财观念上其实有着不少误区：

（1）不自信。我是女性，一看到数字就头痛，我不是理财的料。

（2）依赖心理严重。老公能赚大把钱，不需要我来操心，靠老公就行了。

（3）将理财等同于买保险，更关注花钱，而不是赚钱。

（4）钱是省出来的，理财就是会省钱。

（5）怕风险，不敢投资；或者一朝被蛇咬，十年怕井绳。

事实上，女性往往更适合理财。男人在外面打拼，反而没有很多时间去学习，如果他花很多时间在理财上，但他又不是从事理财专业的，太浪费时间。他们应该花更多时间在自己的事业上，赚更多的钱。

◇ 女性理财的优势

女性，无论在时间上、性格上，都更适合担起“家庭理财”的重任。以上的误区，只是女性人为地强加在自己身上的枷锁，或者是不了解理财之前的误读。女性在理财方面有着自己的优势：

（1）女性不怕示弱，更愿意寻求帮助。首先，在体力方面，女人天生就比男人要弱，所以在干一些体力活的时候，女人经常要向男人寻求帮助，而男人也非常愿意在女人面前展现自己的能力。其次，在修电脑这一类的技术活方面，女人也会显得很紧张，需要男人的帮助。而男人则不同，男人更喜欢自己动手解决问题，不愿意有求于别人，因为这样会显得自己过于弱小或无能。

俗话说得好：大智若愚。那些懂得示弱、懂得装傻的人往往是最聪明的人。而自以为样样精通、害怕出丑的人，则永远学不到东西，无法获得成长。所以，我们在学习理财的时候要保持空杯心态，理直气壮地承认自己不懂。

（2）女性更加务实，脚踏实地地赚收益。相比较而言，男人会更加自负，喜欢炫耀自己的过往战绩，为了完成自己吹过的牛，为了面子，就会硬着头皮去做投资。而女人则更加务实，会更加关注实际收益，在做投资的时候，也更有计划性。

（3）女性更具有风险意识。天性使然，男人一般是攻击型的，女人一般是防御型的。所以，女人天生会比男人更加谨小慎微，同时也会更具有风险意识。虽然在专业化投资领域确实是需要一点冒险精神，但对于普通人的理财来说，规避风险可能更为重要。这也是为什么我认为理财四大金刚当中，“风控”应该比“投资”更为重要。投资收益率低一点没有关系，但风险如果没有控制好，可能财富瞬间就会归零。

需要注意的是：我这里所说的风险，不仅包括投资风险，还包括人身风险和财产风险等等。至少，在向我询问保险相关问题的会员当中，女性会员要占多数。

（4）女性更注重性价比。大多数女人都是购物好手，会过日子的女人在购物时，一般不会去购买当季热销的商品，而是在换季前购买打折商品。这也说明了，女人更懂得购买价格低于实际价值的东西。如果女人懂得将超市购物的原理运用于投资当中，必定是大赚的。因为当股市低迷时，就跟超市大减价一样。既然女人喜欢在超市大减价的时候去扫货，又为什么不在股市大减价的时候去扫货呢？明白了这个简单的道理，女人在投资方面的优势会非常明显。

（5）女性更懂得照顾自己的生意。女人天生就擅长照顾其他人，跟照顾自己的孩子一样，女人也会小心照料自己的生意。比方说，做房屋租赁生意时，女人会懂得把房子装修布置得更漂亮再出租，让租户住得更加舒服。这样房屋的入住率就更高，租金收入也会更加丰厚。

（6）女性更乐于分享。发现好东西，女人会更愿意与朋友分享；而男人则更倾向于吃独食，在完成以后再拿出来炫耀。要知道，经验这东西是越分享越多的，在教别人的同时，自己提升得也会更快。

◇ 循序渐进

我常常会站在女性的立场去思考问题，女性应该如何保护自己，让自己的未来更稳定。在我的家庭里，我会主动协助我的太太首先建立好保障计划以及未来的养老金账户。

直白地说，人心有时未必可靠，自己都无法掌握自己的内心。这个时代变化太快，每个人的婚姻都有潜在风险。爱你一生一世，这不是我拍胸口去发誓，就能做到的。我情愿用更实在的方式，去达到安稳。因此，她比我更早建立资产配置的账户。她之前买的保障较低，现在我给她建立的保障账户是寿险附加重疾，保额共约70万元。再过几年，70万元都未必够，未来我还要再提高她的保额。

我的家庭比较特殊，我自己就从事理财教育行业，所以在家庭角色上，我会比较关注理财。具体到其他朋友的家庭，角色分工可能会有变化。此时，女性自己应该如何去规划家庭的财务资源，规划自己的未来呢?

一个完全不懂理财，或者在家庭中不是处于主导地位的女性来说，如果她直接说，从今天开始，我要开始建立资产配置方案了！她的先生一定会感到很奇怪并且会抗拒怀疑：“为什么要这样？”她又回答不出来。

所以，在学习理财的过程中，你的第一步是先帮先生配齐保险；第二步，可能是在投资方面给予先生一些建议，让他在和你交流时有所收获，让他感觉到你在理财方面越来越专业；第三步，他认可你的专业后，你可以适时提出，其实家里的主要成员都应该建立养老金账户（或者说建立家庭养老金账户），这个账户放在女方名下会更为合理。

◇ 利用互联网开源

对于全职妈妈而言，管好老公的钱的同时，也可以适当“开源”，保持一颗敞开的心。

以全职妈妈为例，她反正也要给孩子做吃的，现在能不能在这方面多下点功夫，甚至做出来卖？现在不是有很多妈妈的例子吗？她们做蛋糕在朋友圈里卖，有的还到学校教学生做蛋糕；有的妈妈声音很好听，给孩子讲故事的时候，顺便就录下来。说不定也可以火一把。每一个人都可以结合自己的特点，成为一名匠人。

最重要的不是你赚了多少钱，而在于你迈出去了。当你迈出第一步，马上你就会发现你的视野开阔了。没有这些的时候，你可能只是希望得到老公的认同，老公没反应，你就很失落，夫妻关系就容易紧张。现在，不需要你的老公来赞美你，慢慢地你就能再次得到社会的认同。

我们常讲财务自由，实际上我更倾向于人生自由，精神和时间上也要有自由。我没有为女性定一个框，还是要看女性本身如何看待自己。有的女性乐于当全职妈妈，她可以辅助丈夫理好财就不错；但有的女性赚钱能力很强，如果她愿意出去打拼，也非常棒。

另外，女性朋友必须清醒认识到，并告知自己的丈夫：投资只是让资产保值增值的工具，而不是用来赚钱的，真正让我们赚钱的应该是我们的事业。我们应当让自己的投资更加自动、更加省时，这样我们就能有更多时间和精力投入到事业中，赚取更多投资本金。

总的来说，女性在面对“理财”这个陌生领域时，不要怕自己不懂，也不要怕自己学得慢。其实绝大多数人都没有搞懂理财的真正意义，所以现在开始学习理财仍然不晚。同时，对于学习理财这门技能来说，最重要的是积累，只要自己每天都有收获，日积月累，必定能够成为理财达人。

第三节 ◎ 没有房产还能找到幸福感吗?

◇ 个人的成长更重要

有不少朋友曾经跟我聊过关于买房的话题。有人给我讲了这么一个案例:

有两个人，十年前他们各有10万元钱，一个人用10万元作首付买了一套房，而另一个人则用10万元去创业。十年后的今天，买房人的房产升值到了100万，创业的人也赚到了100万。那现在的问题是：既然买房就能够轻轻松松赚到100万，那为什么还要这么辛苦地去创业呢?

这其实是一个在网上流传已久的段子，也受到很多人的追捧。但其实他们都只是盯着钱看，却忘记了创业所带来的额外价值：这十年的创业经验。一个人如果有能力在十年之内将10万做到100万，那么就有理由相信，他能够在下一个十年，把100万做到1000万，甚至是更多。但房价的上涨却不受个人的控制，只能凭运气，下一个十年中国房价还能遇到黄金时期吗？这个谁也无法预料。

很多人在对未来做出决策时，往往都是基于过去的经验，比方说，因为过去十年房价上涨了几倍，所以未来房价也会有很高的增长。这其实是一个思维陷阱，越多人这么想，那么这个想法就越是有问题，投资是最忌讳从众的。

其实，我们在做买房这种长期投入时，不能把目光只放在未来房价是否会上涨这个问题上，而是要更多思考时代的发展变化。

现在我们已经由工业时代进入了互联网时代，中国经济也正在从改革开放以后的粗放型增长转向谋求产业转型升级。所以，我们不能再用过去的老黄历来预测未来中国经济的发展。

不同于过去的工业时代，互联网时代开始把个人力量无限放大，当个人与互联网结合以后，能够迅速创造巨大的价值。比方说，扎克伯格在2004年创立了Facebook，2008年他就成为了当年全球最年轻的巨富。还有很多自媒体人仅凭一己之力就能收获数万人甚至是几百万人的关注，成就自己的一番事业，这在过去是无法想象的。

过去，有很多人是依靠关系或是政府政策发了横财，比方说，很多大城市的原住民就是依靠手中的土地和房产实现财富的快速增值，而在未来，这种模式将很难被复制。在互联网时代，像血统、出身、城市、学历、官职、社会地位等等这一些壁垒会慢慢消失，最后将只剩下认知壁垒。所以，在这个时代，最靠谱的事情就是不断增长见识，提升个人能力，也就是追求个人的成长。钱和房产有可能会贬值，也有可能被别人拿走，但头脑里的知识却永远是自己取之不尽的财富，这也是我敢于推倒重来的底气。

当我们把这个思考维度纳入到买房问题时，我们会发现，在看待买房这件事情上，我们不能简单地思考未来房价是否会上涨，而要考虑买房是否会限制个人发展。比方说，很多人在大城市里买房是需要向亲戚朋友借钱去支付首付款的，然后每个月还要背上沉重的房贷包袱。在这种情况下，他会尽量让自己的工作稳定下来，完全不考虑去其他城市发展。即便是有创业机会，他也需要有稳定的收入保障，以维持每月的房贷开销。

可以看到，买房这件事已经明显牵绊住他的个人成长的脚步，让他举步维艰。最后，可能会发展为，他错过了事业转型的最佳时机，然后随着行业的没落，自己也逐渐被时代所淘汰。这不是没有可能的，要知道现在一切都在快速变化，谁也说不准什么时候某个行业就消失了。

当然，话又说回来了，我并不是简单地鼓励大家不买房，而是希望大家用多个维度去看待买房的问题，综合考虑自己未来的发展策略，这样才不至于把宝都压在房价上。在我看来，当我看不清楚中国纷乱的房地产市场时，我宁愿投入更多的时间和金钱在个人成长方面，因为自己的命运一定要掌握在自己手中。

◇ 房产不能带来真正的安全感

我自己是租房一族。我们之前也说过，自住的房产并不是真正意义上的资产，因为从理财的理论来看，资产必须是不断把钱放入我的口袋的，如果贷款买房，肯定是要从我口袋里掏走更多的钱。

说到这里，肯定会有人跳出来说，大巴你太理性了，你不能理解房子给人所带来的安全感。好吧，我承认自己太理性了，但我想问：房子真的能够带来安全感吗？如果把自己的安全感建立在某个人、某件东西或是某份情感上，那一定是不稳固的。这跟“有钱就会幸福”的观点是同样的糊涂。

我觉得真正的安全感应该是建立在自己的能力以及对未来的规划之上，比方说：我很早就开始储备自己的养老金，所以我不用担心自己的老年生活；我购买了充足的保险，所以我不担心得重病或是出现风险以后，家庭没人照顾；我还有很强的理财能力，能够保证自己的资产在不断地增值；当然，最重要的是，我拥有强健的身体，这是所有安全感的根源。即使一切要从头再来，我仍然有信心重新获得这一切。

◇ 男人靠房产支撑自信心？

其实我年轻的时候也曾经为没钱而缺乏自信，但自从我开始学习理财以后，我懂得了金钱规则和富人思维，渐渐的，我不再为金钱而烦恼。当时的我，虽然仍然没有太多钱，但我却坚信自己一定会过上富足的生活，因为我已经将富人思维融入了我的生活，成为有钱人只是时间问题而已。

为这件事儿我也特意询问过我太太，我说，当时我是无房、无车、无钱的三无人员，为什么你也肯跟着我？她的回答是，因为你够自信！

这就对了嘛，男人大多是理性的，女人大多是感性的，所以男人总是以自己的理性去判断女人，认为女人很势利。其实女人的第六感是很灵的，一眼就能看出哪些男人完全没有自信去面对未来的生活，然后就用买房子的要求来吓跑他们。当然，这里面可能还有另外一种情况：就是在女人身边实在是找不到有自信的男人，那么就干脆找个能买得起房子的吧。

所以，我认为房产始终只是生活的附属品，有的话能够给你加分，但肯定不是你找女朋友的决定因素。光靠房产和钱就能领回家的女人，是能踏踏实实过日子的吗？当然，还有人拿丈母娘来说事儿，但我觉得，有自信的男人从来不担心自己搞不定丈母娘，就算是真的搞不定，那还可以先斩后奏嘛。记住，女人是感性的。（讲理财的还要教人找女朋友，我容易吗？）

有句话说得好：钱是男人的胆。但我认为，这里所说的钱，并不是指金钱的绝对数量，而是指你对金钱的态度以及对金钱的掌控能力。只关注金钱数量的男人，拥有再多的钱，他也会遇到比他更有钱的人，可能那时候他又没胆了。其实只要懂得充分运用金钱，即使钱不多，也能让家人过上幸福美满的生活。

◇ 自由才是幸福感的源泉

其实买房或者是不买房，每个人都可以有自己不同的决定，毕竟每个人的人生都是不尽相同的。对我来说，如果要谈到幸福感，就少不了“自由”这两个字。我是一个非常向往自由人生的人，所以我不会在没钱的时候，四处借钱去买房，让房产绑定我的人生，我就是要用实际行动告诉大家，在没有房产的日子里，我同样也能够让家人生活得很幸福。

我现在不买房，不代表我未来也绝对不买房，只是我认为还不到买房的时机。当然，我这里所说的时机，不单单讲的是房价过高，而是说，我不会为了房子而放弃获得自由的机会，更不会为了房子放弃真正幸福的生活。

第四节 ◎ 用理财规划打造最佳资产配置

现在我们要讨论的话题，可以称之为理财的中级或高级阶段，也可以说是理财的精髓。

如果把投资看作是一个国家在行军打仗、开疆扩土的话，那么资产配置和理财规划就更像是在治理国家。如果你只懂得一味地开疆扩土，而不懂得治理国家，最终只会搞得民不聊生、国破家亡。回到投资理财上来看，也是如此，如果你只是一味追求投资收益率，追求更高的投资回报，而没有做好资产配置，那么最终的结果往往也是家庭财务破产。在我刚接触股票那会儿，认识了很多股神和股票专家，但一场熊市下来，几乎全部都销声匿迹，裸奔去了。这也看出来，在投资当中，做好防守往往比进攻更重要。

那资产配置到底是怎样一个概念呢？官方的解释是：资产配置是指将投资资金在不同资产类别之间进行分配，通常是将资产在低风险、低收益证券与高风险、高收益证券之间进行分配。说白了，就是低收益的买一些，高收益的也买一些，赚取平均收益率，做到旱涝保收。

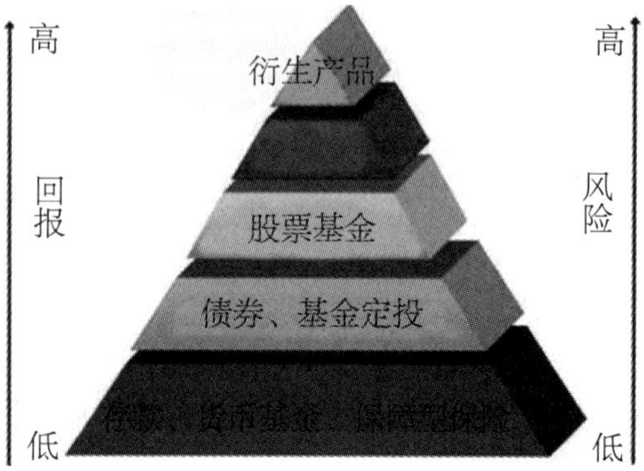

我们在谈论资产配置时，经常会看到一个理财金字塔：

从这张图当中大家能够看到什么？至少，我可以看到两点：第一点，从金字塔两旁向上的箭头，我们可以看出来，金融产品的回报越高，风险也就越高；第二点，所谓金字塔，肯定是底宽头尖的一个非常稳定的形态，这表明我们在做资产配置的时候，处于底部的资产，要配置多一点，整个架构就会非常稳固，越是往顶端走的资产，我们相对就要配置少一点。

接下来，我们来看看，理财金字塔的各个组成部分。处于金字塔最底层的是存款、货币基金、保障型保险等等。我们知道，这一类资产风险是最低的，同时收益率也是最低的。处于理财金字塔次中层的有：债券、债券型基金、理财型保险、基金定投等等。处于理财金字塔中层的有：混合型基金、股票型基金等等。从中层开始，收益率的波动幅度就相当大了，像股票型基金，如果遇到牛市或熊市，一年涨跌40%都是很正常的。处于理财金字塔高层的有：股票、贵金属投资等等。拿股票来说，如果在大牛市抓到一只黑马，连续十几天涨停，那么这十几天的年化收益率就是百分之三千左右。当然，有涨就有跌，很多人还被股票套牢着。处于理财金字塔顶层的就是一些杠杆类的金融衍生产品，像之前很火爆的白银现货交易就是典型的杠杆类投资品种，投入一块钱就能当成几十块钱去操作，如果赚钱，就是几十倍的增长，如果赔钱，赔钱的效率也是极高的，分分钟变成穷光蛋。

这里要注意的是，各种投资品种并没有非常明确的分界线，很多品种可能是处于两个层级的中间地带。投资品种的分层只是相对而言，大致明白它们所处的位置就行了。

那到底要如何配置自己的资产？要按照怎样的比例来配置资产呢？其实，配置资产的比例有很多种。

比方说，像我们经常听到的4321法则就是一种常见的资产配置比例。将家庭总收入分成4份：40%的收入用于供房以及其他项目的投资；30%用于家庭生活开支；20%用于紧急备用金，一般是银行存款或货币基金等等流动性较高的投资品种；10%用于购买保险。

当然，4321法则只是一种最简单的资产配置方案，实际上，每个人的家庭财务状况不尽相同，理财目标也不同，所以就需要个人订制版的资产配置方案，也就是资产配置的高级版本：理财规划。

理财规划，是指运用科学的方法和特定的程序为客户制订切合实际、具有可操作性的综合性方案，使客户不断提高生活品质，最终达到终生的财务安全、自主和自由的过程。

说白了，资产配置是标准版，每个人都按同一比例操作；而理财规划是订制版，冯小刚不是出了一部电影《私人订制》吗？四个人组成的私人订制公司，为不同客户量身订制圆梦方案。理财规划也是圆梦，是圆一个家庭财务梦想，当然，最高目标还是财务自由。

另外，值得注意的是，理财规划是一个连续的过程，家庭财务状况会不断变化，理财规划也需要不断调整。接下来，我会对理财规划的全貌进行大致的讲解，要知道，理财规划的内容是相当丰富的，本节只能先让大家做一个大致的了解，不可能细讲，因为完整讲下来，就是理财规划师的课程，作为一名有十年理财实战经验的人，我当时也是花了近万块钱的学费，并且学了半年才完整学完。

◇ 理财八大规划

首先要知道，理财规划主要包括八个方面，也称之为：理财八大规划。

（1）现金规划。也就是要控制好流动资金的比例，并且准备好紧急备用金，以备不时之需。

（2）消费支出规划。这里所说的消费支付一般是指大额消费，例如买车、家庭装修等等，大额消费对家庭财务影响比较大，必须要做好相应的规划。

（3）教育金规划。一般是指小孩的教育金，当然也可以是大人用于提升自我的教育费用规划。

（4）风险管理与保险规划。这里包括投资风险管理、风险控制以及商业保险的购买等。

（5）税收筹划。在国外，税收对个人来说是重要课题，像国外著名的影片《肖申克的救赎》，男主角安迪因为精通财务制度方面的知识，懂得报税和合理避税，所以在监狱里很吃香。目前国内对于个人税收的政策还是非常宽松的，普通家庭可以暂时不用考虑。

（6）投资规划。如何运用投资来实现合理的收益率，这是很多人都比较关注的问题，但也可以看出来，投资规划只是理财规划的八分之一的内容，我们不能只关注投资而忽略其他规划。

（7）退休养老规划。很多年轻人对于这一块往往不够重视，总认为退休离自己还很遥远，其实越早规划，后面就越轻松。在现实生活当中，把生活压力提前去承受更好。你想想看，越到后来，有老婆孩子了，还要赡养老人，压力已经很大了，再加上养老金的压力，肯定是吃不消的。所以养老的问题一定要提早规划。

（8）财产分配与传承规划。说白了就是遗产的分配，一般是接近退休或是退休以后再考虑。中国很快也要开征遗产税了，越来越多的富人开始重视传承规划这一块，很多富人都用寿险来规避遗产税。

◇ 理财规划的基本原则

接下来，我们再来看看理财规划的基本原则：

（1）整体规划。我们要用全局的眼光来看问题，眼睛不能只盯着投资和收益率。

（2）提早规划。越早越好，你觉得现在不急，等到急的时候往往已经晚了。

（3）现金保障优先。手中始终留足子弹，意外无处不在，投资机会也会稍纵即逝。

（4）风险管理优于追求收益。这是很多投资者容易犯的毛病，收益可以做得很高，但一有风险就全军覆灭。

（5）消费、投资与收入匹配。这包括两层意思：一个是要控制自己的消费欲望，不提前消费；另一个是不要借钱投资，因为借钱投资和闲钱投资的心态是不一样的，借钱投资更容易急躁，而投资是最忌讳急躁的。

（6）家庭类型与理财策略相匹配。单身家庭、二人世界、三口之家，财务状况和资金压力都各不相同，要根据家庭的实际财务状况做出相应的调整。

这么看来，理财规划还是挺复杂的，为了实现财务自由，我们需要自己学完整个的理财规划吗？还是说请求专业的理财师协助。我个人觉得要结合起来，该懂的理财规划知识还是要学，但合适的情况下，寻求专业的理财师协助来制订家庭理财规划还是很有必要的。就好像，你想吃一份红烧肉，你可以选择自己下厨房做这道菜，但是，为了节省时间或是为了追求更好的味道，你也可以选择下馆子，只是费用会更高一些。

那这里又有一个问题产生了：如何选择好的理财师呢？说简单一点，专业的理财师一定是按照专业的流程来提供理财规划服务的。

◇ 理财规划的流程

下面我们来看看理财师做理财规划的流程：

第一步，建立客户关系。理财规划是基于对理财师的信任，因为涉及个人及家庭财务状况的隐私。人对了，一切就对了。如果夸夸其谈，口头宣称能够保证高收益的，都是不诚实的。

第二步，收集客户信息。包括月度收入支出、年度收入支出、资产负债情况、风险评估、社会保障信息、非财务信息、理财目标等等。这个时候经常要用到两个表格：一个是资产负债表；另一个是家庭收支表，包括月度开支表和年度开支表。这两个表的填写都非常复杂，特别对于平时没有记账习惯的人，填写这两个表需要花比较长的时间，所以平常养成记账的习惯是很重要的。当然，在收集所有这些客户信息之前，理财规划师会跟客户签订相关保密协议和理财规划服务协议。

第三步，分析客户财务状况。根据上面收集的信息来分析诊断客户的家庭财务状况。

第四步，制订理财方案。也就是根据客户的实际情况，从理财八大规划当中选择适合客户的，制订整体的理财方案，并出具相应的理财规划报告。

第五步，协助客户执行理财方案，并在客户的执行过程当中进行指导。

第六步，持续的理财服务。理财规划服务不是一份理财规划报告这么简单，它是一项持续的服务，需要理财师根据客户的家庭财务变化，适时调整理财规划的内容，服务周期一般是一年。

◇ 理财规划不简单

我经常遇到类似于这样的提问：我叫×××，28岁，三口之家，我每月工资6000元，老婆每月工资4000元，现有存款10万元，没有做任何投资和保险，麻烦给规划一下呗。其实，只提供这么少的资料是根本无法做理财规划的。

还有一些网站声称可以免费帮人做理财规划报告，通过网络填表的方式收集用户的个人资料和财务状况，然后提供一份简易版的理财规划报告给到用户。其实这种方式无法满足用户的需求，也很少有用户会按照简易版的理财规划报告去实际操作，最终效果也就大打折扣了。另外，也不得不说，这种方式的用户个人资料安全问题也值得关注。

为什么会这样呢？是这些网站不正规吗？那倒未必，只是说，大家对理财规划认识不够全面，听说理财规划很好，就想获得这项服务，而一些网站的初衷也是希望能够满足用户的需求，但最终结果未必令人满意。

打一个不恰当的比方，完整的理财规划相当于先帮你做一次全面的身体检查，然后为你量身定制一系列的健康饮食计划和作息时间表，同时还要监督你的执行情况，并且在适当的时候调整计划。而简易版的理财规划，相当于有一个人（也不知道是不是正规的中医）给你诊脉，然后开了一个方子，让你按方抓药，药效如何就是未知数了。体检针对的是你的身体，而理财规划针对的是你的家庭财务。从这个例子当中也可以看出来，理财规划不是简单的一份报告，而是一系列的理财服务。

所以，我们可以自己学习理财规划方面的知识，虽然有一定的复杂性，但学多少就用多少，自己帮自己规划，省得个人资料泄密；或者找非银行和保险公司的真正第三方理财规划师，为自己量身定制一份正规的理财规划和提供后续服务。

第五章

理财目标是财务自由，人生目标是生活幸福

第一节 ◎ 奔向财务自由

1. 月光的理财小白也能实现财务自由吗?

◇ 财务自由等式

《富爸爸穷爸爸》的作者罗伯特·清崎在1994年，他47岁的那一年实现了财务自由；而我，“理财巴士”自媒体的创始人，网名大巴，在2015年，我35岁的这一年也同样实现了财务自由。要知道，在2005年我还是月光一族，经过十年的努力，我终于实现了财务自由。

每当我跟朋友说，我已经实现了财务自由的时候，他们总是会惊叹道：啊，那你已经是富豪了，也要带领我们大家一起成为富豪才行啊!

这就是人们常见的误区，他们会认为“财务自由 = 超级富豪”，就好像他们同时也会认为“理财 = 投资”一样。所以，每当我跟别人说，我正在从事理财教育工作，在教大家如何理财的时候，总是会有人让我推荐几只股票或是基金，把我跟那些股评家和经济学家画上等号。

那真正的财务自由应该如何定义呢？在百度百科上是这样描述的：财务自由是指你无须为生活开销而努力工作的状态。简单地说，你的资产产生的被动收入必须至少要等于或超过你的日常开支。

好了，我们可以看到，财务自由跟金钱的绝对数量并没有关系，它其实就是一个简单的等式：

被动收入 ≥ 日常开支

日常开支应该不用解释了，那什么是被动收入呢？比方说，你有一套住房用于出租，每个月收到的租金就是被动收入；或是你买了一些基金或是理财产品，每年都会收到的分红，这些同样也是被动收入。简单理解就是：只要不是你通过主动劳动赚到的钱，都可以算作是被动收入。也就是说，你只要让这个等式成立了，那么你就实现了财务自由。

我举一个例子来说明：张三生活在消费水平较低的三四线城市里，因为是单身，所以他每月开支不到3000元，一年开支也不到4万元。这时候，他接受了一笔100万元的遗产，同时，他将这笔遗产购买了一款年收益5%的理财产品，这样，他每年都能收到5万元的收益，已经远远高过他的年开支了，于是他就实现了财务自由。

这个例子可能不够真实，我再举一个实际的案例：广州2014年的平均月薪是6911元，扣除五险一金和个税以后，仅剩5700元左右。如果是夫妻两个人都能拿到平均月薪，那就是5700×2=11400元，我相信还有很多家庭的收入是达不到11400元的。如果他们拿出每月收入的80%用于生活开支，那么家庭年开支就是11400×12×80%≈11万元。

接下来再反向推算，如果这个家庭拥有110万元的投资资产，年收益率能够达到10%，那么就实现财务自由了。如果收益率达不到这么高，只能做到6%的话，那么这个家庭只要拥有183万元的投资资产也同样实现了财务自由。

也许有人会说："才183万元就能实现财务自由了？很多人一套房产就超过200万元了！"这就对了，很多人的200万元在睡大觉，他们是拥有价值200万元的自住房产，不能产生现金流；而我的每一分钱都在源源不断地帮我赚钱，这就是我能够更早实现财务自由的原因。

◇ 财务平衡

我们都知道，当一个人实现财务自由以后，就完全不受金钱的约束，可以做自己想做的事情。但是，在实现财务自由以前，就一定要受金钱的约束吗？其实在实现财务自由之前，还有一个阶段，叫财务平衡。

我2003年刚到广州时，每月底薪才300元，但我能够存下钱来，因为公司是包吃包住的，我平时也花不了什么钱。到了2005年，我每月底薪已经上升到了3000元，但我却偶尔还要向别人借钱，为什么？因为我搬出了公司宿舍，自己租房住，还用上了手机，时不时还要跟朋友下馆子大吃一顿。生活品质提升了，生活成本自然也就水涨船高。

我几乎每天都是掐着手指头过日子，期盼发工资的那一天早日到来。幸好那时候我还不知道有信用卡这种东西，否则情况会更加严重。（说点题外话，对于信用卡来说，我的建议是如果你控制不了自己的话，还是不要申请信用卡了，如果已经办了信用卡的话就干脆注销。）

我知道有些地方不对劲，但就是不知道到底是哪里出了问题。幸运的是，我读了《富爸爸穷爸爸》这本书，我突然明白，我之所以陷入财务困境，就是因为我打破了财务平衡：每月开支超过了每月收入。

后来，我严格控制开支，搬进了更便宜的住房，也减少了应酬开支，将每月开支控制在2000元以内，这样，每月我就有1000元的节余。

为什么我有底气离职？就是因为我已经准备好了6个月的生活开销，同时，我也明白，离职以后，我只要能够找到一份2000元的工作，就足以支付我的生活开支，那我还有什么好担心的？

事实上，我离职后找到的工作，收入比之前更高，只有进入到更广阔的人才市场，我才知道自己真正的价值。

之后，我就一直保持着这样的节奏，总是让开支水平远远低于收入，虽然我的开支也在增长，生活品质也在不断提高，但我收入的增长速度要更快。如果某段时间我不能保证我的收入增长速度，我就会开始警惕，要更加严格地控制我的开支。这其实就是一个不断追求财务平衡的过程。

只要我一直保持财务平衡的状态，每月总是会有节余用于投资，这样我的资金雪球就会越滚越大，实现财务自由就只是时间问题了。

◇ 月光的理财小白也能实现财务自由

很多人认为如果月光族又是理财小白，这种人是最难实现财务自由的，因为他们没钱又没有理财能力。像这一类人群，一般年轻人居多，刚出来社会不久，收入不高，但欲望却很多，所以很容易变成月光一族。但其实，他们也有自身的优势，那就是负担小，同时学习能力又很强，他们能够轻装上阵，快速完成人生的翻盘。

对于这样的人群，我的建议是：

（1）首先要尽早控制好自己的开支，不让自己欲望膨胀的速度超过收入的增长速度。接下来就要双管齐下，一方面要想办法大力开源，增加自己的本金积累。现在年轻人算是赶上事业发展好时机了，在互联网时代有很多机会等待大家去发掘。

（2）另外一方面，要快速积累理财知识和实战经验。我在这方面是走了不少弯路的，因为当时没有人教我，网络也不发达，很难找到相关的学习资料。现在不同了，互联网上随手就能够找到大量的学习资料，如何在海量资料当中找到真正有价值的内容反而变得更加重要了。

当然，如果有经验丰富的老师指导就更加完美了。俗话说，读万卷书不如行万里路，行万里路不如阅人无数，阅人无数不如名师指路，还是有一定道理的。

总的来说，实现财务自由并不是一件遥不可及的事，但也不是太容易，因为它需要一定规模的可投资资产以及合理的收益率，但最重要的是，还要能够控制好自己的家庭开支。

要知道，很多身家超过200万元的人，家庭年开支肯定是会超过11万元的，这也是他们永远也无法实现财务自由的原因，因为拥有的越多，欲望就越大，离财务自由就渐行渐远了。

另外，实现财务自由以后就意味着退休不干活了吗？要知道，富爸爸的作者罗伯特·清崎正是在实现财务自由以后，才写出了《富爸爸穷爸爸》这本畅销书，最终让他进入了真正的富豪行列。所以，财务自由也并不意味着终结，这可能正是富豪之路的开始。

2. 财务自由以后给我带来了哪些好处?

很多人会认为实现财务自由以后，就可以退休了，然后可以啥事都不干，回家享清福，甚至还可以去完成诸如周游世界之类的梦想。那真的是这样吗?

我们都知道，最早提出“财务自由”这个概念的人，正是《富爸爸穷爸爸》的作者罗伯特·清崎，他对自己实现财务自由以后的状态是这样描述的：

“1994年，我退休了，那时我47岁，我妻子37岁。退休并不是因为我们没事可干。对于我和我妻子来说，只要不发生意想不到的大事，我们就完全可以选择工作或是不工作，我们的财富可以不受通货膨胀的影响，自动增长。我想这就是自由。”

从这一段文字当中，我们可以察觉到，罗伯特·清崎在他47岁时，并没有成为富豪，如果发生意想不到的大事，他的财富仍然不足以支撑。所以，即使他已经提前退休了，他也并没有无所事事，而是去努力发展自己的财商教育事业。

最终他的财商教育事业遍及全世界，他成了很多人的理财启蒙老师，当然也包括我在内，可以说是名利双收。后来，在2012年，即使他的一家价值400万美元的公司破产了，也并没有影响到他的个人财富的积累，因为他同时拥有8家公司，而破产的只是其中最不值钱的一家。

同样，对于我来说，实现财务自由以后，给我带来的最大好处也是可以自由地选择我所钟爱的理财教育事业。至于说，我的事业未来能够做得多大，我并不是太关注，我只关注，我能否为更多的人创造价值。只要我能真正体现自身的价值，那么市场迟早也会给到我相应的回报。另外，我也越发觉得，人越是在做自己喜欢的事、擅长的事，越是容易赚到钱。

尽量让自己保持在财务自由或者接近财务自由的状态，这样就能全心全意投入自己想干的事情，而不用太过考虑生活开支的问题。那要如何实现呢？其实在《富爸爸穷爸爸》这本书中就可以找到答案。

书里说，要养成一种习惯，就是尽量用被动收入来支付账单，而不要用本金来支付账单。有了这种习惯，你的本金就会越来越丰厚，让你一直处于财务自由的状态。

当然，在实现财务自由之前，因为本金太少无法产生足够的被动收入，所以我们不得不消耗一定的本金来支付生活开支。但是在我们的头脑里，一定要有这种意识：我们花费的每一块钱都是我们的本金，它们未来都是能够产生收益的，这就是富人思维。而穷人思维往往会认为一块钱很少，然后随便地花掉或者轻易地丢掉。

除了能自由选择自己所喜爱的事业外，实现财务自由也给我带来了其他的好处。比方说，我这人特别好吃，现在我外出吃东西对价格就不太敏感了，一顿饭消费两三百是常事。当然，我最喜欢的还是各种风味小吃，出差到外地时，在小吃街由头吃到尾，每一样都试一下，撑死了吃也才几百块。但就算是这么个吃法，我在吃方面的花费一个月也才五六千左右，跟我的现金流相比，仍然是很小的开支。

可能有人会说，大巴你也就这点出息了，一点小吃就能把你给打发了。可能每个人都有不同的爱好吧，有的人喜欢车，每个月在养车上面都要花费几千上万的；有的人喜欢包包，家里可能囤着几十个名牌包包，而我就是喜欢品尝美食。当然，没有去吃过的高档餐馆，我也会偶尔去尝尝鲜，但我头脑很清醒，高档餐馆目前还不是我能够经常去的地方，我仍然需要盯紧我的现金流和每月节余比率，让我始终保持这种财务自由的状态。

所谓财务自由的好处，也就是让我能够自由地选择自己喜欢的事业，同时还能尽可能地满足我的欲望。当然，我的财富仍然在不断增长，它就像我多年前种下的一棵树，经过年复一年的浇灌，现在它的根已经足够深，我已经开始享受它的树荫，未来它还会成长得更大、更强壮。

3. 飞起来，才能获得自由

这个时代追求财富的方式正在发生转变。

过去，我们还可以抱怨说，有钱人都是通过不正当的方式来赚钱的，要么就是他父亲给他留了一大笔遗产，要么就是靠腐败等等。但是，现在我们看到很多财富新贵正通过先进的思想和努力的工作来实现巨额财富，同时他们的生活很正派，还拥有远大的理想。比方说，Facebook的创始人，扎克伯格。

连有钱人都这么努力，那我们普通人还有机会吗？

我认为，普通人要想成为超级巨富非常困难，但是财务自由却是一个可以实现的目标。

要如何实现财务自由？

以我的个人经验来说，要想自由，你就必须得先飞起来！只有飞起来以后，你的视野才会足够开阔，才能够看到更多的资源和机会。

要如何飞起来？

如果你是一只小鸟，你就只需要一对翅膀；

如果你是一个人，你就只需要一副滑翔伞；

如果你是一家人，你就需要一架小型飞机；

如果你除了拖家带口，还带着一大堆的东西，那估计给你一架大型运输机，你也是飞不起来的。

说到这里的时候，我相信有人会忍不住要问了：你这都乱七八糟地在说些什么？什么飞起来，什么滑翔伞、运输机，这跟财务自由有关系吗？

我是25岁开始学习理财的，到了35岁，我实现了财务自由。那这10年间我到底做了什么呢？

首先，我始终让自己处于财务平衡的状态下，并且准备了充足的备用金。正因为这样，我就不会因为房贷、车贷等等债务的压力，将自己困死在某家公司或是某个行业。

其次，我一直利用公司所提供的机会，努力提升个人能力。比方说，我在做仓库打单员时就努力学习电脑知识，后来才有机会做网管；然后利用网管的职务便利，我又向工程师学会了机械制图和数据库编程等等。当然，最重要的是，我还利用业余时间自学理财，并且不断向身边的人分享理财知识。这些技术和能力的提升不仅为我的职业发展铺平了道路，而且为我后来在互联网时代的发展提供了更多的可能性。

当然，光有技能还不行，我还利用互联网关注着整个时代的变化，并且大胆地拥抱这些变化。比方说，当淘宝网兴起的时候，我就尝试开网店；当理财论坛开始火爆时，我又活跃在各大理财论坛当中。虽然这些行动都没能让我崛起，但是我已经积累了足够的经验。直到自媒体红利期的到来，我终于抓住了这个机遇，实现了财务自由。

我认为，这里的关键因素并不是自媒体的机遇，而是我始终保持轻装上阵，努力拥抱变化的精神。

在我年轻的时候，我只是一个人，我只需要一副滑翔伞就能飞起来。那时候我开支很少，我对收入的要求也不高，这让我敢于尝试新的行业和职业，同时也更能够感受到时代的变化以及变化所带来的机遇。

那对于已经成家的人就没有机会了吗？也不是，只是成家以后，滑翔伞就不够用了，你需要攒钱去买一架小型飞机。但要注意，不要带太多的行李，背上过多的负债，否则，你就要准备更多的资金去购买一架大型运输机了。

4. 普通家庭实现财务自由分三步走

之前有位朋友跟我说，他刚结婚不久，夫妻两人都是公务员，收入还算稳定，但总觉得对他们来说，要实现财务自由似乎是一个不可能的任务。但是他又心有不甘，所以就问我，像他们这种普通家庭也能够实现财务自由吗？

我的回答是肯定的：普通家庭完全有可能实现财务自由。以我的经历来说，我2003年刚到广州时，月收入才300元，2005年又成了月光族，但是我仍然能够在2015年实现财务自由。我认为，在财务自由方面，每个家庭的机会都是均等的，甚至我认为低收入家庭会更有优势。经常玩富爸爸现金流游戏的朋友肯定知道一个规律：抽到低收入职业卡往往更容易实现财务自由，进入快车道。

低收入家庭虽然收入很低，但是日常开支也相对较低，实现财务自由所需要的本金就比较少。同时，低收入家庭提升收入的空间也更大。月收入3000元要提升到6000元相对来说比较容易，但是月收入1万元要提升到2万元就比较困难了。对于高收入家庭来说，日常开支也更大，要减少开支是非常困难的，毕竟由俭入奢易，由奢入俭难嘛。

当然，我说普通家庭完全有可能实现财务自由，但并没有说，能够轻易实现。任何目标的达成，都会有相应的过程和步骤。以我的经验来看，普通家庭要想实现财务自由必须分成三步来完成。

◇ 第一步：保持财务平衡

财务平衡其实就是一个等式：收入 > 开支。这里所说的“收入”不仅包含被动收入，还包含主动收入。而且对于大多数普通家庭来说，他们一定是以主动收入为主，被动收入几乎可以忽略不计。

这里有一个误区：很多人一想到要实现财务自由，就会马上去追求被动收入，而且试图通过投资来赚取被动收入。在本金不多的情况下，就想通过研究各种投资技巧来提高投资收益率。这种做法是非常危险的，因为投资是一个非常专业的领域，想短时间内就学会并且大幅提高收益率是根本不可能的，甚至还会造成本来就不多的本金的亏损。

要实现财务平衡其实很简单，就是不让自己月光，因为月光就意味着“收入≤开支”，每月赚多少就花多少，甚至还要找别人借钱，月光族就是这么来的。俗话说得好，手有余粮心不慌，我们不仅要保证每月都必须有盈余，而且手头还要有一定的积蓄，这样我们就有了理财的底气。

当我们拥有了理财的底气以后，就不会被每个月的账单追着跑，眼光也不再紧盯着短期收入，而是会放得更长远。当时机成熟时，我们就敢于放弃高薪的工作去挑战新的事业机遇。

举个例子：比方说，某人当下的月收入是1万元，月开支是6000元，那么当他觉得自己的行业正在走下坡路，想要进入一个全新的领域时，哪怕月收入降到6000元，他也是能够接受的。但是，在现实当中，很多人都背负着房贷、车贷，如果要换工作，就必须找到同等的收入。而新领域往往意味着新的起点，在薪资方面肯定会有所下降。

在我朋友当中，就有人因为觉得薪资太低无法支撑当下的家庭开支，最终放弃了一次创业的机遇。后来，新公司做得风生水起，他又后悔不已，因为以他当时所能分到的股份，他现在早就实现财务自由了。另外，在发达国家不是很流行“间隔年”嘛，也就是工作几年，休息一年，用来放松心情、开拓眼界以及学习新的技能。能够提升自身价值，收入自然也是水涨船高的。

◇ 第二步：确保财务安全

财务安全包含两层含义：

第一层含义是，防范突如其来的风险所造成的经济损失，这也就是我常说的理财四大金刚当中的“风控”。我们可以通过构建“家庭保障规划”，用保险的方式将风险转移出去，让我们在打拼的过程当中，不会因为风险而导致财富归零。

财务安全的另一层含义是，为家庭长期的财务目标做好规划。财务自由未必是每个家庭都能实现的目标，但是每个人都肯定会变老，都肯定要用到养老金。同时，孩子也必须要受教育，以未来的竞争环境来看，普通教育已经无法满足孩子的成长需要，这时，我们就必须要考虑孩子的教育金问题。养老金和教育金是每一个家庭必须考虑的长期目标，而且越早考虑就越轻松。

人会变老、孩子会长大，这都是确定的事情。对于确定的事情，我们就必须用一种确定的方式来完成，而不能赌未来。

当我们充分做好了前面两步的准备工作，就可以着手进行第三步。

◇ 第三步：实现财务自由

实现财务自由是每一个理财人的梦想，因为实现财务自由以后，就能够更加从容地去追求更高的人生目标。那么，实现财务自由真的很难吗？

我们以一个月开支在1万元以内的家庭为例，一个月的开支是1万元，那么一年就是12万元。如果该家庭的投资年化收益能够达到6%，那么拥有200万元的投资本金就能够实现财务自由。200万元很多吗？如果有人说拥有200万元就算是有钱人，那肯定会被人笑掉大牙的。200万元虽然不能打造一个有钱人，但是却能让一个普通家庭不需要太高的投资回报就能实现财务自由。

我们看到，要实现6%的年化收益率并不难，对于普通家庭来说，关键是要如何实现200万元的投资本金。

我给那位朋友的建议是，积累投资本金有两种方案：

（1）趁着自己年轻，离开当下安稳的工作环境，去寻找更大的事业机遇。如何寻找，并没有标准答案，因为每个人的境遇都不同。这种方案比较激进，会给自己以及家庭带来很大的压力，要做好相应的心理准备。但至少我就是这么打拼过来的，一路摸爬滚打，历经六大行业，最终通过理财教育事业完成了投资本金的积累。

（2）可以不离开当下安稳的工作环境，但是要懂得利用较多的空闲时间来打造自己的核心技能，甚至是创造出自己的个人品牌。比方说，“写作”这门技能就特别适合公务员，既不用投入成本，又很方便练习。

可以看到，要完成第三步实现财务自由并不容易，但是，至少“保持财务平衡”和“确保财务安全”这两步还是能够轻松做到的，同时这也是每个家庭都应该做到的。

第二节 ◎ 我们终将成为那些成功的少数派

1. 学习理财或许会给你带来极大的困扰

我相信很多人在看到这个标题的时候会觉得很奇怪：学习理财不是能够帮助我们更好地打理自己的生活吗？怎么还会带来极大的困扰呢？这其实源于我跟朋友的一次聊天。

我的这位朋友一直都在阅读我的文章，也非常认同我的理财观点。经过长时间学习理财以后，她发现自己的生活状态也在慢慢发生改变，她对未来不再恐慌，幸福感也不断增强。但与此同时，她心中也产生了一些困扰，于是就向我咨询，想了解这些困扰是不是正常现象。

◇ “越来越抠门”

她的第一个困扰是，自从她开始坚持记账以后，她发现自己变得越来越抠门了。过去，她花钱是很没有计划性的，比如说，她在为小孩买衣服的时候，只要觉得好看她就会买，但其实很多衣服只穿过几次就闲置了，甚至还有很多衣服根本就没穿过。

最夸张的是，她曾经为小女儿的出生，花费了20万元举办相关的庆祝活动，但现在来看，她是绝对不会再花这样的冤枉钱。她发现，当她的账本越是明细化，她越是能够发现哪些钱是不必要花费的，花钱也变得越来越谨慎。但因为这一转变，也有朋友说她变得抠门了，这让她心里很不是滋味。

对此我认为，合理的抠门是一个好的现象，特别是对于一些小康家庭，赚钱的效率未必能够马上得到提升，但节省的效果却是立竿见影的。我的这位朋友她节省的只是那些不该花费的钱，这不是抠门，更不是吝啬。

理财思维越是深入我们的生活，我们就越能够发现自己的真实需求，然后把钱花在这上面，幸福感也会大大提升。这也就是我常说的“把钱花在刀刃上”。拿我自己来举例吧，我认为提升个人能力对我来说很重要，所以我会花费更多的金钱用来购买书籍、参加培训之类的。同时，我也认为让自己和家人更加健康也很重要，所以我会花费更多的金钱用来购买深海鱼、橄榄油之类的。在这些方面，我并不会抠门。

其实理财的本质就在于，当你把钱都花在了真正需要的东西上，而没有浪费，实际的开支其实并不大。然后你再将节省下来的钱用于投资，这样，你的家庭财富就会像滚雪球一样不断增长。理财能力越强的人越是会感觉到自己的钱其实是花不完的，这跟财富的绝对数量是没有关系的。

◇ “朋友越来越少了”

她的第二个困扰是，她感觉自己与亲戚朋友之间的话题越来越少了，而且是缺乏内心真正的交流。

过去，她跟亲戚朋友聚在一起，多数都是聊一些家长里短的话题。而现在，她越来越喜欢阅读，见识面也越来越广了，聊天的话题也多数集中在理财方面。这样，她的朋友就很难跟她进行深入的沟通，甚至有可能根本听不懂她在说什么。她觉得自己离原来的朋友圈子越来越远了。

同时，她还担心自己跟丈夫的成长不同步，害怕彼此之间的距离会越拉越远。所以，她现在经常把我的文章发送给她老公，还进行深入沟通，交换想法。

其实，在互联网时代这种现象是非常普遍的，这也就是我之前提到过的“认知壁垒”。随着互联网的普及，每个人都能更高效地获取海量的资讯，坚持学习的人和完全不学习的人之间，会随着时间的推移，拉开非常大的差距。就好像我现在，如果我回到老家跟亲戚朋友聊互联网，他们肯定会认为我是个怪人。

对于学习理财的人来说，他们不仅会把金钱花在刀刃上，同样也会把时间花在刀刃上。他们会将更多的时间用于阅读和学习，不断地提升自我，这样一来，他们的认知层面也会不断提升。当一个人阅读的书籍越多、获取的资讯越多，那么他关注的范围也就越广，自然不会局限于生活中的琐事。但是，如果他们身边的朋友并没有进步的话，大家就会在认知层面上拉开非常明显的差距，聊天的时候几乎就很难找到共同话题了。

对于这方面的困扰，我的建议是，多与自己的亲戚朋友保持沟通，将自己所获得的资讯与他们分享，即使他们暂时不能完全理解也没有关系，至少能够潜移默化地影响一小部分人。特别是对于自己的配偶，一定要经常沟通内心的想法，相互影响，共同进步。我认为，最好的婚姻就是夫妻二人都是对方的助推器。

当然，单方面的努力并不一定就会带来最好的结果，有时候，也不是每个人都有追求进步的心。如果你觉得跟之前的朋友圈子渐行渐远，那就尝试接触更多的人，建立新的朋友圈子。不得不说，这就是这个时代的残酷性，人们之前建立的社会关系已经被无情地割裂，与其痛苦地忍受，不如痛快地结束。

2．理财的关键因素：行动力

很多事情都讲究行动力，理财就更是如此，而我自己本身也是一个行动派。我之前一直在讲理财四大金刚——开源、节流、风控、投资，大家已经很熟悉了。下面，我就分别从这四个方面来讲讲理财当中行动力的关键性。

首先是开源，当你发现事业机遇的时候，你是在观望等待，还是马上行动？对于我来说，当我发现自媒体的发展机遇时，我是立马开始行动的。要知道我并不是互联网行业出身的，对互联网行业的变化跟大多数人一样，比业内人士总是要慢半拍，所以我并不是最早一批申请微信公众号去做自媒体的人，但我还是属于跟得比较紧的圈外人。

《罗辑思维》节目在2013年8月9日开始招募第一批会员，当我看到这个事业机遇的时候，我没有半点犹豫，几乎是当天我就在思考该如何做的问题，而不是思考做不做。最终在2013年9月12日，理财巴士第一期视频就上线了。从我下定决心，到开始申请微信公众号，再到做视频，最后到理财视频上线，其实只用了一个月零三天。

你要知道，对于一个完完全全的门外汉来说，当时我根本不知道怎样申请微信公众号，不知道如何运营它，也不知道怎么制作视频，但是我已经立即扑进去做了。所以，大家可以看到我在开源这一块的行动力是非常强的，这也是我能够将理财巴士做起来的一个很重要的原因：我抓住了微信公众号以及自媒体成长的红利期。现在如果还有人说要做微信公众号、做微商，其实都有点晚了，不是说一定做不起，只是机会已经远远没有原来那么好了。

再说到节流，其实就有点像减肥或者是戒烟，很多人喜欢说我要从下周开始、从明年开始，这些都是没有用的，你可能永远都减不了肥，戒不了烟，也不可能省到钱。正确的做法，应该从今天开始，现在马上就开始行动。

当然你也不需要一步到位，同样拿减肥来打比方的话，你第一天开始减肥就什么都不吃，肯定是受不了的。节流也是同样的道理，要慢慢去调整，循序渐进，但是节流的行动应该是从当下就开始，程度可以由自己来把控。

接下来是风控，这里我想说的是买保险就是一个不能拖延的事情。你不能说，我现在经济压力大，暂时不买，等我手头宽裕了，再考虑买保险。其实正因为你经济压力大，所以你更需要买保险，因为越是经济压力大的人，越是禁不起任何的差错，一场意外或是疾病就会让你的经济状况变得越发紧张，甚至于崩盘。反而对于经济宽裕的人来说，买保险倒是可以缓一缓，因为如果发生风险，他有一定的能力可以自己承担。

最后是投资。投资更是需要当机立断，因为投资市场的机会是稍纵即逝的。经常有人问我什么时候开始做基金定投好，其实基金定投是一种非常适合普通人的投资方式，它最大的好处就是不用择时，马上开始都是可以的。

另外，如果你做好了一份理财规划也是同样需要尽快执行的，比方说小孩的教育金规划和自己的养老规划，这些看起来都是非常遥远的事情。你想想看，一个30岁的人去看自己60岁以后退休才会用到的养老金，当然会觉得时间还早，可以晚一点再去处理。但其实你不算不知道，未来这些开支是非常庞大的，必须通过很长的时间来慢慢分摊，越往后拖压力越大，最后甚至变成一个不可能完成的任务。

这里我也可以举一个很典型的例子。比如说，两位同样是20岁的年轻人，其中一位决定从20岁开始就每月定投基金500元，一直定投到27岁，也就是说他只投入了7年时间，接下来的时间，他没有追加本金，让原有的投资持续滚动下去，一直到60岁才拿出来养老。而另外一位年轻人，在20岁的时候不想投资，直到27岁才开始定投基金，也是每月定投500元，一直定投到60岁退休才拿出来养老。

假设，他们的投资年化收益率都是10%，那么请问，这两位年轻人在60岁退休的时候，谁的养老金更多？

初看一下，第一位年轻人只投入了7年的本金；而第二位年轻人投入了33年的本金，当然第二位年轻人的养老金要更多。但大家用Excel表算一算就知道了，实际结果是，第一位年轻人的养老金更多。

可以看到，虽然只是晚了7年再投资，但是他却用了一辈子的时间去追赶，最终还没有追上。所以说理财是刻不容缓的，想要实现自己的财务目标，就必须从现在开始行动起来，合理地规划自己的未来。

3．理财缺乏意志力怎么破？

经常有用户反映，说他自己也想坚持将理财思维融入生活，但是很容易虎头蛇尾，刚开始劲头十足，但是随着时间的推移就会慢慢偷工减料，最后干脆就放弃了。不管是记账也好，还是定投也罢，都无法长期坚持。甚至连去超市购物，本来计划得好好的，只买必需品，把钱花在刀刃上，但是结完账以后又发现自己买了很多不该买的商品。

不得不说理财在很多时候是反人性的。如果从人性的角度来看，人们更倾向于“今朝有酒今朝醉”，只要当下过得舒服，就不必考虑未来还没有发生的事情；但是理财却要求我们“晴时要备雨时粮”，提前为未来做好储备。

这里其实就涉及到缺乏意志力的问题了。意志力在开源、节流、投资这三个方面都具有决定性的意义。例如：在开源方面，缺乏意志力的人会因为经常无法实施自己制订的计划而造成事业发展受阻；在节流方面，缺乏意志力的人会因为乱花钱而无法控制自己的开支；在投资方面，缺乏意志力的人会因为只看到短期利益而失去复利所带来的长期回报。

大多数人都会觉得自己意志力薄弱，而缺乏意志力就是完成目标的绊脚石。相对来说，成功人士或富人往往就会有比较强大的意志力。其实早在我学习理财以前，我就通过阅读名人传记懂得了这个道理，而且我还会通过一些刻意的练习去提升自己的意志力。没想到的是，最终这些意志力练习又让我在理财方面得到了更好的应用。

我锻炼意志力的方法其实也很简单，就是刻意将一些难以做到的行为通过长时间的练习，最终转变为习惯。

比方说，经常有用户问我：“大巴老师，你每天都起来这么早是怎么做到的？特别是天冷的时候，我可能5点钟会醒来，但一定要赖到7点钟才起床。”其实我也没有什么秘籍，就是通过长时间的刻意练习做到的。刚开始我可能也是7点半才起床，然后提前到7点，习惯以后，再提前到6点半，后来又提前到6点，现在，我已经将起床时间提前到了5点半。当然，练习的过程并非一帆风顺，也都是经历过各种反复和纠结。不过，习惯一旦养成，早起就变得很轻松了，你让我晚一点起床，我反而会各种不舒服。

至于说天冷的时候要如何坚持早起，我这里还有一点小经验可以分享：早上醒来以后，不管是自然醒还是闹钟叫醒，都不要躺在床上思考任何问题，也不要在床上穿衣。而是要马上直接掀开被子跳下床，然后趁自己身上还有一丝丝的暖意就赶紧穿好衣服。大多数人喜欢坐在床上穿衣，又或者是先伸出一只手去测试被子外面的温度，这样的话，缩回被子里赖床的可能性是非常大的。

另外，我还刻意养成良好的饮食习惯。在我20来岁的时候，我也跟其他年轻人一样，饮食不规律，喜欢喝冰冷的饮料，早餐经常不吃，但晚上一定要吃宵夜之类的。这些不良的饮食习惯造成我经常胃痛，后来我决心通过刻意练习来养成良好的饮食习惯。

这里要注意的是，不管是好习惯还是坏习惯，一旦养成就很难改掉。我们不要去尝试改变坏习惯，而是通过养成新的习惯来替代旧有的习惯。比方说，原来我喜欢吃宵夜，那是因为晚上经常很晚才睡，到了晚上11点钟以后，肚子就会饿。于是，我干脆晚上10点前就睡觉，这样直接就绕过了宵夜的诱惑。后来，我又尝试逐步减少晚餐的进食量，尽量不吃难以消化的肉食。这样做带来的好处是，早上起床以后，头脑特别清醒，肚子也很饿，根本不可能不吃早餐。

其实很多习惯的养成都是有连带关系的，比方说：正因为我晚餐少吃，又不吃宵夜，所以早上很容易自然醒（也可以理解为是被饿醒的吧）。而且我起床以后头脑特别清醒，早上的工作效率特别高。为此我还特意翻查了一些相关资料，有营养学家表示，晚上如果吃得过多，会造成血液黏稠，红细胞携带氧气的能力会下降，所以会造成大脑缺氧，最终导致第二天早上起床以后头昏脑涨，让人产生一种睡眠不足的感觉。

可以看到，饮食习惯会影响睡眠习惯，而睡眠习惯又会反过来影响饮食习惯。这也是为什么经常有人跟我说：“为什么大巴老师你在各个方面都能养成良好的习惯？”其实只要你养成一个好习惯，再去养成其他的好习惯就会变得更容易了。例如：坚持记账、锻炼身体、基金定投等等都是值得我们养成的好习惯。人一旦步入了正轨，各个方面都会慢慢好起来的。

当然，刚才我只是举了一些实际的例子，并不一定适合所有人，或者说，并不能解释背后真正的原理。不过，互联网时代就有这样的好处：任何我们不明白的事情，都可以通过互联网找到相关的书籍和资料供我们研究和参考。

为了更好地了解意志力背后的秘密，我找到了一本这方面的权威著作，书名叫作《自控力》，这两天我自己也正在阅读。可以说，书中的内容让我兴奋不已，因为这本书不仅讲清楚了意志力的原理，而且书中所教的一些提升意志力的方法其实我一直都在用。我认为，这本书值得每一个理财人认真、反复地阅读，并且将其中锻炼意志力的策略在自己身上做实验，最终总结出最适合自己的策略。

接下来，我就跟大家分享一些我在阅读《自控力》时的感悟和收获。

首先，我们要搞清楚什么是意志力。实际上，意志力就是两个自我的对抗：一个是克服冲动、深谋远虑；另一个是任意妄为、及时行乐。那是不是意味着，前一个自我就是好的，后一个自我就是坏的呢？其实未必，任意妄为、及时行乐这个自我其实就是人们的欲望。人如果没有了欲望也就没有了干事业的动力，容易变得沮丧，同时，人的欲望也往往是经济发展和社会进步的动力。所以，我们自控的目的并不是消除欲望，而是要平衡两个自我之间的关系，合理地满足自己的欲望。

那到底是什么原因导致我们缺乏意志力，容易失控呢？有实验表明：意志力差往往是源于注意力不够集中，比方说：如果吃饭的时候不够专心，就容易吃得过快、过多，造成肠胃不适和肥胖等等问题。而专心吃饭并且细嚼慢咽的话，就能够在吃得不多的情况下更容易吃饱，同时也更利于消化。又比方说，商场播放的音乐、熟食的香味以及各种促销活动其实都是商场刻意在干扰顾客的注意力，好让顾客购买一堆原来并不想买的商品。

既然找到了问题的根源，那我们要如何提升注意力呢？

最直接的方式当然是：尽量减少诱惑源。比方说：吃饱饭以后再去超市购物，这样即使闻到熟食的香味也没有了食欲；另外，对于像我这种喜欢甜食的人来说，平时家里就不要储备甜食，但是可以准备丰富的水果，这样当我想吃甜食的时候就只能用水果替代了，既满足了我的食欲，也更加有利于健康。

另外，书中也提供了一种训练大脑、提升注意力的终极方法：冥想。我在很小的时候就跟着我父亲练习过气功，所以我懂得通过吐纳法来调整自己的呼吸，这其实跟冥想是同样的原理。

书中所介绍的冥想技巧更为简单：

只要安静地坐好，闭上双眼，注意呼吸时气流吸入和呼出时的感觉。如果发现自己走神，又重新将注意力集中到呼吸上。如果觉得还是难以集中注意力，就在心里多默念几遍“呼”和“吸”。刚开始，每天锻炼5分钟就行了，习惯以后，就增加到每天10至15分钟。当然，最重要的仍然是行动起来，然后坚持住，这样才会产生实际的效果。

最后我想说的是，这本书讲了什么其实并不重要，关键是你收获了什么，有没有去实践，获得成长。

4．理财就是一种生活方式

◇ 理财的基本功：饮食、睡眠、锻炼

看到这个主题时，我相信大多数人的第一反应会是：饮食、睡眠、锻炼这些日常生活最基本的活动怎么可能是理财的基本功呢？别开玩笑了！

但实际上，我并不是开玩笑，而是在很认真地跟大家探讨这个问题。之前我们说到，意志力在理财当中具有非常重要的地位，缺乏意志力的人是不可能学好理财的，也更不可能将理财思维融入生活。

虽然，我们可以通过类似于远离诱惑源、冥想之类的技巧和方法来增强我们的意志力，但是有一个因素却会影响意志力的生理基础，甚至是摧毁意志力，它就是：压力。

当人们感到压力时，交感神经系统会控制身体，此时心率会升高，同

时伴随着焦虑或愤怒。这些生理现象其实是从我们人类的祖先那里继承下来的，当人类祖先面对威胁时，这种生理机能能够让他们战斗或者逃跑，保住自己的性命。

虽然对于现代人来说，我们在生活当中并没有那么多的威胁，但是其他的各种压力却越来越多，例如：工作压力、生活压力、人际交往压力等等。这些压力同样会让我们启动这种生理机能，让我们很容易失控，做出各种冲动的行为。

比方说，有的女人在面对家庭矛盾时，会通过疯狂购物来发泄自己的情绪；有的男人在面对工作烦恼时，会通过暴饮暴食来缓解焦虑等等。但实际上，这些行为根本不能解决压力问题，反而会增加长期的压力积累，最终造成更大的爆发。

真正能够减轻压力、保持健康、增强意志力储备的终极解决方案就是：合理的饮食、规律的睡眠，再加上适当的锻炼。当然，这个结论并不是我下的，而是出自《自控力》这本书。当我第一次看到这个结论时，感到非常吃惊：这三个方面不是我日常一直在坚持做的吗？我完全没有想到，我平时养成的生活习惯，竟然还是增强意志力的关键因素。

但其实这也合理地解释了，为什么我看起来会比其他人更有意志力，更能够坚持将理财思维融入生活。之前还一直有人在问我：理财巴士作为一家理财自媒体，为什么要讲饮食习惯和睡眠时间之类的内容，这下子我终于找到了合理的解释。因为饮食、睡眠和锻炼这三个方面就是理财的基本功，相当于学功夫时的“压腿”和“扎马步”，看起来没有投资那么令人激动，但却是减轻压力、增强意志力的关键所在。

当然，我也并非有什么先见之明，一开始就懂得为了理财而去关注饮食、睡眠和锻炼。只是因为我从小体质就比较差，受多了疾病之苦以后，开始变态般地关注自己的健康问题。我找来各种健康书籍研究，不断尝试，然后总结出最适合自己的健康方法。但却不曾想到，这些健康的习惯却让我的理财生涯顺风顺水，有一种无心插柳柳成荫的感觉。

令我感到非常惊讶的是，罗胖“时间的朋友”2016跨年演讲嘉宾王石，在他的主题为“我的终身学习”的演讲当中，竟然讲的就是学习吃饭、学习睡觉和学习运动这三个方面。王石是我非常佩服的企业家，不仅将万科经营得非常好，而且还是运动健将，在登山、滑翔伞和赛艇等多项运动当中都拥有自己的纪录。可以说，他是神一般的存在的中国企业家。

听完王石的演讲后，我非常兴奋，因为我这么多年所坚持的生活信念竟然得到了王石这位神人的肯定，这更加坚定了我的信心。

可以说，饮食、睡眠、锻炼不仅仅是理财的基本功，而且是当下激烈竞争环境下发展事业的基本功。

◇ 理财就是一种生活方式

我经常讲：理财就是一种生活方式。不知道有多少人能够真正理解这句话的含义。其实理财和我们的日常生活是相通的：我们通过理财，让财富不断积累，最终目的也是为了让我们的生活更加幸福美好；而与此同时，有规律的生活也会反过来影响我们积累财富的效率。

上面我们已经提到，所谓规律的生活就是包括了：合理的饮食习惯、规律的睡眠时间以及适当的身体锻炼这三个方面。接下来，我就针对这三个方面的生活方式来谈一谈我的感悟。

（1）合理的饮食习惯。

如何吃得既营养又健康，这是我一直在探索的生活主题，同时，我自己也一直在调整我的饮食习惯。经过长时间的摸索，我发现，饮食习惯并没有唯一正确的标准，也不建议大家直接照搬我的。因为我是一个基于健康考虑，可以完全牺牲口味的健康狂人，不管是多清淡的食物，我都会吃得很香。

当然，我在饮食方面也会有一些最基本的禁忌，我觉得这也同样适合大多数人。比方说，我是一个滴酒不沾的人，因为在中国，只要你能喝一点酒，那么总有机会要喝很多，所以我干脆就完全不喝。另外，我也会特意控制糖分的摄入，尽量少吃甜食。这一点对我来说还是挺有挑战性的，因为我最喜欢的食品就是冰淇淋和巧克力。不过，我有信心能够控制好自己的这些爱好。

特别是我在进行健身训练以后，饮食习惯还需要配合健身教练的要求。按照健身教练的指导，我每天还需要增加进食量。过去，我基本上一天只吃两餐，晚餐是不吃的。但教练要求我一天至少要吃四餐，这样才能在大幅增加运动量以后，实现增加肌肉的目的。

（2）规律的睡眠时间。

有规律的睡眠习惯可以帮助大脑恢复到最佳状态，使注意力集中，意志力得到恢复。当一个人的睡眠不足时，会很疲惫，导致大脑自控能力受损，进而无法克制欲望。

也许有人会说："大巴，你每天早上五点半就起床了，会不会睡眠不足啊？"

这里其实有一个误区，很多人只是强调睡眠时间，而不注重睡眠的质量。

我举个例子来说明：小王是晚上11点前睡觉，第二天早上5点半起床，中午还会午休半小时，全天睡眠时间是7个小时。而小明是凌晨1点睡觉，第二天早上8点起床，中午不睡觉，全天睡眠时间同样也是7小时。如果单从睡眠时间上来看，这两个人是一致的，都是7个小时。但是，如果论睡眠质量，小王明显要强于小明。因为晚上11点前睡觉，才能保证12点前进入深睡眠，而深睡眠才是睡眠质量的保证。

当然，周末的时候我也会适当延长午睡的时间到一个小时，补充一下睡眠时间。这是我经过长时间的摸索，找到的最适合我的睡眠方案。大家未必要照搬，可以尝试着慢慢总结出适合自己的方案，但有两点是需要注意的：一个是晚上11点前要睡觉，不要熬夜；另一个是睡眠时间要规律，不要经常变动。

（3）适当地锻炼身体。

自从我告诉大家我在健身，并且是聘请一位健身私教来全方位地指导我后，就有用户建议我练习瑜伽，并且说瑜伽不会造成运动损伤，更适合30岁以上的人群。

对于这个问题，我是这么考虑的：虽然，我的实际年龄已经达到了36岁，但是我的心态顶多才20岁出头。对于我这样的“年轻人”来说，瑜伽运动显然太安静了，我需要一些更有激情的锻炼方式，所以我觉得健身是非常适合我的。实际上，我也看到过很多60多岁的人照样健身，照样八块腹肌。人家60多岁都不服老，我怎么可能这么早就放弃年轻的心态呢？

而且我认为，要做就做到最好，既然打算健身，就要用高标准来要求自己。我希望自己能够达到韩国舞王郑智薰（Rain）的那种健康身型。梦想还是要有的，万一实现了呢？

5. 时代变，理财观念也在变化

◇ 这几年，我理财观念上的变化

我是从2005年开始学习理财的，经过八年时间的努力，由一名理财小白成长为别人眼中的理财达人。然后，在2013年我创办了理财巴士自媒体。如今又过去了四年的时间，在此期间，我与很多理财爱好者进行了深入沟通，了解了不同人群的理财需求。同时，也因为我身处互联网行业，所以我更能够感受到时代的变迁。正是这两方面的原因，让我的理财观念也在悄然发生变化。

我将理财分为四大模块，分别是开源、节流、风控、投资，也就是我常说的“理财四大金刚”。那么接下来，我就分别从这四大模块来跟大家聊一聊，这几年我的理财观念到底发生了哪些变化。

开源

可以说，在最近这两三年里，特别是去年，我把“开源”的重要性提升到了一个前所未有的高度。甚至我还鼓励一些有能力的人去开创属于自己的事业。

很多理财人表示不能理解：不是讲理财的吗？怎么净说一些自由职

业、微创业、提升个人能力的话题呢？这主要是基于两个方面的原因：

一是我认识到绝大多数理财人都面临着“投资本金不足”的问题。而这个问题仅仅通过节流或投资是无法解决的，必须扩宽资金来源。

二是这个时代给了个人很好的发展机遇，有能力的人可以通过互联网放大自己的影响力，从而成就自己的事业。我自己当然是典型代表，其实在身边，我也看到很多自由职业者在各行各业大放异彩。

当然，机会总是留给有准备的人的，有能力才能把握住机遇。如果能力不够怎么办？那就马上去提升自己的能力呗！其实，直到今天我仍然在努力提升自己的个人能力，包括写作、演讲、健身等等。

未来会变化成什么样子，以及下一次机遇到底什么时候会出现，我都不知道。我只知道一点：持续地提升个人能力肯定是不会错的。因为成功只是一时的，而成长却是终身的。

节流

过去，我会将节流理解为节俭，还鼓励大家多使用优惠折扣、利用好公共资源、积极赚返利等等。但是，现在我们处于互联网时代，时间的价值远高于金钱。如果有更多的时间，我宁愿花在提升个人能力上，而不是去寻找优惠折扣。

现在我对节流的理解就是一句话：把钱花在刀刃上！

具体到细节上，我会尽量减少持有物品，能租用就不购买，能体验就不拥有。比方说，现在用车很方便，我就不会去买车，这样就减少了养车成本。

如果是我自己真正需要的东西，我不会再挑来挑去、反复比价，而是直接购买实惠的品牌产品，减少挑选的时间成本。还是那句话：时间的价值远高于金钱！

另外，我还进一步提高了“健康”在节流当中的重要性。现在外部环境十分严峻，包括食品安全、空气质量、医疗保障都急需改善，但这些问题都不是个人能够解决的。既然我们不能改变环境，那么我们就改变自我，让自己更加健康，提高自身的免疫力。

风控

在风控方面，近几年我认识到了互联网保险的威力。过去，我在保险公司做代理人时，6000元的保费顶多只能买到30万元左右的寿险+重疾险保额。但是，我33岁时在网上购买了一份保险，仅仅4902元就拥有了100万元的寿险+重疾险保额。

另一方面，我对保险的认识也从单纯的产品分析升级成为“保障规划”。对于一个家庭的保障需求，肯定不是某一款保险产品能够解决的，必须对整个家庭的财务状况进行分析，然后再搭配不同类型的保险产品，甚至是不同保险公司的产品。所以，这不是某一家保险公司的代理人能够帮忙解决的，因为保险代理人永远不会推荐其他公司的保险产品。

投资

我在投资方面的理财观念最大的变化是：由“主动投资”变为“被动投资”。

所谓“主动投资”是指：过去，我会挑选一些主动管理型的股票基金，同时还会积极地去管理它们，低位加仓，高位减仓。

所谓“被动投资”是指：现在，我更倾向于长期持有一些被动管理型的指数基金，同时以定投的方式为主，极少去关注账户的涨跌。

我投资方面的理财观念之所以会发生这样的变化，是基于两方面的原因：

一是投资市场变得越来越不确定，像英国脱欧、特朗普上台、国内GDP增长放缓等等大事件都对投资市场产生了巨大的影响。当黑天鹅事件频频发生时，没有人能够准确预测投资市场未来的走势。在投资方面甚至会出现一种“越努力越亏钱”的奇怪现象。

二是就像我之前所说的，如今是个人崛起的时代，为什么我们不花更多时间用来提升个人能力，打造个人品牌呢?

所以，我近来很少写关于投资的文章、谈投资的话题。因为我觉得，与其去追寻那些虚无缥缈的投资热点，还不如静下心来打造自己的核心技能，为迎接时代的新机遇做好充分的准备。

时代在飞速发展，我们的理财观念也必须与时俱进。

◇ 新时代的六大理财新观念

接下来，我就跟大家分享我总结的六大新时代的理财新观念。

物质不再是幸福的源泉

我们为什么要理财？说白了，就是希望自己和家人的生活能够更加幸福美满。在过去物质匮乏的年代里，我们可以通过增加物质来增加幸福感，但现在，物质空前丰富，更多的物质已经很难让我们获得长久的满足。

比方说，有钱人用什么手机？多数是用iPhone，我看到很多普通人也是用iPhone。有钱人买别墅住，我们也可以租别墅住。以前吃鲍鱼是身份的象征，现在人工养殖的鲍鱼才十几块钱一只。你会发现，现在有钱或没钱，在物质体验方面不会再有巨大的差异。

简朴已经成为时尚

过去我们提倡节俭，是为了节余更多的资金，为未来的生活做储备。但现在，很多有钱人主动选择简单的生活，节省更多的时间用来丰富自己的精神世界。

典型的代表有乔布斯和扎克伯格，他们简单的T恤+牛仔裤的装扮已经成为一种时尚。如果你还在追求一身的奢侈品，那只能说明你已经OUT了。

过去节俭是为了节省金钱，而现在节俭是为了节省时间。如果说得的颠覆一点，也许未来的货币就是时间，谁能更好的管理自己的时间，谁就是未来的强者。关于这一点，建议大家可以去看一部电影，片名叫作《时间规划局》。

自由职业也许是更好的选择

不得不说，在移动互联网普及的今天，自由职业者的春天已经到来。很多自由职业者不仅在收入上有很好的回报，时间安排也很自由，比上班族要幸福得多。

即使你不放弃现有的职场工作，你也可以利用业余时间搞一些副业，说不定当初那些不起眼的副业在未来还能够成就自己的一番事业。

比方说，很多传统媒体的编辑都有自己的微信公众号，后来有一些人的微信公众号收入要远高于编辑工作的收入，就干脆离职单干了。

当然，我在这里并不是说自由职业很轻松，自由职业者往往需要有更强的自律性，在早期也必须比上班族付出更多的努力才能打下事业的基础。另外，自由也往往意味着没有保障，离开了公司的保护，一切都要靠自己了。

关于自由职业的话题，我们之前也提到过，大家可以回顾一下。

个人品牌建设非常重要

所谓品牌，就是具有经济价值的无形资产。过去我们说品牌一般都是指一家企业或是一个产品。但是在互联网时代，个人的力量已经崛起，个人品牌的经济价值也不可小觑。

一个papi酱从出现到走红，才一年多时间，已经估值1.2亿元了。

虽然我们未必要期待自己一夜走红，但是个人品牌却是可以花时间积累的。我打个最简单的比方：如果我要从零开始建立自己的个人品牌，我会怎么做呢？我会用一种最笨的方法：秀自己。

我每天保持健康的生活方式，坚持运动，不断地学习，然后把这些经历和感悟通过各种互联网平台传播出去。你觉得我能不能慢慢重新建立起自己的粉丝群体呢？我相信肯定行的。虽然可能会慢一点，但是最后一定会爆发的。其实每一个人都可以从现在开始建立属于自己的个人品牌。

从主动投资到被动投资

互联网时代变化快，投资市场变化也快，未来的经济将何去何从？没有人能够讲得清楚。与其花费大量时间去主动研究根本没有结果的投资市场，还不如用被动化的投资策略直接投资全球经济。

不得不承认，个人的力量是极其有限的，像巴菲特这样的投资天才也只是极少数。对于绝大多数人来说，研究投资过于专业，还不如把专业的事情交给专业的人士去做，节省更多的时间，用于提升自我和建立个人品牌。

终身学习

过去，很多人之所以要追求财务自由，是希望实现财务自由以后就可以不用工作，单纯享受生活就好了。但从现在来看，物质已经无法带来更多的幸福感，财务自由也只不过是人生当中的一个节点而已。甚至于，工作本身就可能是幸福的来源。你想想看，做着自己喜欢的事业，并且还能赚钱，这难道不是一种享受吗？

那么，我们更深层次的追求到底是什么？用最近大热的《未来简史》的话来说就是：终身学习，不断打造全新的自己。只有不断提升，做更好的自己，才能够持续地享受真正的幸福人生。

6. 理财人的幸福人生

◇ 你属于哪一类理财人?

在这个信息爆炸的时代，我们可以看到人们正在被迅速地圈层化。大家因为知识层面的不同，会被分割成各种小圈子，而圈子之间还互相看不上对方，甚至认为对方是傻瓜。

比方说：bilibili弹幕视频网的视频我是根本看不下去的，因为弹幕多到会把视频完全挡住。虽然，我内心无法接受，但是我又不能小瞧这个群体，因为bilibili的活跃用户超过了1亿，而且75%的用户年龄都在24岁以下。未来是属于年轻人的，我能小瞧这个年轻人的群体吗？

当然，圈层化不仅仅是年龄的问题，更多的是对事物的看法和观点不同。我们之前也提到，学习理财的人会感觉自己与亲戚朋友之间的话题越来越少，而且是缺乏内心真正的交流。

因为懂理财的人，看待金钱的观念是不同的，理财人会懂得把金钱花在刀刃上，不断积累资产，做金钱的主人。而不懂理财的人往往追着金钱跑，见面聊天时，一边吹嘘着自己的包包有多贵，一边又感叹钱不够花。这样的两类人能够聊到一块去吗？另外，理财人也懂得把时间花在刀刃上，喜欢阅读，努力提升自己的个人能力，很难想象这一类人会把时间花在跟别人聊家长里短的闲话上。

其实，即使是在理财人之间也存在圈层化的现象。在理财人当中也可以大体分为两类人群：一类人群注重结果，他们希望你能够直接给到他们答案，比方说：现在投资什么好？具体投哪只股票或基金，什么时候买，什么时候卖？说到底，他们的目的就是想通过理财投资轻松赚大钱，然后不用辛苦工作，只要享受生活。

但是，光是有钱就能拥有幸福生活吗？

罗胖在“时间的朋友”2016跨年演讲当中举了一个例子：当时，罗胖陪朋友去看一些价值在2000万元以上的二手房，结果发现，房屋的主人虽然非常有钱，但是都过着脏、乱、差的生活。早上10点钟，主人还没有起床，而且起床后还不洗脸，蓬头垢面的就来接待陌生的访客，家里也是乱得一塌糊涂。

所以说，不要以为有钱就一定能过上好生活，不懂得打理自己生活的人，拥有再多的钱，也过不好这一生。

而另一类人更注重实践，他们把理财当成一种历练，通过持续不断的行动来完善自我。他们懂得，理财不是用来赚钱的，而是打理好自己已经拥有的财富，好让自己能够更加安心地去打拼事业，让生活更加幸福。

很明显，我就是属于第二类理财人，因为我是理财的身体力行者，通过十年以上的实践，现在理财思维已经融入了我的生活。你也可以问问自己的内心，你目前到底是属于哪一类理财人呢？

◇ 理财人的幸福人生

人生的真谛或是幸福的本源，到底是什么呢？

在我学习理财以前，我认为有钱就能幸福，所以我把“成为有钱人”当成自己的人生目标。后来我发现收入越高，烦恼也越多，而且身边很多有钱人其实并不幸福，于是我开始学习理财。在学习理财的过程当中，我又发现实现财务自由比单纯有钱更幸福，于是“财务自由”又成为了我新的人生目标。但是，在实现财务自由以后，我发现这仍然不是终点，兴奋感消退以后，生活还要继续。那到底怎样的人生才是幸福的？

我找到的最终答案就是：不断地折腾自己。

为什么这么说呢？首先，人的身体就需要不断地折腾。身体是很犯贱的，你对它太好，让它太舒服，它就会跟你闹情绪。

我曾经试过花9个月时间去享受所谓的“完全自由的生活”：吃完饭就玩游戏，游戏玩累了就睡觉。结果不到6个月时间，我的身体和精神都濒临崩溃。

现在我通过健身训练不断地磨炼自己的身体，反而觉得身体充满了能量，精神上也非常地愉悦。

你说运动痛不痛苦？当然痛苦，但是不运动更痛苦，我们就是要习惯运动的痛苦，才能体会到身心的愉悦。

再者，人生不也是如此吗？越是折腾越是精彩。很多人是一辈子当一天过，为什么？因为他每天做的事情都是差不多的：在同一家公司干同一份工作，然后退休养老。其实，我们的父母辈很多人就是过着这样的人生，但我们仍然要这么活着吗？至少我就不愿意这么活着，我想拥有更加丰富多彩的人生，所以，我要不断地折腾。

那么要如何折腾呢？——创业！

当然，我这里所说的“创业”是经过重新定义的：通过提升自己的认知，和更多的人达成协作，做一件前所未有的事，就是创业。不管你是打工者，还是自由职业者，你都可以做前所未有的、有创意的事业，为大家提供更好的产品和服务，创造更大的价值。

比方说，你喜欢旅游，就可以创造个性化的旅游线路，给大家更好的旅游体验；而我擅长理财，就可以开创独特的理财教育平台，帮助更多的人实现财务自由。不管是兴趣，还是特长，其实都可以转换成为我们要折腾的事业。

关于幸福，我之前还读过一本书，叫《少即是多：北欧自由生活意见》，作者是本田直之。书中提出了"新幸福"生活的观点，呼吁大家追求精神层面的充实感，从丰富的人生经历当中获得更加长久的幸福感。同时，书中还对新幸福生活提出了十个条件：享受工作、有关系亲密的朋友和家人、拥有稳定的经济来源、身心健康、拥有富于刺激性的兴趣和生活方式、拥有一定的时间自由、选择适合自己的居住环境、具备有效的思维习惯、能放眼未来和感觉自己正在向目标迈进。对于这十个条件，我觉得挺符合我现有的生活方式，以及计划达成的目标生活方式，我也基本能做到七成以上。

那理财人的幸福人生应该是什么样的呢？我是这样设想的：

（1）在金钱方面，我们懂得把钱花在刀刃上，对于真正的理财人来说，其实不需要太多的金钱，我们就能够实现财务自由。

（2）在生活方面，我们懂得通过合理的饮食、规律的睡眠，再加上适当的运动来打造一个更加健康的自我。

（3）在时间方面，我们懂得提高工作效率，将节省下来的时间浪费在那些美好的事物上。什么是美好的事物？不是没日没夜地打游戏，不是躺在床上追电视剧，而是去"创业"，去创造属于自己的、受益终身的事业。

（4）在物质方面，我们还懂得断舍离，不会沉迷在物质的世界当中，而是去体验那种没有物质包围的真正的自由人生。

说到底，真正的幸福人生就是不断地去创造价值，帮助更多的人，获得更多人的认同和尊重。了解了这一点，我们就能够理解，为什么王石在拥有足够多的财富时，还要如此折腾自己。外人可能觉得他很苦，但其实不管是去海外进修，还是参加各种运动，他都乐在其中，不仅享受到身心的愉悦，还能获得更多人的尊重。

在《未来简史》一书当中提到：当真正的人工智能到来时，未来会出现一种毫无用处的人，他们不需要工作，也活得没有意义和尊严。

你真的希望自己成为这样的人吗?

当然，话又说回来了，也许有很多人正期待着成为毫无用处的人。就好像电影“黑客帝国”当中描绘的那样，大多数人都选择沉迷在母体营造的虚拟世界当中，只有少部分人选择回到现实与命运抗争。

选择安逸，还是选择折腾，也造就了理财人的圈层化。很多人试图通过理财秘籍赚大钱，然后不用辛苦工作；只有小部分的精英人群才懂得身体力行地去完善自我，通过不断地折腾自己来体验更加丰富多彩的幸福人生。

所谓最终的幸福，就是创造价值，获得尊重。

7. 我们终将成为那些成功的少数派

在这里“我们”特指那些懂得将理财思维融入自己生活的人，简称为“理财人”。理财人有别于投资者，虽然理财人也懂得投资，但与专业化投资不同，理财人不追求战胜市场，而是更倾向于用被动化的投资组合来赚取投资市场的平均收益。

为什么说理财人是少数派?

不得不说，这是一个事实。我们可以看到，在所有与金融财经和投资理财相关的微信公众号当中，金融财经和投资类的公众号占比会更高，而理财类的公众号占比很少。即使是在理财类的微信公众号当中，大部分也仍然是在大聊房价、股票之类的热门话题，与真正意义上的理财是有差距的。所以，纯理财类的公众号是少数派当中的少数派。

当然，因为金融财经和投资类的话题更容易吸引眼球，也有更高的阅读量，所以微信公众号的运营者在写文章的时候自然就会考虑向这方面倾斜。几乎可以肯定的是，真正的理财人也只是少数派当中的少数派，大多数人只是逐利的投机分子，更喜欢热门话题。

为什么说身为少数派的理财人终将获得成功呢?

先从大家都喜欢的投资领域来分析。在股市当中有一二七法则，也就是，从长期来看，股市中的投资者10%赚钱，20%持平，70%赔钱。这也就意味着，90%以上的投资者是不赚钱甚至是赔钱的，只有10%的少数投资者才能真正赚到钱。

历史数据已经告诉我们，投资成功者必然是少数，一味地从众是不会有好结果的。大家都去购买某一只股票，虽然在短时间内会抬高股价，但不代表每一个人都能赚到钱。当大多数人想要卖出股票套现的那一刻，也就是股票开始下跌，甚至是崩盘的时候。所以，追寻市场热点的人，永远不会是成功的少数。

而作为理财人，他们在投资领域运用的并不是什么独特的投资技巧，而是利用了复利的威力，而复利的威力又是通过时间的积累慢慢显现的。在投资市场长期向上的大趋势下，理财人在投资领域一定是无往而不利的。

当然，通过投资赚取被动收入并不是理财人最成功的地方，毕竟人的一生也不仅仅是由金钱来决定的。理财人除了在投资领域能够获得成功以外，还能够自由地选择做自己喜欢的事业，获得事业上的成功。同时，理财人还通过理财更好地管理自己的生活，获得更多的幸福感，最终收获人生的成功。

在金钱、事业、人生三个方面获得成功，而不仅仅是金钱的堆砌，这才是理财人所追求的完美人生。

经常有人问我，学理财要如何开始?这就好比，站在岸上询问学游泳要如何开始一样。我相信，即使是世界游泳冠军的教练也无法教会一个永远不下水的人如何游泳。只有下水以后，感受到了水的浮力，才会问出更为具体的问题，比方说：如何在水中换气。甚至还有人能够无师自通地学会狗刨式。

我经常建议想学理财的人坚持记账，因为通过记账，我们能够感受到金钱的流动，就像感受水中的浮力一样。账记得多了，慢慢就能找到掌控金钱的感觉，这跟掌握水性的道理是差不多的。为什么住在江边的孩子能够更快地学会游泳，因为他们不惧怕水，在水中玩耍的机会比其他人更多，仅此而已。

去做，别只是问。

当你看到别人收获一大堆金蛋的时候，别只是站在旁边酸溜溜地说，如果给你一群金鹅，你也能收获金蛋。从养第一只小金鹅开始吧，记录下小金鹅的生长过程，仔细观察它，不断地总结经验。要知道，养大第一只金鹅的经验是可以复制的，很快，你也能够拥有自己的金鹅群，收获一大堆的金蛋。

有时候，小金鹅真的很小、很不起眼，对于理财来说，也许只有一万块，甚至几千块。但它始终是会长大的，只要你不会在中途杀掉它，吃它的肉，它就一定会长大的；而且当你精心照料它的时候，它也会成长得更快，最终成为你的第一只能够下金蛋的金鹅。有了第一只，饲养第二只、第三只就变得非常轻松了。

当然，养金鹅也是需要耐心的，金蛋也需要一个一个地下，杀掉金鹅，在它肚子里也找不到多余的金蛋。你应该明白我在说些什么。

我始终相信，我们终将成为那些成功的少数派，时间会证明一切。